# 野球
# 勝つための
# 戦術・戦略

BASEBALL
STRATEGIES

Your Guide
to the Game
within
the Game

★
アメリカ野球指導者協会=著
★
ジャック・スターリングス
ボブ・ベネット=編
★
平野裕一=訳
★

大修館書店

**Baseball Strategies**
by
American Baseball Coaches Association;
Jack Stallings, Bob Bennett, editors

★

Copyright © 2003 by Human Kinetics Publishers, Inc.
Japanese translation rights
arranged with Human Kinetics Publishers, Inc.
through Japan UNI Agency, Inc., Tokyo.

Taishukan Publishing Co., Ltd.
Tokyo, Japan, 2011

## 謝　辞

　この本の各章をお書きいただいたすばらしいコーチの方々，そして内容や書きぶりにコメントや示唆をいただいたコーチや運営に携わる方々，それぞれに敬意を表したい。そして，野球の戦術に関する本の必要性を認め，執筆するようにと勧めてくださったコーチや選手を高く評価したい。

　　　　　　　　　　　　　　　　　　　　　　　　　　　ボブ・ベネット
　　　　　　　　　　　　　　　　　　　　　　　　　　　ジャック・スターリングス

## はじめに

　これは何の本？　よくある野球の本？　いや, これは野球の戦術の本である！　なぜ戦術の本なのか？　試合での戦術が最も誤解されている, と長い間試合に関わってきた多くの野球人が言っているからである。本, ビデオテープ, 雑誌や新聞の記事, そしてクリニックのプレゼンは, いつも試合の技術に焦点を当てている。こうした面は, 試合の指導やプレイを改善しようとする時に必要性が高かったのだろう。そして最近では心理面の指導にも重点が置かれるようになってきた。そのおかげで選手をいかに動機づけるか, メンタル技法をどう教えるか, をコーチはよく理解するようになっている。

　しかし, 9回, 4点リードで走者3塁の場面, 内野を前進させるコーチを見れば, 野球の戦術の本が必要と誰もが即断するだろう！　野球の戦術の様々な側面を挙げ, 試合で戦術的な判断をする時にコーチや選手は何を考えておくべきかに, この本は焦点を当てている。カーブを投げたり, 打ったりする, 併殺に持ち込む, 中継に投げる技術について書かれた本は数多い。ところがこの本は, 考えてみれば正しいことがわかる, といった考え方について書かれている。

　1冊の中で野球の戦術のあらゆる面に眼を向けている点でこの本はユニークである。そしてコーチ, 選手, 野球ファンのために, 最高レベルのコーチによって内容が書かれている。最高レベルの野球で, 長年にわたる戦いや指導の成功経験の中で得た知恵が分担されて書かれている。野球指導の世界において紛れもない地位をつくりあげている著者たちである。野球の指導におけるその経験と技術がこの本に独特の味を加えている。

　自分のもっている能力に到達したい, それは心身の技術を磨き, 野球の戦術を理解したいことを意味するのだが, そう思っている選手やコーチのための本である。試合に積極的に入り込んで瞬時の判断をしたいなら適切な戦術を理解しなければならない。そうしたコーチと選手のためにこの本は書かれている。試合のある状況で必要とされる戦術を理解していれば, 状況に対する直感と反応を高める。何をすべきかが先んじてわかり, すばやく, 正しく, 自信をもって動ける。直感的に動いたという選手もいるだろうが, 実はそうではなく, 戦術の知識と理解を通して動いているのである。

　時間の割合としてみて, 平均するとコーチはどのくらい戦術を教えているのか？　選手はどのくらい戦術について考えているのか？　10％, 5％, あるいは3％？　いずれにしろそれほど多くはないだろうから, 選手は何をすべきか（時にはすべきでないか）を考えるか, コーチからのサインと指示を信頼すべきである。それはなかなか進まず, 時としては混乱しているプロセスではあるのだが。コーチは選手が何をすべきかを必ず教えるし, 多くのコーチはそのためにどうするかも教える。しかし最良のコーチはなぜそうするのか

も教える。それは適切な戦術を教えているのである。

　本書は1度で読める本でもあり，繰り返し読める本でもある。興味のある節や章を読み，数日後，数週間後に読み返しなさい。試合の中で混乱して判断できない何かが生じた時に，それについて著者が何を言っているかを見出すために読み返しなさい。

＊　　　＊

　本書は4つの部分に分けられている。I部は攻撃の戦術を扱い，ラインナップと打順の組み立て，相手の偵察，効果的なサインシステム，そして打撃と走塁の戦術に関するアドバイスを含んでいる。戦術的な動きをしようとする時には何を考えておくべきか，特定の攻撃状況でどんな戦術が最も効果的かも学べるだろう。

　II部は投球の戦術を扱い，打者の抑え方，走者の留め方，投手の守備と試合の組み立て，そして投手の扱い方を含んでいる。

　投手コーチは挑戦的な仕事である。練習や試合で何球投げられるべきか？　どうしたら各投手が十分に仕事をすることができて効果的でいられるか？　投手陣を率いながら，試合を組み立てるためにはコーチはもっと挑戦することになる。テスト登板を我慢してきた考えと試みによってそれは軽減される。

　III部は守備を扱い，守備のラインナップの組み立て，守備位置，守備戦術を含んでいる。各打者とどう対するかを知るためのコツを知っているようなコーチや選手がいる。相手に対して守備するのに役立つ統計や細かい数値を編集して使う神業的なコーチや選手もいる。大学野球では，守備の意欲が著しく長けていると守備戦術で独自の方法やシステムをつくりだす。一貫した特定の守備を見せてくれて，それが自分たちの方法やシステムをつくる助けになるのである。

　IV部では，異なる野球レベルによって調節したり，異なる状況にプランを当てはめたり，そして試合をあるべき方向へ向けたりといった戦術の微調整を扱う。同じ戦術がどんな状況でも機能するわけではない。調節が必要となる。IV部はその意味でこの本の最も価値ある部分である。異なる状況に適応させる方法を学ぶのは，実生活のレッスンでもある。野球は生活と別ではない。著者は自分の経験についてすばらしいストーリーを語るだろう。試合がどのように進められるべきかについて1人ひとりが洞察を得ることができる。また，戦術をいかに微調整するかについての多くの言葉も得るだろう。

＊　　　＊

コーチは野球における確率を理解しなければならない。すべてのことがいつでも成功しないということをわれわれはみな知っているが，ある状況で何が最も成功するかを理解したいと思う。分別もなく，成功も期待できず，滅多に起こりもしないような即座の判断をコーチは時としてするかもしれない。コーチは，状況や選手の能力そして選手と相手の両能力に基づいた確率を考えて戦術的な判断をしなければならない。ノースカロライナ大学のベテランコーチ，ウォルター・ラブは「野球を教えているのではなく，野球選手を教えているとわかっているならそれでOKだ！」とよく言っていた。よく眼にする最悪のコーチは，最も重要なこと，それは選手の能力を考えていない戦術的な判断をする。

　チェッカーゲームの基本の動きのように，あるいはチェスの最も難しい動きにも含まれている動きのように，戦術はシンプルのはず，そしてどこでも，すべてのイニングにおいても一貫しているはずである。そして戦術は，易しいものも難しいものもあるが，判断を伴う。そこに知識の裏づけがあると最良の結果となる。コーチと選手の両者が戦術の知識をもって理解していると，チームワークが生まれ，結果は成功へと進んでいく。フレスノ州立大から最近殿堂入りしたピート・ビーデンは，戦術を選手に教えるのにシンプルな攻撃サインシステムを使った。彼のサインは，「イエス」か「ノー」であった。「イエス」を出す時には，打者や走者がその状況に適したプレイをしてくれるとの期待の表われであった。

　試合のある状況に対して1つの道だけではない。いかに異なる道を使ってコーチが問題に立ち向かっているかをこの本では例示している。それらは確率に基づいて問題を解決するという健全な考え方を使っている。同じ状況でもあるコーチは動かず，あるコーチは動く。どちらかが正しく，どちらかが間違っているだろう。重要なのは判断に至るまでへの考えるプロセスである。使った戦術が健全な基本原則に則っていれば，そして状況に応じた確率に基づいていれば，正しい判断になる。

## 訳者まえがき

　何をするにしても，そして誰でも，事を始める前には何かしらの戦略・戦術を立てる。ただ，系統立ててその戦略・戦術を考えるか？　あるいはそのように戦略・戦術を記すか？　それは人によるだろう。私などはそれがとても下手で苦労することが多かった。そもそも，うまくやろうと思って事を始めてあまりうまくいった例がないから，余計に考えよう，記そうとはしてこなかった。しかし，それはうまくやろうと思っていながら，十分に戦略・戦術を練ってこなかったからであって，責任の転嫁である。私のような人に本書は勧めたい。

　20歳代の頃，アメリカの大学に野球コーチ修行に行かせてもらった。その折，練習前に，向こうのコーチが選手に書き物を手渡して，丁寧にその日の練習内容を説明していた。彼らは，物事を系統立てて考えて，記しておくのが得意なのだと強く感じた。そして同時に，それは多種多様な人たちを相手にした時に，事をうまく進めるための術なのだとも感じた。ただ，多種多様でない人たちを相手にした時に，その術を採らなくてもよいということにはならないだろう。

　本書の訳を始めた頃は，それ程目新しい内容はないなと感じていたが，進めるうちに，こうした内容は，日々の忙しさ，悩ましさの中で忘れてしまっているから，はたと気がつく内容なのだろうなと感じるようになった。本書で私の好きな部分は，攻撃から章が始まっていることと，レベル，状況に応じて戦略・戦術を微調整しなければいけないという章で終わっていることである。野球には点取りゲームの面白さと人間相手の面白さとがあると共感していただければ幸いである。そして野球の時流に合わせて，投球カウントを「ボール－ストライク」の順にした。お間違えないようにお願いしたい。

　最後に，訳に長い時間を費やしてしまったにもかかわらず，根気強くそれを待っていただいた大修館書店編集部の方々には感謝したい。

2011年7月

平野　裕一

## も　く　じ

- ■ はじめに……………iv
- ■ 訳者まえがき……vii

### 戦術的な野球へのステージづくり　　　　　　　　　　　　　　　　　　　xiii
❶成功するための鍵　xiii　　❷アプローチの微調整　xiv　　❸効果的な練習法　xiv

## ● Part I ──攻撃戦術●

### 1　ラインナップ（陣容）と打順の決定　　　　　　　　　　　　　　　　　1
1　選手の長所・短所の評価……………………………………………………2
　❶スピード　2　　❷パワー　2　　❸バットコントロール　3　　❹攻撃の対応力　3
2　ラインナップの組み立て……………………………………………………4
　❶1番打者　4　　❷2番打者　4　　❸3番打者　5　　❹4番打者　6　　❺5番打者　6
　❻6番打者　6　　❼7，8，9番打者　6
3　代　　打………………………………………………………………………7

### 2　相手の情報収集と分析　　　　　　　　　　　　　　　　　　　　　　9
1　投手の球種とコントロール…………………………………………………12
2　投手の傾向とパターン………………………………………………………12
3　足を使った攻撃のコントロール……………………………………………13
4　守備力と観察…………………………………………………………………13
5　試合中の観察…………………………………………………………………14
6　打者の考えること……………………………………………………………14

### 3　攻撃と走塁のサイン　　　　　　　　　　　　　　　　　　　　　　　17
1　機能的なシステムの構築……………………………………………………17
　●配球の決定　18
2　サインの伝達…………………………………………………………………18
3　サインの見破り………………………………………………………………19

### 4　打撃の戦術　　　　　　　　　　　　　　　　　　　　　　　　　　　23
1　効果的な打撃の戦術ガイドライン…………………………………………24
2　ラインナップでの打者の役割………………………………………………26
3　打席に入る前のプラン………………………………………………………27
4　カウントによる対処…………………………………………………………29
5　走者を進める方法：状況に応じた打撃……………………………………30
　❶バントと偽装バント　30　　❷封殺のない状況：無死走者2塁　31
　❸2死未満で走者3塁　32　　❹ヒットエンドラン　33
6　バント，偽装バント，ヒットエンドランのタイミング…………………33

❶犠牲バント　34　　❷偽装バント　35　　❸偽装バントヒットエンドラン　35
❹ヒットエンドラン　35　　❺セーフティスクイズ　36　　❻スクイズ　36

## 5　走塁の戦術　37

1　本塁から1塁へ ································································································37
　　●走者がすべきこと，見出すべきこと　38
2　1塁から3塁へ ································································································39
3　リード ·············································································································39
　　❶第1リード　39　　❷第2リード　39　　❸2塁でのリード　41　　❹3塁でのリード　42
4　投手を読む ······································································································42
5　盗　　塁 ·········································································································43
6　タッチアップ ··································································································44
7　特殊なプレイ ··································································································45
8　ヒットエンドラン ···························································································46

## 6　攻撃における状況判断　47

1　選手の能力評価 ·······························································································48
　　❶自チームの選手　48　　❷相手の選手　49
2　野球戦術の本質 ·······························································································50
　　❶得　点　50　　❷イニング　52　　❸アウト数　53　　❹打　順　54
3　走塁の戦術 ······································································································55
　　❶走者1塁，2死未満，フライ捕球　55　　❷走者2塁，2死未満，フライ捕球　56
　　❸走者3塁，2死未満のフライ　57　　❹走者1-3塁，2死未満のフライ　59
　　❺走者2-3塁，2死未満のフライ　59　　❻2死未満のファウルフライ　59
　　❼走者2塁，2死未満のゴロ　60　　❽走者3塁，2死未満のゴロ　60
　　❾走者1-3塁，2死未満のゴロ　61
4　相手コーチの傾向 ···························································································62
5　試合中の相性 ··································································································63
6　試合後のまとめ ·······························································································64

## ●Part Ⅱ——投球戦術●

## 7　打者を抑え込む技術　65

1　メンタルの強さを育む ·····················································································65
2　ストライクゾーンを習得する ··········································································66
3　騙　　す ·········································································································66
4　制　　球 ·········································································································67
　　❶直球の制球　67　　❷変化球の制球　68　　❸チェンジアップの制球　68
　　❹投球の制球を練習する　69
5　スイングを読む ·······························································································71
　　●打者を分類する　71
6　カウントを追い込む ························································································72
7　悪いカウントで投球する ·················································································73
8　同じ球種を続ける，逆のセオリーで投げる ·····················································74
9　テンポをコントロールする ·············································································74
10　自分のチームの投手を知る ············································································75

11　冷静さを維持する ……………………………………………………… 76
　　12　捕手と連携する ………………………………………………………… 76
　　13　球種の指令と選択 ……………………………………………………… 77

## 8　走者を止める技術　　79

　1　捕球・送球の高い技術を習得する ………………………………………… 80
　2　それぞれの選手の鍵になる役割を理解する …………………………… 80
　　❶内野手　81　　❷外野手　83　　❸捕　手　84　　❹投　手　84
　3　走者を留める ………………………………………………………………… 85
　　❶本塁へのすばやさ　85　　　　　　❷滑らせるステップ　85
　　❸セットから投球までの時間を変える　85　　❹走者の見方を変える　85
　　❺プレートを外して投げる　86
　4　外す投球による牽制プレイ ………………………………………………… 86
　　❶外す投球　86　　❷牽制プレイ　87
　5　リードと特殊なプレイに対する守備 ……………………………………… 91
　　❶ランニングあるいはウォーキングリード　91　　❷ディレード盗塁　91
　　❸走者1-3塁の状況　91　　❹バント　92　　❺ヒットエンドランとランエンドヒット　92
　6　相手の攻撃傾向を知る ……………………………………………………… 92
　　❶走者の傾向　92　　❷コーチの傾向　93

## 9　投手の守備　　95

　1　1塁カバー …………………………………………………………………… 96
　2　バント処理 …………………………………………………………………… 98
　3　併殺を予測する …………………………………………………………… 100
　4　1-2塁バント場面 ………………………………………………………… 102
　5　塁のカバー ………………………………………………………………… 104

## 10　試合をつくる戦術　　107

　1　強い基盤をつくる ………………………………………………………… 108
　2　投手の長所を最大限に活かす …………………………………………… 111
　　❶初球ストライクを取る　112　　❷得意球　114　　❸アウトを取る球種　114
　　❹緩急をつける　114　　❺コースへの投げ分けを習得する　115
　3　先発投手のメンタルアプローチ ………………………………………… 115
　4　効果的な準備方法 ………………………………………………………… 116
　5　相手に関する情報を得る ………………………………………………… 117
　6　投球カウントと投球数 …………………………………………………… 118
　7　試合進行にともなった投手陣の分析 …………………………………… 119
　8　捕手とのコミュニケーション …………………………………………… 120
　9　リズムを育む ……………………………………………………………… 122
　10　救援投手の心構え ………………………………………………………… 123

## 11　投手の起用法　　125

　1　投手の肩のモニター ……………………………………………………… 125
　2　球速コンプレックスに打ち勝つ ………………………………………… 126
　3　ローテーションを決める ………………………………………………… 127
　　❶先発投手の特性　127　　　　　　❷エースを使って先行する　127
　　❸先発ローテーションを多彩にする　128　　❹役割を定める　128

4　ラインナップに関するアドバイス…………………………………………………128
　　　❶知っていることを使う　128　　❷1〜9番打者の特性　129
　5　相手を偵察してデータを使う……………………………………………………130
　　　❶プレイを予測し，情報をリレーする　130　　❷球種が漏れないように注意する　134
　　　❸ボール球をうまく使う　134　　❹打者を打ち取る3つのプラン　135
　　　❺どんな投手でも知っておくべき3つのこと　135
　6　才能を最大限有効に使う…………………………………………………………136
　　　❶2対1での精神状態　136　　❷自信をつけるために打撃練習のチャートをつける　136
　　　❸カウントのもつパワー　137　　❹初球ストライク　137
　　　❺鍵となる3つの状況での気持ち　137　　❻セットポジションから75%練習する　138
　　　❼もてる力を十分に発揮する　138　　❽3ボール　138
　7　ブルペンを使う……………………………………………………………………139
　　　❶力を入れるものが得意なものになる　139　　❷重要なポジション　139
　　　❸投手を知って統制する　140　　❹集中するための12球と定められた2球　140

## ● Part Ⅲ──守備戦術 ●

### 12　ラインナップの設定：野手　　141

　1　内野の守備位置……………………………………………………………………142
　　　❶第1の深さの内野守備位置　143　　❷第2の深さの内野守備位置　143
　　　❸第3の深さの内野守備位置　144　　❹第4の深さの内野守備位置　144　　❺2塁カバー　146
　2　外野の守備位置……………………………………………………………………146
　3　フライに対する優先システムをつくる…………………………………………147
　4　試合状況による選手交代…………………………………………………………148

### 13　守備位置　　151

　1　チーム守備の考え方………………………………………………………………152
　　　❶ゾーンディフェンスでのプレイ　152　　❷すばやいテンポをつくる　152
　　　❸一貫したアプローチを使う　152　　❹シンプルに保つ　153
　2　効果的な守備のゴール……………………………………………………………156
　3　練習様式……………………………………………………………………………157
　4　タイミングとサイン………………………………………………………………158
　5　守備位置の基本……………………………………………………………………158
　　　❶異なるタイプの打者に対応するサインプレイ　159　　❷優先順位をつくる　161
　　　❸併殺の深さ　162
　6　特別なカバー………………………………………………………………………162
　7　遅く位置を調整する………………………………………………………………164
　8　ダグアウトとのコミュニケーションシステム…………………………………164

### 14　守備の戦術　　167

　1　走者1-3塁の守備…………………………………………………………………167
　　　❶中継者としての2塁手　168　　❷2塁への送球　168　　❸遊撃手への送球　168
　　　❹投手への送球　169　　❺送球のふりをして3塁送球　171
　　　❻スタートを切られた場合の守備　171
　2　カットと中継のシステム…………………………………………………………171
　3　挟　　殺……………………………………………………………………………179

|   |   |   |
|---|---|---|
| 4 | バント守備 | 180 |
| 5 | 敬　　遠 | 183 |
| 6 | 相手の勢いを封じ込める方法 | 183 |

❶ビッグプレイを見せる　184　　❷お返しをする　184　　❸与える得点を最小限に留める　184
❹先発投手にテンポをつくらせる　185　　❺試合のペースを落とす　185

| | | |
|---|---|---|
| 7 | 先頭走者でアウトを取るか，確実にアウトを取るか | 185 |

❶守備陣形　185　　❷勝っているか負けているか，序盤か終盤か　186
❸ホームかビジターか　187

| | | |
|---|---|---|
| 8 | 盗塁阻止 | 187 |
| 9 | 抑え投手に時間を稼ぐ | 189 |
| 10 | 牽制プレイ | 190 |

❶1塁への牽制　191　　❷2塁への牽制　191　　❸3塁への牽制　191
❹他の牽制　192　　❺バント場面での牽制　192

## ● Part Ⅳ──戦術の微調整 ●

### 15　レベルの異なる大会の調整　　195

| | | |
|---|---|---|
| 1 | 尋ね，話を聞いて，観察する | 198 |
| 2 | 成功への6ステップ | 199 |

❶キャッチボールをしなさい　199　　❷フェアゾーンに打ち返しなさい　199
❸ストライクを投げなさい　200　　❹チームスピリットを築きなさい　202
❺賢く走塁しなさい　202　　❻ルールを知りなさい　203

| | | |
|---|---|---|
| 3 | 一般戦術 | 203 |

❶盗　塁　205　　❷バスターバント　205　　❸犠牲バント　206
❹ヒットエンドランとランエンドヒット　206

### 16　様々な状況に応じたプランの調整　　209

| | | |
|---|---|---|
| 1 | 成功するプランの作成 | 209 |

❶選手の育成に焦点をしぼる　211　　❷守備側を育てる　212　　❸攻撃側を育成する　215

| | | |
|---|---|---|
| 2 | 様々な状況に対応する | 217 |

❶シーズン序盤，中盤，終盤　217　　❷ホームとロードの試合　219　　❸天候状態　221
❹怪　我　221

### 17　試合へのアプローチ　　223

| | | |
|---|---|---|
| 1 | ハッスルプレイ | 225 |
| 2 | 攻撃的な走塁を練習する | 227 |
| 3 | 基本を完璧にする | 228 |
| 4 | 修練を積む | 229 |
| 5 | 相手チームを知る | 229 |
| 6 | プレイに備える | 230 |
| 7 | 調整をする | 232 |
| 8 | やるべきこととやってはいけないこと | 233 |
| 9 | 試合を改善する | 234 |

■さくいん……235
■ABCAについて，編者紹介，執筆者紹介……237

# 戦術的な野球へのステージづくり

「ジョー・スミス，4-4としてハスキーズ快走」
「ルイス・トーレ，好打者3人に投げ勝つ」
「ジェイソン・リンドストロームの9回ホームラン，ハスキーズ勝利への分かれ目」

＊

　これら3つの見出しはコーチにとって難敵である。この導入は，チーム全体のプレイと言うよりは，勝利の理由として1人の選手のパフォーマンスにすべて焦点を当てている。そしてどの見出しもきちんと野球の試合で起こることの記事を導いているように見える。ジャーナリズムに必要な誰が，何を，何時，何故を含んでいる。しかし，試合結果にとって最も大事な「如何に」が忘れ去られているようである。新聞記事にとって「如何に」は重要ではないのかもしれないが，指導とプレイにとっては成功するかどうかの分かれ目である。「如何に」こそが戦術であり，観衆や新聞記者には見逃されがちであるが，それなくしてはコーチや選手は自分のもっている能力を発揮できない。

　戦術は，成功へのビジョンであり，攻撃するプランであり，目標への道筋である。優れたコーチは成功へのビジョンを決して失わない。無死での走者の進塁，違いを生むはずの左投手のリクルート，あるいは資金集めの目標到達，いずれであっても，コーチが鍵となる人物である。そして，ある戦術をコーチは選ぶだろうが，成功するためには選手がそれを理解して実行する必要がある。

　攻撃の戦術は，打者を走者にし，さらに走者を進塁させるチーム力をアップさせる。守備の戦術は，チームに走者の進塁を阻止させる力をつける。併殺を優先し，2塁を決して空けない，また，すばやく動き，ストライクを投げ，スピードを変化させる，こうしたすべての見解は，どんなレベルの野球についてもコーチが当てはめていく戦術である。

## ❶ ─ 成功するための鍵

　まず，しっかりした基礎的な教育（コミュニケーション）と信頼関係を植え付けることによって，相手のやろうとしていることを妨げる戦術を使える。図1は，様々な戦術をうまく成し遂げられる前に必要となる特質を描いている。何かが起こるのを待つのではなく，自分から事を起こすには，あるレベルの才能，集中，そして傾倒が必要となる。ほとんどの状況で，チーム間にその差はないが，わずかなミスが勝敗を分けることになる。

　才能には，走る，投げる，守る，打つ，そして強く打つ能力が含まれる。集中は，技術を発揮する時に妨げになる身体内外のものをブロックする能力であり，傾倒は，自分の力で事をすべて成し遂げるということである。すべての要素が最高で

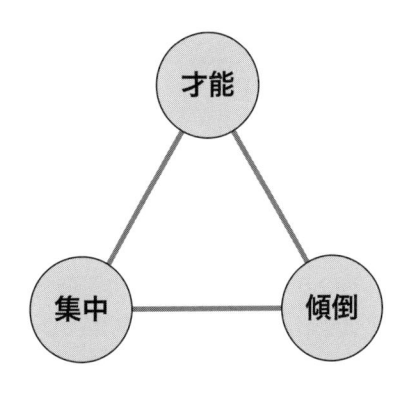

図1　戦術を成功させるために必要となる3つの特質

あれば，チームは成功するだろう．しかし，1つ2つ欠けていると一貫した成功は望めなくなる．

いつも完璧とはいかないので，戦術を実施するにあたって成功するための鍵は，攻撃と守備のプラン（ビジョン）を選択し，具現化して，調整・修正して，それに我慢することである．確率を理解し，システムを信頼し，攻撃・守備の傾向を評価して，その上でシステムを定めなさい．

同時に以下の質問を考えなければならない．

### ポイント

- システムの成功にとって本質的となる作戦や技術を実行できる才能があるか？
- 練習でそれを高める時間，スタッフ，設備，環境があるか？
- 選手とスタッフは，試合を大切にし，いつもハッスルしているか？
- 「最後まであきらめない」の言葉を本当に信じるか？
- 逆境の対処法を示せる上級生による積極的なリーダーシップをもてるか？

コーチと選手の間でコミュニケーションと信頼関係がうまくいっていれば，多くの戦術を持ち込めるし，時間と機会があればそれをチェックできる．試合ではすべてが慣れているように，プレッシャーのかかった状況でそれを練習すべきである．

## ❷——アプローチの微調整

戦術のアプローチを微調整する際に，コーチは重要な質問をいくつか考えておかなければならない．

### ポイント

- どのくらいの練習時間（週あたりの時間など）がNCAA（全米大学体育協会），NAIA（全米大学選手協会）あるいは高校規則では許されているのか？
- ベテランチームなのか？
- 打ち込んでいる（傾倒している）チームなのか？
- 選手は指導しやすいか？
- 結束があるチームか？ 選手はコーチの決めた役割を受け入れ，理解しているか？
- 選手に落ち着きがあるか？ 悪いことが生じたらどう反応するか？
- 選手は失敗を使って調整するか？
- 選手とスタッフからの傾倒と信頼を得られているか？ 都合のよい時だけではないか？

コーチは特定の戦術を信じて傾倒しなければならないが，初期のプランを変える必要が生じたら，決めた戦術を調整できなければならない（例：3ランホームランが打てないのに，それを狙ってその回をプレイしない）．

## ❸——効果的な練習法

練習期間の間に，スタッフは戦術を進めるための十分な練習法を考えなければならない．技術（打つ，投げる，守る）あるいはプレイ（バント守備，1-3塁守備など）の到達目標をコーチは決めなければならない．到達目標までの動きをすべて教え，その後，選手にそれを完成させるように指示しなさい．スイングのメカニクス，投球，ゴロの捕り方などを教えるのに長けたコーチは，打撃位置，リリースポイント，グラブの中のボール位置などを習得する最も効率的な方法を選手に示すだろう．練習後，その技術を一貫して発揮する責任を選手は負う．

1球1球が勝負となるように，試合をゆっくり進行させなさい．その中で，それを繰り返して，強化して，調整しなさい．常に試合のような競う状況で練習することで自信を植え付けなさい．選手が試合で同じ状況に直面した時に，「試合のようにそれを練習してきた」と言うことができる．

厳しい戦いの中で調整するのを怖がってはいけない。野球は失敗のゲームである。試合を楽しみ，成功するために，調整しなければならない。だからこそ，プレッシャーをかけて練習しなさい。誰でもプレイできるが，誰でもが勝てるわけではない。システムに忠実であり，信念があれば，「ナイストライ」ではなく「ナイスプレイ」になるだろう。システムは修正できるものになり，一貫性，普遍性をもつ。

アマチュアの試合を指導してきた優秀な野球コーチがこの本の野球の戦術について執筆した。何かが起こるのを待つのではなく，何かを起こさせるための様々な戦術を，著者は読者と共有したいという想いなのである。

## Part I—攻撃戦術

# 1

# ラインナップ(陣容)と打順の決定

　毎年，秋季練習の初日，イリノイ大学野球部の選手たちがクラブハウスを訪れる時に，コーチングスタッフとしてわれわれは，ドアから入ってくる各選手の様子を良く観察する。そして彼らが傍を通っていく時には，いくつかの疑問がわれわれの頭を過る。オフから戻ってきた選手たちは，先シーズンよりも上達しているだろうか？　新入生たちは，高校野球から大学ディビジョンIの野球に適応できるだろうか？　今年のチームの理想的なラインナップはどうなるのだろうか？　チームのスピードは，パワーは，バットコントロールは？　攻撃の対応力はどうだろうか？

＊

　このような観点からコーチングスタッフは，新しいシーズンに向けたラインナップについて尽きることなく話し合うことになる。秋季練習，冬季トレーニング，そして春先の試合前スケジュールの値踏みをすることはとても重要で，そうした値踏みをするからこそ各選手の長所・短所に重みづけができるし，選手のできることとできないことを定められる。選手の潜在能力を定められれば，ラインナップを決めることができる。理想的には，そのラインナップは，コーチングスタッフとして従う基本的な考え方，すなわち攻撃を成功に導くには以下の4要素が含まれているという考え方，を反映することになる。

　①スピード　　②パワー　　③バットコントロール　　④攻撃の対応力

＊

　良いチームはこれら4要素をもつ選手が混在しているラインナップになる。したがって，いつのシーズンでも，理想的なラインナップにする第一段階では，チームがいくつ要素をもっているかを見定めて，そこからチームのもつ長所を結び付けていくことになる。

# 選手の長所・短所の評価

Evaluating Players' Strengths and Weaknesses

　毎年，チームがいくつの要素をもっているかを見出すために，コーチングスタッフは選手の個々の能力を評価しなければならない。イリノイ大学では，この評価を秋季練習中から始めて3月末の試合シーズン開始まで続ける。この間に攻撃の戦術を立てることが重要なのである。したがってこの間の練習では，試合と本質的に同じになるように紅白戦でドリルを行う。練習の中でも選手にいわゆるプレッシャーを感じてもらいたいからである。試合でのプレッシャーに日毎に慣れてくると，試合でどんな状況に置かれても即座に正しく反応するようになると信じている。

　イリノイ大学では，走塁，盗塁，有利なカウントでの打撃，バットコントロール，状況に応じた打撃，攻撃の対応力といったものを含んだ日毎の試合形式練習によって，選手たちの長所を強化してきたし，短所を見出す手助けにもしてきた。長所と短所を練習で見出すことで，コーチングスタッフとしてわれわれは，シーズンの大切な局面が始まる前に，チームの攻撃戦術をより良く育てられ，練習プログラムによる攻撃の有効性をより高められ，ラインナップをより良く組める。このアプローチをすれば，試合シーズン中に当てずっぽうが少なくて済むので，チームは最も目標に近づけることになる。

## ❶—スピード

　スピードある選手とは，外野深くいつも打つわけではないが，出塁するといつも盗塁しそうな選手のことを指す。「スピードにスランプなし」という諺が，攻撃が成功するためにはスピードが欠かせないことを物語っている。選手に走塁を教えると，走る技術はそれなりに向上する。スピード面でチームを評価した後には，スピードある選手を見出す。そしてこの選手たちに以下の盗塁技術を練習させる。

・2盗，3盗
・盗塁に際してのバッテリーの読み
・外す球の読み
・走る状況かどうかの判断

　紅白戦では，すべての選手が打者に合わせて走塁技術をみがき，盗塁要員もバッテリーに合わせて盗塁技術をみがく。走塁ドリルでは，スピードのない選手を決して蔑ろにはしない。誰でも，できるだけ速くバッターボックスを出て，できるだけ速く走り，そして効率良く正確に各塁を回る練習をする。ファンブルや中継の暴投で進塁できるかどうかは，競った試合で大きな違いになる。

## ❷—パワー

　パワーヒッターとは，強打して2塁打，ホームラン，あるいは深い外野フライをよく打つが，スピードに欠けがちな選手を指す。野球のコーチであれば，見ればパワーがあるかどうかわかって，柵越えを打てる選手がいると強打するように促してしまう。しかし，伸びるか反るかをわれわれは攻撃として受け入れられない。

　イリノイ大学では，パワーヒッターは三振よりも四球を多く選ぶと思っている。一般には直球打ちなので，われわれは打者有利なカウント（3-1，2-0，1-0）に持ち込む練習を入念にさせている。チーム内練習では，選手には好球必打を忘れないようにと口すっぱく言っている。直球を打ち，チェンジアップを見送り，そして腰から上に入って

1 ラインナップ（陣容）と打順の決定

くるカーブを叩くことを彼らには学んでもらいたい。

### ❸—バットコントロール

　ヒットゾーンに打ち返すことが得意で，めったに三振はせず，バットコントロールに長けていて，走塁もうまく，そして高打率を残す選手をアベレージヒッターと呼ぶ。この手の選手は試合になると，バントヒット，犠牲バント，スクイズ，偽装バント何でもござれ，ヒットエンドラン，走者の後ろへ打つのはお手の物である。打者はパワーヒッターかアベレージヒッターかに大別されるので，各選手がどちらのタイプかを決めていくことになる。

　バットコントロールに長けているとみなした選手は，チーム内練習で試合をつくっていく練習をする。こうした選手たちには，バットコントロール技術を披露する機会をつくって期待通りの結果を出さなければならないと強く言うことにしている。通常の試合やシーズンを通してそう言うので，パワーヒッターにもバットコントロール技術を披露するように求める。バットコントロールとパワーの両方があれば，どんなチームでも攻撃が成功するし，上のレベルの野球に進みたいという選手のためにもなる。

### ❹—攻撃の対応力

　個々の選手あるいはチームが，どんな試合状況にも即座に正しく反応する能力を攻撃の対応力と呼ぶ。コーチングスタッフとしては，毎日の練習の中でチームのスピード，パワー，バットコントロール技術を組み合わせていくことが攻撃の対応力を強化することになると思っている。すべてのドリルを紅白戦に取り込むので，選手に染み付くと期待しながら，毎日，攻撃のドリルをしている。紅白戦に取り込んでいるドリルをいくつか紹介する。これらのドリルは，攻撃を成功に導く4要素を強化し，理想的なラインナップを組む手助けになる。試合で起こりうる状況は数限りなくあるから。

●走塁ドリル……………………………………
　走塁技術を伸ばすために，紅白戦で各塁に1人ないし2人の走者をつけて，リードをとらせ，状況を読ませて，実際の打者と守備に反応させる。これらの走者は本物ではない。しかし守備と同じように，これらの走者は実際の打者に反応する。各選手は，毎日そして試合中ずっと，それぞれの塁を練習する。打者がヒットを打てば，その走者は守備にとって本物になる。その走者が盗塁を恐れているようなら，走ることを要求し，2盗あるいは3盗をして得点圏に進むように命じる。盗塁する者には緑色のライトを持たせ，自分だけ独自に盗塁することがわかるようにする。本物の走者かどうかにかかわらず，2盗，3盗を自分の責任で練習する。また，ベースコーチや主審はつけないので，自分でイニング，得点，アウトカウントは知っておかなければならない。状況に反応しなければならない，自分で判断しなければならないということにして，様々な試合状況を読めるようにする。

●パワードリル……………………………………
　パワー向上のために，打者有利なカウントにする。塁を埋めて，1死，0-0，2-0，3-1でイニングを始める。この状況では外野に打つしかなく，そうすれば得点が入り，チャンスをつぶす併殺ゴロを避けられる。

● バットコントロールドリル……………………

　バットコントロールを良くするために，パワードリルと同じ状況をしばしば使う。1死満塁からイニングを始めるのである。打者の狙いは，スクイズか，バントか，右打ちで，得点を生んで，併殺を避ける。無死走者2塁でイニングを始めることもある。この場面では進塁のために走者の後ろに打たせる。進塁させることができたら，すぐさま打者は本塁に戻ってきて，1死走者3塁で打席に入る。内野が前進かあるいは中間かの打席に入れることになる。前進ならば外野フライを打ってほしいし，中間ならばショートかセカンドへゴロを打ってほしい。こうした得点につながるアウトは積極的なアウトとチームではとらえている。2塁走者を進められなければ，1死2塁となる。次の打者の狙いは，2塁から試合を決める走者を迎え入れるヒットを打つことになる。

　もう一度言うが，紅白戦の中で攻撃の要素（チームスピード，パワー，バットコントロール，攻撃の対応力）をすべてカバーするようにする。そうすることで，毎日の練習の中で選手の長所，短所を評価する機会を得る。

## 2　ラインナップの組み立て
Setting the Lineup

　攻撃の戦術を具体化して，秋季の紅白戦，冬季トレーニング，プレシーズン試合の間のチームの進歩を見届けたならば，チームにとっての理想的なラインナップを組み立てられる。アプローチはシンプルで，試合の終盤に余分に打席が回ってくることを考えれば，打順のトップに最高の打者を置く。そして試合中に，チームに勝ちを呼び込む場面で最強の打者が打席に立っているようにしたい。

　攻撃ラインナップを組み立てる時に考えておく事柄を以下に記す。理想的には，各打順は，以下のようなそれぞれの特長を持ち合わせていたい。

### ❶—1番打者

　試合の中でもシーズンを通してでも，1番打者には最も多く打席が回る。そして第1球目から相手守備や投手を混乱させ，プレッシャーをかける役目をもつ。1番打者は右投手も左投手も同じようにうまく打てることが理想である。われわれは，長打を生むような強打（パワー打撃）が常にできる選手を探すことにしている。また，ストライクゾーンが良くわかっていて，チーム最高の出塁率であってほしい。そして常に強打するとしても，三振率は低くあってほしい。バントを転がす，あるいはヒットを放って打点を稼ぐのに十分な打席でのしぶとさと攻撃性を持ち合わせていたい。いつ走ったら良いのか，がわかる才能をもつ最高の走者であるべきだろう。さらに，外野へのどんなヒットでも1塁から3塁を狙う攻撃性と，ここぞというところで投手を読んで盗塁する力も備えていたい。喜んで四球で歩くし，何としてでも出塁しようとする一方，2死から打点を稼ぐ好打者でもある。結局のところ，どんなラインナップでも1番打者には，パワー，バットコントロール，走塁，スピード，試合の知識で相手を打ち負かす能力が求められる。

### ❷—2番打者

　理想的には，2つの理由から2番には左打者を探すことにしている。1つには，1塁手が走者を

塁に釘付けにしている時には右方向に引っ張れれ
ばチャンスが広がるからである。もう1つには，
1塁走者を捕手の目からいくぶん隠して走者の盗
塁のチャンスを増やすからである。われわれの左
の2番打者は，本塁近くに立って右に引っ張れる。
また，足で安打を稼いだり，ヒットエンドランを
決めたりという時には，左にも流せる。内野のど
ちら側にも打てることが重要である。もし右打者
であれば，流しやすいように本塁から離れて立っ
てもらいたい。そして右の2番打者は，引っ張り
もできなければならない。

　右，左いずれにしても，2番打者は，先頭打者
が盗塁できるように，しぶとくて選球眼が良くな
くてはいけない。そして，左，右投手いずれもう
まく打てることも望まれる。走者を進塁させなけ
ればならないから，巧みなバットコントロールが
求められる。併殺を免れるために，足の速さも求
められる。2番打者に期待するパワーは2塁打レ
ベルである。先頭打者の走塁技術やスピードのお
かげで，2番打者は直球を多く投げられることに
なる。攻撃を成功させるには，この直球をうまく
さばけて，2ストライクを取られた後にも打てて，
2アウトからでも打点を稼げて，そして，まず間
違いなくバントを転がせる，といった能力が求め
られる。先頭打者と同様に，走塁技術に長けてい
て，状況に応じて盗塁する能力を備えていたい。

## ❸─3番打者

　総合的にみて最高の打者が3番を打つ。パワー
があって，チームで最も三振率が低く，右，左投
手いずれも打てる打者である。シーズンを通して
彼のパワーとバットコントロールがうまく機能す
ると，チームに成功をもたらす。ラインナップの
中で最良のアベレージヒッターであり，しぶとく
て選球眼があって，いつも良いスイングをする。

理想的な3番打者はパワーとバットコントロールに優れ，プレッシャーのもとで育つ。
（写真：ゲッティ）

ストライクゾーンが良くわかっていて，直球，緩
球，カーブのいずれもどの方向へも打てる。最良
のアベレージヒッターなので，当然，高打率にな
る。走塁技術に優れ，後に続く打順もわかってい
るので，併殺で攻撃を終えないようなスピードも
持ち合わせているべきである。

　攻撃的で，プレッシャーを好み，走者を迎え入
れたいという思いが強く，特に2アウトから迎え
入れたいと思うタイプである。最も厳しい状況で
打席に入りたがり，投手に勝負してもらいたいと
思っている。めったに投球術にはまらないばかり

か，他の打者よりも好きな球を逃さないし，いつもそれをものにする。球筋と出所が良く見えているので，めったに悪球に手を出すことはない。打席でのしぶとさと狙い球を絞っているおかげで最も打ち取りにくい打者になっている。どんなラインナップでも3番打者は，パワー，バットコントロール，走塁，試合の知識で相手チームを打ち負かせなければならない。

### ❹―4番打者

4番打者は，自分よりも前の打者を援護するほどに良い打者でなければならない。パワーがあって，直球にも緩球にも強くなければならない。ストライクゾーンが良くわかっているおかげで，三振よりも四球を多く選ぶ。われわれは，4番打者も走塁技術に長けていてほしいし，併殺を免れるスピードも持ち合わせていてほしいと思っている。2塁から走者を返して打点を稼ぐ打者である。クリーンナップの打者は，塁に走者を置いた場面で登場して，単打あるいは柵越えで走者を返す技をもっていなければならない。

### ❺―5番打者

5番打者は，そこにいるおかげで相手チームがクリーンナップには勝負できないと思うほどに良い打者でなければならない。長打力はもっているが，4番打者よりは自由にスイングするし，攻撃的である。チーム内では2，3番目に打点を稼ぎ，カーブや緩球をうまくさばけるべきである。まずまずの走塁技術があって，併殺でイニングを終えるよりは，フライを打ち上げたり，三振したりするほうがまだましと思うタイプであってほしい。3，4番打者のように，打点を稼ぎたいと思っていて，打てばいつも得点につながる。

### ❻―6番打者

6番打者は，ある程度のパワーをもっていて，高打率を残すのが理想的である。チーム最高の打者たちの後ろを打つので，走者の後ろに打てる巧みなバットコントロールをもっていてほしい。そして直球をさばけて，どこへでも打てる打者であってほしい。チームトップの攻撃力の後を打つので，6番打者は打って走者を進めるか，打点を生まなければならない。

### ❼―7，8，9番打者

下位打者は，ラインナップを繋ぐこともできるし，切ることもできる。投手を疲れさせたり，守備にプレッシャーをかけたり，なんとしても出塁したり，走者を進めたり，さらには1番打者につなげたりできれば，チームの勝つチャンスは増えるだろう。さもなければ，下位3打者はいわゆるお客さんになり，勝つチャンスは減ってしまう。例えば，お客さんで3回登場すれば，9イニングの27アウトは，6イニング18アウトになってしまう。こうなると，われわれの18回のチャンスに対して，相手は27回のチャンスということになる。これでは相手より多く得点するのは難しい。

理想的には，1，2番打者と同じ技術をもっていてほしい。パワーもないし，常に強打もできないだろうが，ある程度のスピードとバットコントロールはもっていなければならない。なんとか出塁し，投手を疲れさせて，得点し，走者を進め，そして1番に回すことが下位打者の務めである。投手に多く投げさせられれば，上位打線でダメージを与えるチャンスが増える。バントを確実に転がし，流し打ちができて，きちんとヒットエンドランができなければならない。必要な時には盗塁できる，まともな走者であってほしい。常に走者

を進めるか，自らが得点圏に進んでほしい。そうした仕事ができれば，上位打線が自分の仕事をこなせて，得点になる。

## 3　代　打
*Pinch Hitting*

　代打は，野球で最も難しい仕事の1つで，この技術をもったスペシャリストを必要とする。良い代打とは，いつでも試合に入り込める精神的な準備のできた選手である。1打席，しかも試合で重要な状況での1打席なので，自分と自分の能力に自信もなくてはならない。

　使われる状況が3つに分けられるので，代打には3つのカテゴリーがある。第1のカテゴリーは，目が良くて必ずバットに当てて，高い確率で出塁できる代打である。高い出塁率がここでは求められる。この手の打者は，投手に立ち向かい，カウントで投手を追い詰めて出塁の確率を高めなければならない。2ストライクからでも打てる打者であればこれができる。投手にストライクを投げるようにプレッシャーをかけなければならないのだが，いざストライクを投げてきたら，打ち返すこともできる。上位打線が投手を打ち砕けるように出塁するのが自分の役割だとわかっている打者である。

　第2のカテゴリーは，走者のいる場面でうまく打てる打者で，進塁させ，打点を稼ぐ代打である。ライナー性の打球を放ち，パワーはそれほどないが，プレッシャーがかかってもうまく打つタイプである。

　第3のカテゴリーは，ホームランを放つパワーはあるが，これまでのうまく当てる打者に比べると三振が多い代打である。長打で同点に追いついたり，逆転したりできる状況で呼び出される。7イニングから試合終了までのところで試合に入り込む。相手の抑え投手を打ち崩すために呼ばれることが多いので，速球打ちを得意としている。プロ野球では，左対左よりも右対右のほうが概ね良く打っているので，選べというなら右打者が望ましい。

　代打を送り込む時に，打者が右か左かは，もう1つ重要な問題である。監督としては，ベンチから送り出すのに右か左かを選べるようにしておきたい。しかし，高校や大学レベルではそれは難しく，通常は，ラインナップに最高の打者を並べてしまうだろう。一方，プロ野球では，スイッチヒッターをベンチに置けるようにトレードすることも珍しくはない。

　また，ラインナップを組み立て，代打を出す場面を想定する時に考えておくべきことは，ある投手をカモにしている打者がチーム内にいるかどうかである。そういう打者がいると，走者が得点圏に進むまでその打者をベンチに置いておくという監督もいる。ヒットを打って走者を迎え入れ，ビッグイニングが続くと期待して，そうした場面で弱い打者の代打として送り込む。

　代打を送るポイントは，試合の流れを変えられる大事な場面に使うということである。もとの打者よりヒットを打って走者を迎え入れられる確率が高いから試合に加わるのである。代打は以下のいずれかのシナリオで使われることになる。

　第1の代打は，当てるのがうまく，ストライクゾーンが良くわかっていて，追い込まれても平気な打者である。投手をその気にさせるのだが，ストライクが入らないと，出塁させることになってしまう。試合の始めのほうで使われるか，あるい

は同点か決勝点の走者がほしい時に使われる。第1カテゴリーでも示したように，この代打は競り合いを始めたい時に使われる。

第2の代打は，パワーはそれほどないが，プレッシャーに強くて当てるのがうまい打者である。走者がいる時にその価値がわかる。ヒットを打って走者を進め，本塁に迎え入れる確率も高い。試合を決める場面で使われることが多く，競り合いを続けるために呼ばれる。走者を迎え入れるけれども，当てるのがうまいので三振はそうしない。たとえ走者を迎え入れられなかったり，ヒットにならず走者になれなかったりしても，走者を進めるので，次の打者が大切な走者を迎え入れるチャンスをつくる。

第3の代打は，三振もするけれどもホームランが打てる打者で，試合の後半，同点か1点ビハインドで登場する。同点あるいはリードできるように柵越えできる投球を狙う。流れを変える1打席に呼ばれる。

競った試合で代打は求められ，使われる。ベンチに良い打者がいるチームは，長いシーズンの中で拾い物の勝ちを収めていく。コーチや監督としては，チームづくりにあたってベンチに暖めておく選手を1人，2人考えておきたい。その1人が代打のどのカテゴリーに入るのかを考えておく。そうとなれば，チーム内に彼の居場所を見出す面白さが出てくるだろう。

> **Point** 成功率が最も高くなるラインナップを組み立てるためには，コーチングスタッフは要求に応えられる選手を見出せなければならない。理想のラインナップがもつ4つの攻撃の要素，すなわちスピード，パワー，バットコントロール，攻撃の対応力であるが，これらを毎日の練習に組み込むことで，それぞれの選手の長所と短所を見出すことができる。このようにして1番打者を決める。すなわち，勝てそうな時に，後半のイニングでより多くの打席が回ってくるように先頭に配置するのである。これら4つの要素にもとづいてラインナップを組むと，チームの攻撃の戦術を強化する手助けになるし，計画を成功させ，一貫したラインナップを組み立てられるようになる。

# Part I ― 攻撃戦術

# 2

# 相手の情報収集と分析

　相手の情報を収集すれば勝つチャンスが増えるだろう。情報は，過去の試合における収集レポートや試合前あるいは試合中の観察にもとづく。

　ここ2，3週間のうちに対戦したのであれば，チャートやコンピュータからの情報は役に立つ。あるカウントでの投球パターンや傾向を探そう。パターンがわかってくれば，攻撃の狙い目として情報を使える。ありがちな傾向は，0-0，1-0，2-0，3-1，3-2のカウントでよく見られる。走者なしと得点圏に走者ありとに分けてこれらのカウントを分析する必要がある。チャートを用意して，走者なしでは黒色，ありでは赤色で配球を書く。

＊

　図2-1には，初球に明らかな傾向のない場合が記されている。イングリッシュ選手以外に対しては，第2打席では第1打席とは違う球種で入ってくる。カウント0-1で，12球中9球は緩球，0-2では7/8は直球，2-0，3-1，3-2ではすべて直球である。このチーム（あるいは投手）と対戦する時には，0-1，2-2で緩球が来がちなことに打者は気づいているべきである。また，カウント2-0，3-1，3-2では直球に的を絞るべきである。

＊

　図2-2には，119球中，直球を81球投げているので，この投手の得意球はまさしく直球であることが記されている。加えて，30人中21人に直球で入っている。このチャートに記されている本当の傾向は，カウント1-0からは15人中11人に直球を投げているということである。そして走者がいると，この投手は得意球の直球を続ける。

## 打者に対する傾向チャート

| 打　者 | 0-0 | 1-0 | 0-1 | 0-2 | 2-0 | 1-1 | 1-2 | 2-2 | 2-1 | 3-1 | 3-2 |
|---|---|---|---|---|---|---|---|---|---|---|---|
| スタートン | 1,2,2,1,1 | 1,1 | 3 | | | 1 | | | 1 | | |
| タグウェル | 2,1,1,1 | 2,2 | 3 | | 1 | 4 | | | 1 | | |
| ウェスト | 1,2,1,3 | 1 | | | | 4 | 3 | | 1,1 | | |
| トレガス | 2,1,4,1 | | 4 | 1 | | 3 | 1,3 | 3 | | | |
| バウダー | 2,4,3,1 | | 1 | 1,1 | | 4 | | | 1 | | |
| イングリッシュ | 1,1,1,3 | 2,4 | 2,3 | 1 | | 2,1,3 | 1 | 2 | 4 | | |
| ハッチソン | 1,4,1,1 | 1,3,1 | 1 | 1 | 1,1 | 4 | 4 | 3 | 4 | | 1,1 |
| ハリス | 2,1,1,1 | 2,1 | 4,3 | | | 1,1 | 1,3 | | 1 | 1 | 1 |
| ウィンターフェルト | 1,2,1,1 | | 1,3,3 | 4,1,1 | | | | 3 | 1 | | |

■図2-1　カウントごとのチャートの例
　あるカウントでの投球パターンと傾向を見出すのにチャートを使う。

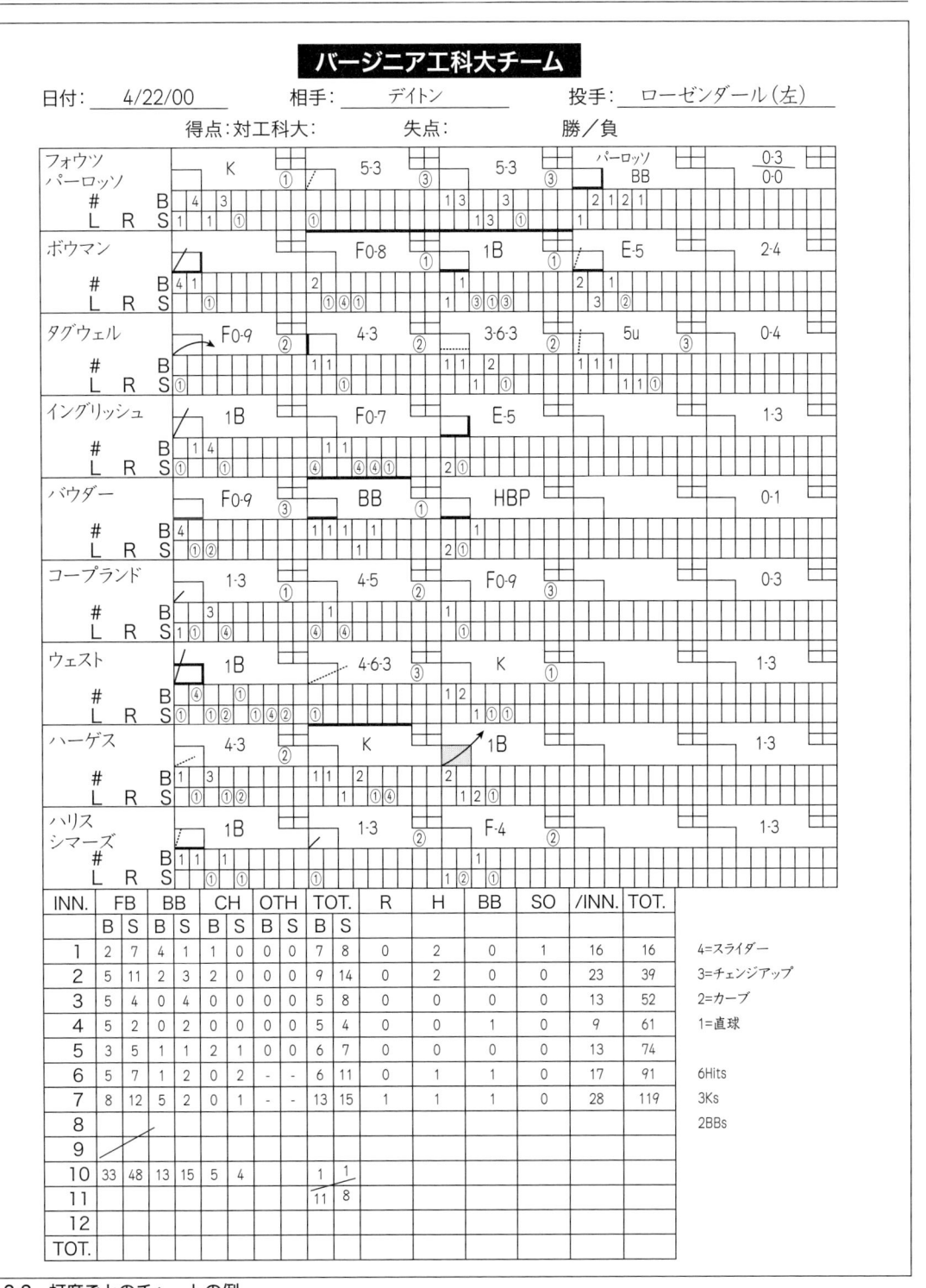

■図2-2　打席ごとのチャートの例
このチャートは直球を多用する投手の傾向を示す。

## 1 投手の球種とコントロール
*Pitcher's Stuff and Control*

投手は習慣の生き物ということを忘れてはならない。大事なのは球種とコントロールである。以下の質問には答えられなければならない。

**ポイント**
- 得意球は何か？
- およその球速は？
- ボールは動きがあるか（まっすぐ来ないか）？
- 緩球は良いか？　良いとすればどんなスピンか？

試合中，コーチと選手はこれらの質問の話をすべきである。良いコミュニケーションができれば打者の役に立つ。

投手の得意球を見抜いておくのが鍵になる。通常はアウトを取ろうとしている球種があって，ピンチになると投手はそれに頼る。

これらの質問の答えは，打者にとって大変有用な情報である。時速145kmかそれ以上投げる投手であれば，打者はすばやくバットを振り始めなければならない。逆に，すばらしい緩球の投手であれば，打者はからだを残してボールを引きつけて打たなければならない。

投手のコントロールは攻撃の戦術に少なからず影響する。1試合に4～6人歩かせる投手なら，コーチはしばしば「待て」のサインを出すことになろう。初球，2-0，3-1のカウントで待たせるかもしれない。こうすることで走者を溜められるし，球数を増やせるだろう。いずれにしても競った試合での勝ちにつながる。投げられない球種があったり，ストライクを取れない球種があったりする投手がいる。そうなると打者は球種を選んで打てる。特に有利なカウントではそうである。

## 2 投手の傾向とパターン
*Pitcher's Tendencies and Patterns*

捕手やコーチがある傾向を示すことがある。先に出てきたチャートで傾向やパターンを眺めた。これらのパターンはコーチが攻撃の戦術を立てるのに役立つ。例えば，初球がストライクで，次は緩球，カーブ，スプリットボールという傾向であれば，走者を走らせるチャンスになる。カウント0-2ではカーブ，あるいはスプリットボールというのであれば，これも走らせるチャンスになる。

得点圏に走者がいると，往々にして投手は得意球で来る。初球は打ち取るボールであることが多い。それがボールになれば（1-0），さらにカウントが悪くなるのを恐れて，たいていの投手は緩球を投げない。もちろん，緩球が得意な投手であれば，このパターンにはならない。カウント2-0，3-1に緩球で来るかどうかをチャートで観察すれば，チームは早々にその傾向を見出せる。

# 3 足を使った攻撃のコントロール
## Control of the Running Game

　足を使った攻撃をいかにコントロールするかを考える時，投手が習慣の生き物であることを忘れてはならない。コーチなら誰でも，投球動作時間を測ることから始める。動作開始から捕手に届くまでに1.3秒以上かかるようなら盗塁可能である。走者もこれをわかっていなければならない。コーチとしては，走者がリードから2塁あるいは3塁へ走る時間を測っておく。投手と捕手を合わせた2塁までの時間が，走者の時間より長ければ，普通は盗塁ができる。例えば，2塁まで走者が3.3秒かかり，投手の所要時間が1.4秒で捕手のそれが2.0秒なら，盗塁できることになる。

　1塁へ投げる投手の動きを良く観察しなければならない。いかにすばやいか？　セットに入りながら1塁へ投げるか？　ボールをしばし保持してから1塁へ投げるか？　それほど牽制球を投げないなら，普通は牽制の動きがうまくない。うまければよく牽制するものである。

　投手のタイミングや姿勢はパターンにはまることが多い。走者を一瞥のみ，あるいは2回見るパターンかもしれない。初めて塁に出た走者は，投手に集中して，1塁牽制のパターン，タイミング，動きを探り出すべきである。走者になったらそれを思い描いておく。それはコーチに尋ねるものではない。

# 4 守備力と観察
## Defensive Strengths and Liabilities

　守備の重要ポイントの1つは捕手の肩の強さである。正確で強い肩は，攻撃側の戦術を制限できる。肩の良い相手なら，バント，エンドラン，ランエンドヒットの戦術になるだろうし，良くない相手なら，良い走者であれば盗塁となる。弱肩捕手を相手に犠牲バントはないだろう。

　試合前に，選手とコーチは外野手の肩の強さを見ておくべきである。強いか弱いかによって進める塁が変わってくる。試合前に観察しておくことで次の塁への正しい判断ができる。

　同じように3塁手も観察して，すばやさ，肩の強さ，緩いゴロの処理に注意しておくべきである。試合中には以下の答えを見出しておくべきである。

### ポイント
- 打者に対してどのようにプレイしているのか？
- 深く，中間，浅く，どこで守っているのか？
- ストライクを取ったら後ろに下がるか？

　ドラッグバントの名手なら，使うタイミングを決めるこれらの要素を観察しておくべきである。

　試合中に，相手の守備位置を見ておくことは攻撃の助けになる。守備位置は，相手が打者にどう投げてくるかを知る最高の指標である。流させたいと思っていれば外角に投げてくるだろうし，引っ張らせたいならボールを内角に集めようとするだろう。

　2遊間のプレイによって攻撃は変わる。走者1塁で2遊間が投球後にベースに寄らなければ，ディレード盗塁をしたくなる。盗塁やエンドランに際して，投球が本塁に届く前に2遊間は動くか？　もしそうなら，ゴロを転がしやすい2遊間が空くのでエンドランをかけるべきである。エンドラン

では塁のカバーに早く動くか？ 投球が本塁に届く前に動くか？ もしそうなら相手はエンドランをかけたくなる。盗塁の真似をしてみればこのチェックができる。

さらに，併殺がうまいかを観察しておくべきである。うまいなら，併殺でイニングが終わらないように，バントかエンドラン戦術になるだろう。併殺がそれほどうまくもなく，打者の足がまともなら，しっかりスイングしたい。

## 5 試合中の観察
### Observations During the Game

レポートにある情報や以前に話し合われた事柄の多くは観察して確かめなければならない。投手のコントロールは？ 主審のストライクゾーンは？ ゾーンは広いか狭いか？ 戦術を決めるためにこうした事柄がわかっていなければならない。

主審のゾーンが狭ければ，打者は待てる。広ければ，自分のゾーンを，特に2ストライクを取られてから広げなければならない。ゾーンのタイプも戦術を制限する。狭いゾーンなら待てのサイン，広ければ打てのサインになるだろう。

前に示したように，打者は投手の傾向とパターンを知っておかなければならない。相手が自分をどうやってアウトにしようとしているのか？ について収集した情報や試合での観察から理解しているべきである。カウント2-0になると同じ戦術で来がちなので，打者はカウント2-0を良く観察しなければならない。

相手投手は，足を使った攻撃をどのようにコントロールしているのか？ チームが知っておくべき投手の習慣は？ チームやコーチは投手の動きを良く観察し続けなければならない。右投手は早く動き始めるか，それともボールを保持するタイプか？ 牽制の動きは測ってみるべきで，1.0秒間以上の動きであれば，走者はリードを広げられる。左投手が相手なら，いくつか注目すべきからだのポイントがある。

▶ポイント
- 本塁，1塁へ投げる時の頭の位置──まず1塁を見てから本塁に投げる，あるいはその逆をする投手が多い。1塁に投げる時に頭を後ろに傾ける投手もいる。
- 前脚の膝──1塁に投げる時は前膝を開く。本塁に投げる時には，まっすぐ上がって後ろ膝とほぼ一線に並ぶ。
- 体幹──1塁に投げる時は後ろに傾く。腰を自由に動かすためである。

もちろん，選手やコーチは，左投手の投球時間，捕手の送球時間にも注意すべきである。

## 6 打者の考えること
### Hitter's Adjustments

試合中に，観察したことを他の打者とよく話しておかなければならない。直球がまっすぐ来るかどうか，動きがあるならどんな動きか？ 緩球についても話しておかなければならない。ボールはどんな変化か，縦のスピンか，カーブやスライダーのスピンが見えるか？

盗塁を試みる前に，投手の本塁まで投げる時間と捕手の2塁まで投げる時間を知っておくことは重要である。走者の時間以上なら普通は盗塁できる。

　投手は外角球をもっているものである。打者はその球種をわかっていなければならない。試合中にそのパターンが現れているかをチャートで観察しなければならない。いろいろなカウント，特に0-2，2-0，3-1，3-2で使われる球種に気をつけておく。2ストライクをとられたらどうするかを考えておかなければならない。

　投手がどう打ち取るつもりかを知っていることが最も重要である。外角に集めてくるなら，本塁にかぶさって流し打ちするし，カーブや緩球で攻めてくるなら，投手寄りに立って引きつけて打つ。得点圏に走者がいる時の初球が，アウトに打ち取ろうと思っている球種であることが多いことに気づいているべきである。

　最後に，打者は試合状況を分析しなければならない。例えば，無死で走者が2塁にいれば，投手は右には打たせたくないものである。右打者には緩球や内角球を投げるし，左打者には直球や外角に入ってくるスライダーを投げる。

　併殺場面であれば，投手はゴロを打たせる低めのボールを投げる。引っ張りの打者であれば，ボールの上っ面を叩いて，右打者ならショート，左打者ならセカンドのゴロになるように，外角球を投げるだろう。無死あるいは1死で3塁走者がいる時にも同じことが当てはまる。2ストライクを取ったら，三振を狙いにいくだろう。3塁に走者がいるなら，打者は投手の得意球を思い出しておかなければならない。

**Point** どうやってアウトにするかという投手の意図，試合状況がわかっている選手は攻撃で使える選手である。もちろん，そうした選手がいればより攻撃的なチームになる。走者は外野手や捕手の肩の強さをわかっていなければならない。攻撃を熟知している選手は，投手が習慣にもとづく生き物であることを知っている。選手やコーチが相手の能力や傾向を観察して，賢く情報を利用すれば，そのチームは戦いで武器をもっていることになるだろう。試合でこうした注目点を利用すれば，ずっと強い攻撃チームができるはずである。

# Part I ─ 攻撃戦術

## 3

## 攻撃と走塁のサイン

　選手には攻撃的になれということで多くのサインをつくっているので，常にチームでそれを確認し合わなければならない。サインのシステムは単純にしておきたいのだが，大学野球では飽きもせずに相手サインを盗もうとしているので，外部にはサインの意味がわかりにくいようにもしなければならない。いくつかのシステムを使うか，少なくとも試合毎やイニング毎にキーとなる場所を変えるかである。選手毎のサインもあり得る。コーチは，常にチームでサインを確認して，どんな要求にも選手が自信をもって攻撃的に臨めるようにする。

## 1　機能的なシステムの構築
*Establishing a Functional System*

　ベンチを出る前に打者や可能なら次打者に話しかけて，サインでのやりとりは単純にしたい。例えば，出塁したら初球に盗塁かエンドランだからダミーのサインは無視しろと打者に言う。次打者や特定の打者が，捕手の内外角に構えている情報を打者に伝えるチームもある。

　次打者には，サークルを出る前にサインを見てくれと要求している。打者になったら，投球や牽制ごとにサインを見るために打席から片足を外してほしい。そして打席に戻る前に，走者がリードするのを見届けるべきである。これをすばやくやってほしいし，必要以上に試合をスローテンポにしたくはないので，サインをすばやく出すようにしている。サインミスをしないように，打者と走者に確認サインを要求しているチームもある。

　無死2塁，無死あるいは1死3塁で，内野の1

人かそれ以上の人数が後ろに守っているような「状況に応じた打撃」が求められる時には，右に打てる，中央を抜ける，あるいは別の戦略を立てられる，そうした投球を選んで「試合をつくる」のを期待しているのだと打者には伝えている。同じように，ゴロでどうするかを3塁走者には別途伝えている。もちろん，コーチは，特別な技術を要求する前に，その選手がそれをできるかどうか注意しなければならない

牽制ごと，ファウルが打たれるごとにすばやくベースに戻ってサインを見るように走者には期待する。そして走者はベースコーチから口伝えのサインがくることを予想しなければならない。走者がリードをとるまで打者は打席に入るのを待っていることにも注意しなければならない。リードをとったら，捕手のサインと投手の握りを見なければならない。走者の伝えるサインは，手足を動かすか，頭を回したり傾けたりするものかもしれない。捕手のサインや投手の握りは口で言うか手のサインでまず伝えるだろう。それからわれわれは打者に注意を促す。

投手コーチが投手の配球を決めることは珍しくない。この手の考えをする人たちは，コーチングスタッフのほうが捕手よりも相手情報に詳しく，投手の長所と打者の弱点を組み合わせるのに適していると信じている。エンドラン，スクイズ，あるいは1-3塁でのサインプレイをよくやる相手と対戦することもコーチのほうが多いだろうから，配球を決めるというのである。

捕手が配球を決めるのを好む人たちは，捕手のほうが，投手がどのように投げているのかを感じ取れるし，打者の調節を良く見抜けると信じている。伝統的に，捕手はアメリカンフットボールのクォーターバックのように試合をつくると思っている。現実に，クォーターバックは試合をつくっているし，中央のラインバッカーがディフェンスをつくっているし，バスケットボールでは，ポイントガードが攻撃や守備を決めている。

エンドラン，スクイズ，あるいは重盗かを選手が判断するという考えは，多少甘く見たとしても随分疑問が残る。捕手だと配球に違いが生じてしまう。チームが負けると非難されるのは捕手ではなくコーチだということもある。

● ─ 配球の決定

大学野球では，捕手ではなく，ヘッドコーチや

# 2 サインの伝達
Sign, Sign, Everywhere a Sign

配球を打者に伝えるサインは，自分で考えた方式のみとしてきた。言葉を使うサインで，典型は「ライナーを打て」「ヒット頼むぜ」「好打者だぞ」「さあ来い」といった通常の野球用語のいくつかに意味をもたせるものである。意味なしのダミー用語も時には使う。

攻撃のタッチサインではキーとなるサインを使っている。有効なのはキーの後の2つであったり，2重のキーを使って最後のタッチを有効にしたりもする。一連のサインが終わってから取り消しが始まることもあるし，1つや2つの「何もなし」サインもある。選手は，コーチにサインの繰り返しを要求するサインをもっているべきである。「これから出すサインを無視しろ」という「無視しろ」

サインを使うし，2〜3球のうちにあるプレイを考えていると選手に伝える「考えておけ」サインも使う。スクイズ，本盗，あるいは1-3塁プレイを考えている時にはこのサインを使う。

好みのサイン伝達は，ヘッドコーチと1塁コーチの別セットサインで，盗塁やディレード盗塁で1塁コーチが独特の言葉のサインを使うことである。これは簡単な方法だが，相手が見破ろうとしてもそう容易にできない方法である。

# 3 サインの見破り
Picking Opponents' Signals

相手のサインと配球を見破ろうとしているが，相手が自分たちのサインを見破ろうとしていることにも注意しなければならない。言葉，フレーズ，口笛，あるいは別のコミュニケーション法をよく聞いて，どこからきているのかを確かめなければならない。ダグアウトにいる誰か，走者，ベースコーチ，あるいはブルペンの選手というのが一般的であるが，外野フェンス後ろの人，あるいはバックネット裏の人というチームもあった。ダグアウトやクラブハウスのテレビモニターを見ている人ということさえあった。われわれは自分たちの情報も収集する。われわれが，自分たちのコーチ，投手あるいは捕手を盗めるか？ サイン伝達パターンや自然と現れてしまう仕草によって自らを暴露しているか？ 試合のビデオを見ることで相手はわれわれのサインを研究する機会があることを忘れてはならないし，それに備えなければならない。

サインや配球を盗もうとした時，パターンや自然と現れてしまう動きを探す役のコーチや選手をつくって，ものすごくうまくいったことがあった。この仕事には我慢強さと集中が求められる。

あるタッチや一連のタッチを特定のプレイと結びつけるために，典型としては，コーチのタッチをチャートにする。「待て」や「流せ」といったサインは，カモフラージュしたり欺いたりすることなく非常にシンプルなことが多く，どうキーを使うかに不注意になるコーチがいる。注意して記録すると，サインのシステムのこの部分が明らかになる。

走者がダグアウトに帰ったら，サインや配球を暗号解読の「専門スタッフ」に報告すると，捕手のシステムを解明するのに効果的ということがわかった。捕手が4-1-2-3-2と出したらスライダーで，その後，1-2-4-1-3でチェンジアップだったとしよう。「専門スタッフ」はそう記録して，2のすぐ後のサインが球種と決めるかもしれない。複雑なシステムには，観察したサインを暗号解読者に伝える多くの走者が必要になる。

配球を見破るのには皆が参加してほしい。握りの違い，手の動き，動作のわずかな違い，グラブの外に出した人差し指の動き，そして表情ですらあるし，曲げた前腕の筋肉，それらが最もありそうな露見なのである。捕手は，指がベースコーチから見えてしまったり，コースへの構えが早かったり，球種によってミットをある方向へ動かしてしまうかもしれない。

内野手が動いたり，口を動かしてしまったりすることもあるし，稀ではあるが，外野手の動きで球種がわかってしまうこともある。球種がダグアウトから告げられる時には，システムを見破るために少なくとも3選手を配している。コーチのタッチや動きのチャートをつくることで，次に何が起こるかを知ることができる。球種を見破るのは

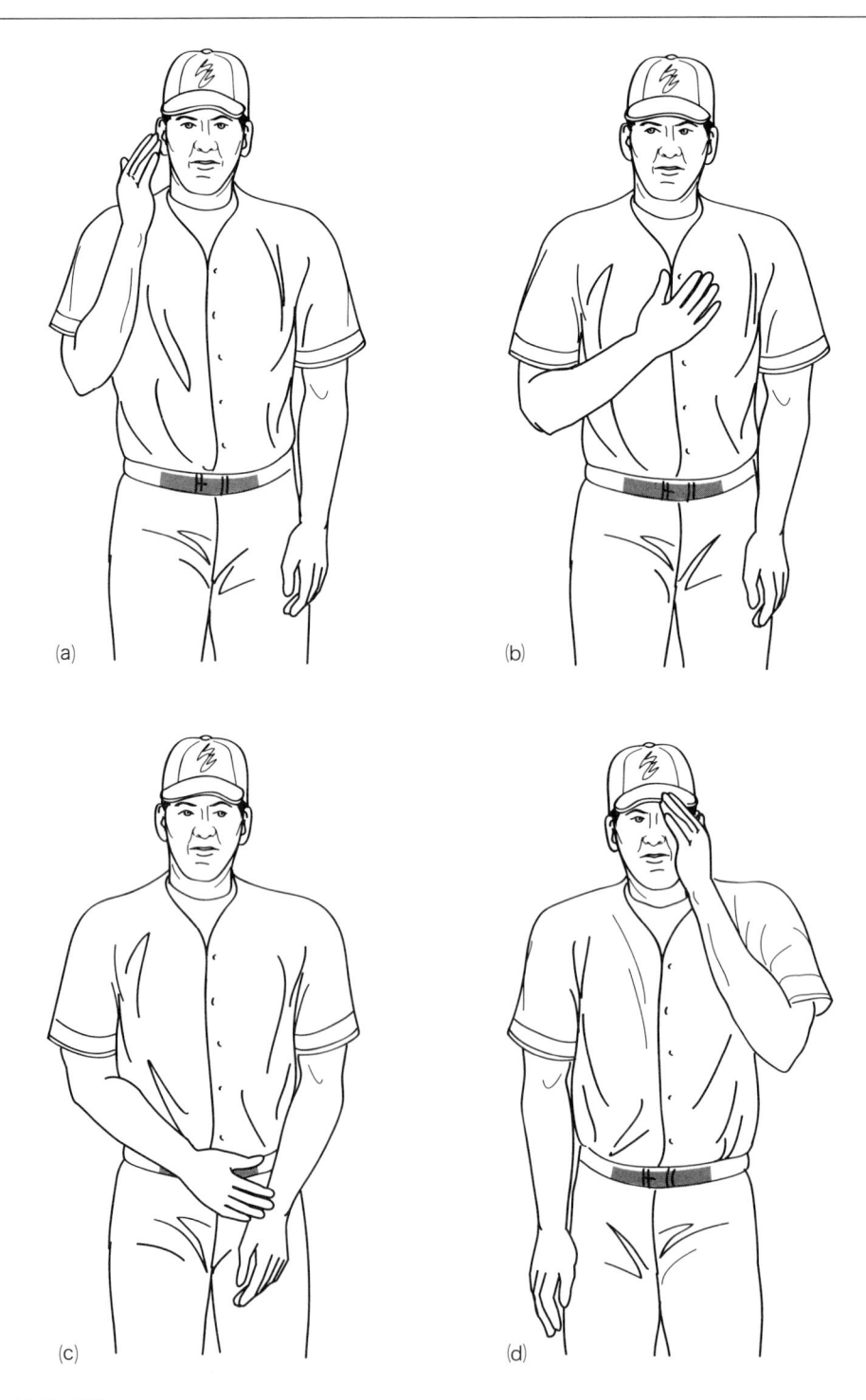

■図3-1　サインの例
　右手で左手首を触るのがキーで，次に左手で帽子のつばを触れば盗塁。完了を示すには，最後にどちらかの手で胸をなでおろす。(a)耳を触る，(b)胸をなでる，(c)右手で左手首に触れる（キー），この直後に(d)の帽子のつばなら盗塁，

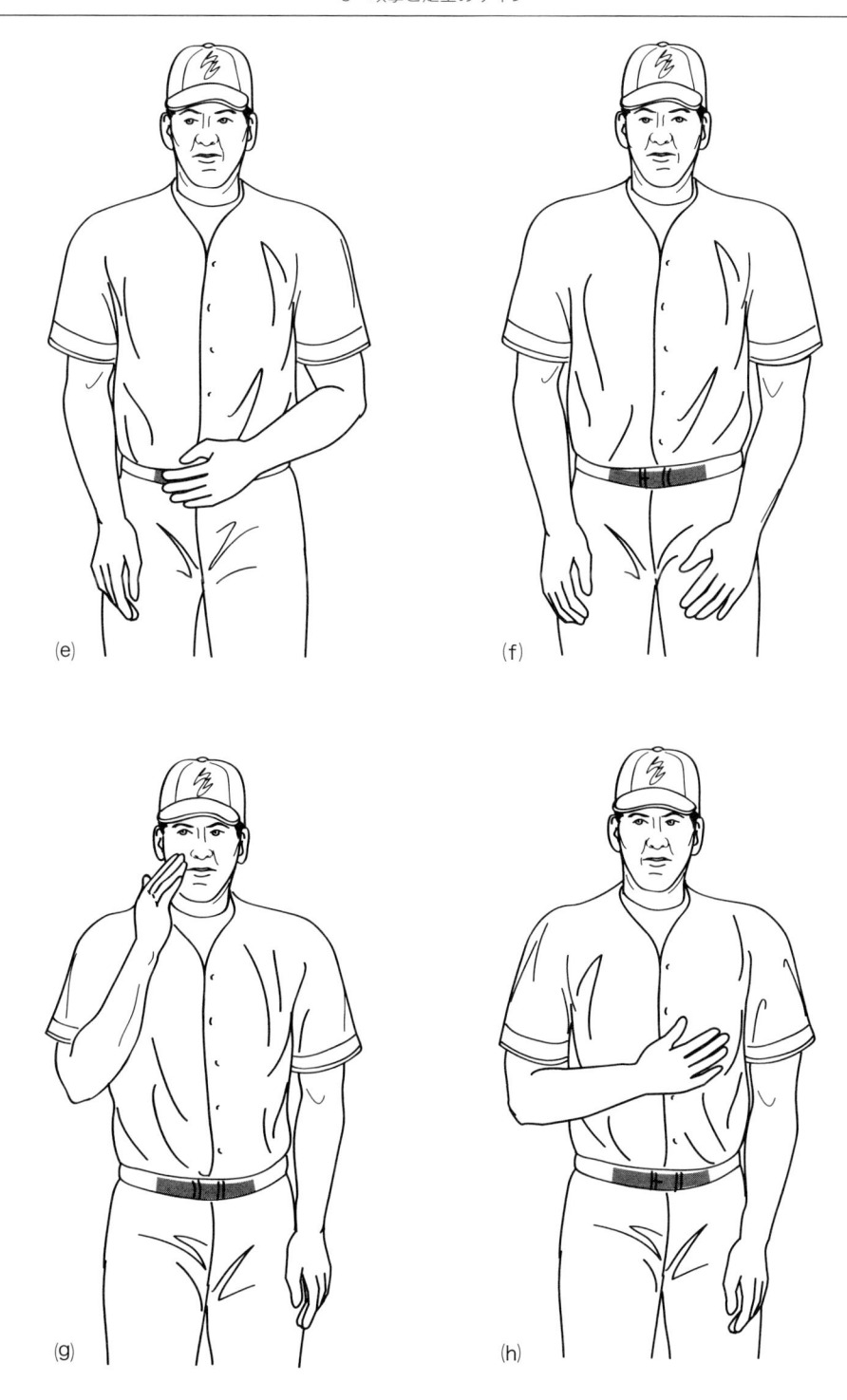

(e)ベルトに触れる，(f)脚をさする，(g)顔に触れる，(h)サインを「確定」するために胸をなでおろして完了．

意外にシンプルで，成功するかどうかは決断と執拗さにかかっている。

実際には投げられないのに，さも投げられるかのように要求することも効果的である。投手は，未熟であると気落ちして集中を失い，ミスをして安打を許すかもしれない。

準備万端のチームは守備でアウトを取るチャンスを見逃さないし，嵩にかかる攻撃のチャンスを見逃さない。次に何が起こるかを打者に知らせることは，流れを変える方法となる。

> **Point** 野球のサインはコミュニケーションをともなう。サインがうまく伝えられるか、まったく失敗するかほど、試合の結果を左右するものはないかもしれない。サインシステムではシンプルを目指すが、解読されない複雑さも求められる。

# Part I ― 攻撃戦術

## 4

# 打撃の戦術

　野球ファンは，球場に出かけていって試合を楽しんでいるが，試合の本質を見落としていることにまったく気づかずに家へ帰っているのかもしれない！　もちろん，試合の外面は見ているのだが，情緒とか，相性とか，投球ごとや投球後の試合戦術といった試合の中に潜む内面を見落としてしまっているのかもしれない。目に見えるのは走塁，送球，守備，打撃であるが，野球はそう単純ではない。情緒，相性，戦術の刻々と繰り広げられるせめぎ合いに，野球の魅力は見出されることが多い。

　両チーム無得点の2回，無死1塁で5番打者になぜバントなのか？　同じ状況で，走者2-3塁，3番打者になぜ内野が前進守備なのか？　監督は，試合の前半で手の内すべてを見せないものだが，周囲が納得できるカードを切ることはある。それまでの状況を考えてみると，両チームの投手，攻撃，ブルペン，守備を監督がどう思っているかの糸口が見つかることがある。チーム戦術を実りあるものにしようと深く考えることによって，早期に一手を打つことができ，試合進行につれてそれが役に立ってくるのを監督は忘れてはならない。

*

　野球ファンは他のスポーツファンよりも結果論で批判するといわれている。野原や空き地で，あるいはある種のリーグで，多くの野球ファンは何らかの野球経験者である。投，打，走，捕，送球の単純な試合と思っている人が多いが，野球は投球の間，じっと待つような時間も併せもつ。その構造のおかげで，最初の判断による結果を見た後にもう一度判断するチャンスが訪れる。そして他のスポーツとは異なり，2つの選択肢のどちらかが正解という場合が多い。初めの選択で失敗しても，次の選択でファンは天才になりうるのである。多くのファンはそうするわけで，しない人はなぜなのか？

　結果論で評論するのは，ボールゲームにのめり込む大きな喜びの1つであるし，試合の本質に近づけることになる。

# 1 効果的な打撃の戦術ガイドライン

Guidelines for Effective Hitting Strategy

　打撃の戦術にこれは絶対というルールは存在しない。投球ごとに状況が変わり過ぎる。選手にしても異なる能力をもつ。ルールを定めるのに必要な技術をすべてもっている選手なんてそうざらにはいない。エンドランができる，バントができる，なかなか三振しない，走者の後ろに打てる，パワー打撃ができる，高打率を残せる，などそれぞれである。しかし，どれもという選手はそうざらにはいない！　ある投手をカモにしている打者はいるし，ある場面を得意としている打者もいる。今起こったことに影響される選手もいる。また，失敗すると石橋を叩くようになる選手もいるし，あっさり切り替えて日が悪かったと済ます選手もいる。

　逆に，打撃の戦術は打者をどうこうするものではないかもしれない。戦術は，相手の弱点を調べるためにのみつくられているのかもしれない。常に変わりうる状況があって，試合を面白く，好奇心をそそるものしている。長い間，試合に関わってきた人たちは，ルールに背く戦術でも成功はあったと証明できる。3塁手が塁より前に守っていての2死1-3塁からのスクイズを見てきたし，2死で打率1割2分5厘の打者の時に失敗した盗塁も見てきた。さらに無死1-3塁，足の速い3番打者なのに重盗を成功させたのも見てきた。この点において，状況が考えを変えるまでは名監督は確率野球をやるものだと言っておくべきである。

　ファン，親，もちろん野球選手も含めて，その誰よりも名監督や好打者というものは，判断を助けてくれる情報に耳を傾けるものだとも理解すべきである。誰もわからなくても，監督や打者は変わりゆく状況に気づいている。バントの下手な打者であれば，あるいは次の打者がその投手と相性が悪ければ，バント場面でも簡単にはバントしないだろう。あるいは，右に打てない打者なら，無死2塁で監督はバントを命じるだろう。

　打撃の戦術に影響する多くの変わりゆく状況にもかかわらず，監督，コーチはいくつかの一般的なルールは知っておくべきだろう。戦術の計画を立てる時に考えておくべきガイドラインがあって，それは，独自の状況に合うように調節されるものである。

(a)選手の技術レベルを考えよ

　レベルによって戦術は大きく変わる。低い技術レベル（思春期前や思春期）では，試合は負けが多いのが普通である。言葉を変えれば，守備のまずさ，数多くのフォアボール，走塁のまずさなどからチームは自滅するのが普通である。勝ちに名を連ねるチームは，混乱させるように，バント，盗塁，エンドランで守備のミスを誘う。このレベルではゴロを打ったほうが，勝つチャンスは増える。守備の機会が多くなるからである。

　技術レベルが上がり高校からおそらく大学レベルになると，守備技術はずっと上達する。併殺でイニングが終わるようになり，捕手が足を使った攻撃を抑え，投手の1塁牽制の動きもうまく，本塁へもすばやく投げ，そして1-3塁の重盗もそうは決まらなくなる。単純にみると，幼い頃のレベルほどには守備が多くのミスの機会を与えてくれなくなる。コーチや監督はもっと賢く戦術的な打撃を使っていかなければならない。

　プロレベルになると，守備によって3つのアウトを確実に取るようになる。技術レベルが高いので，1-3塁重盗の試みをほとんど見ることはない。技術レベルが試合の多くの部分をコントロールする。このレベルでのギャンブルはほとんどうまく

いかない。相手自ら試合を失うことはなく，自分で勝ちをつくらなければならなくなる。しばしば，監督の仕事は相性探しになる。

したがって，あるレベルで通じる打撃の戦術は，違うレベルでは必ずしも通じない。戦術を立てる際には選手の技術レベルに注意するように。

(b)無理な戦術を強いるな

特に若いコーチは，指示の出し過ぎで，選手に試合の結果を任せられない傾向にある。バントやエンドランなどを多用してチームのもつ能力を無効にしてしまう。試合の勝ち負けは選手の才能によるのであってコーチや監督の戦術によるのではない。一度試合が始まれば，コーチや監督は，戦術を駆使して選手を動かすよりも選手に任せることで勝つチャンスを増やすべきである。

(c)自分の姿勢を見せる

監督は，チームに自分の姿勢を見せるため，すなわち監督の意気込みや選手への信頼を選手に見てもらうために，打撃の戦術を使うことがある。その時点では勝つために必ずしも要らないが，選手の心構え，役割，責任を正すためには必要な戦術がある。監督は3-0から打っていいと言うかもしれない。これは打者にだけではなくチーム全体へのメッセージなのである。確率野球には反するけれども，選手の胸には応えるだろう。同じように，姿勢を見せるために，初回からエンドランをかけるかもしれない。

(d)序盤のビッグイニングを狙った攻撃的なプレイ

1つのビッグイニングで決まる試合は多い。監督は，試合の序盤，ビッグイニングを狙っていくべきである。走者を進める犠打ではビッグイニングは生まれない。通常の試合の序盤，無死であれば，打席にバントの名手，エンドランの名手がいるのでなければ，あるいは1塁に盗塁のスペシャリストがいるのでなければ，試合をそのままにして打者に打たせるべきである。

(e)アウトが増えてきたらギャンブルしろ

まだ3つアウトが残っていて走者1塁なら，ビッグイニングを狙ってそのままいけ。アウトの数が増えてきたら，確率野球に反して何かやらなければならない。1死後にはエンドランか盗塁を仕掛けるべきである。しかし，試合の中盤，終盤で負けているなら，ギャンブルは勧められない。

(f)試合の後半は監督にかかってくる

監督は，代打，代走，バントの名手を必要とするタイミングに注意しなければならない。試合の終盤には，鍵となる得点をつくるために守備には目をつぶるものである。野球は時間性の競技ではない。ここが勝負と思ったら，守備よりも攻撃を採り，そのための選手が登場しても相手にはその攻撃への変化がわからないと期待する。

(g)すばらしい投手に出会ったら，早めに小細工しなさい

バントを使って，エンドランを試みて，走者を動かしなさい。

(h)終盤に負けていて同点の走者がいないなら，試合を長引かせろ

もちろん，打撃の戦術の習いは，相手に先行するか，同点でいることに尽きる。その方向であれば，攻撃の戦術はすべて活きてくるし，良くもある。終盤に負けていて同点の走者がいないなら，走者を進めるためにアウトを使えないから，試合を長引かせるしかない。チームとしては確率の低い野球のなすがままになる，すなわち，長打，四球，イニングでの複数ヒットを期待しなければならない。試合の後半では，第1ストライクを見逃すと打撃の戦術を変えなければならない。

(i)1つのパターンに陥らないように

選手やコーチは打撃の戦術に信念や傾向をもっているものだが，1つのパターンに陥ってはならない。バントとわかったら，攻撃的なバント守備によって走者がアウトになる確率が高くなる。適

切に計算していれば，エンドランに外し球を投げることで攻撃を潰せる。同じように，ある状況でいつもエンドランをかけるなら，2遊間の位置を変えることができる。パターンに陥らないように監督は賢くなければならない。

## 2 ラインナップでの打者の役割
Role of Hitters in the Lineup

　イリノイ大学からの殿堂入りコーチであるイッチー・ジョーンズは，いかにラインナップを決めるかについて，この本の第1章で書いている。しかし，残念なことに，試合が始まってしまうと，イニングごとにそのラインナップは変わるので，役割も自ずと変わってくる。

　そのイニング，どこでいつ打つかによって打者は心構えを違えるべきだろうか？　そうあるべきである。投手によって，試合の状況によって，カウントによって，打者が面と向かう状況によって，すべて打席は異なるものだと言われてきた。しかし，役割を果たしてもらいたいがために，その打者のもつ才能を弱めることを望んではいない。それでも，チームは結集した心構えをつくらなければならないので，選手は皆，さまざまな役割が要求されているとわかる。

　あるイニングにおける先頭打者は，投手にストライクを投げさせる，多くの場合には，5，6球は投げさせることを理想とする。この打者はストライクを見逃してもパニックに陥らない。何とかできるとわかっているのである。自分の狙い球でなければ，2-0，3-1ではストライクを結構見逃す。場合によっては，どうあっても見逃すのである。

　残念ながら，1番打者が先頭打者になるのは初回だけということがある。5，6試合でみると，おそらく誰もが先頭を経験する。1塁に出られる最も確実な方法は四球である。先頭打者が1塁に出ると，チームの得点チャンスは急激に高くなる。同じ理由から，コーチは投手にいつも言うのである「先頭打者を抑えればイニングの半分は終わりだぞ！」と。先頭打者は，投手にストライクを投げさせて，投手のカウントが悪くなったら，喜んでストライクを見逃さなければならない。

　2死走者なしで打席に入る打者は少し状況が違う。0-0，2-0，3-1では得点圏に進むつもりで強く打つ。四球はいいのだけれど，得点するにはもう2，3本ヒットが要る。

　先頭打者は，自分が出塁するとビッグイニングに大きく貢献できることをわかっていなければならない。カウント3-1でストライクを見逃すのは，「自分勝手な」打者にとっては欲求不満だが，状況に応じる打者にとってはそんなことはない。投手がこれまで4球のうち3球ミスしてきたことをわかっているからである。確率によると，この後2つ続けてストライクはなかなか入らない。

　先頭打者が出ると，そのイニングで鍵になるのは次の打者である。イニングが盛り上がるためには，次の打者の役割は，走者を得点圏に進める，可能なら自分も生きることである。自分がアウトになっても走者を進められれば，その打席は手堅いものと言える。1塁手が走者を止めていれば空きが広いし，遊撃手や3塁手に比べて，右利きの1塁手や2塁手が2塁へ送球する確率は低いので，右打ちは走者を進めるチャンスを増やす。試合の序盤で，強打を選択肢から外すのは賢いことではないと言われている。ほとんどのレベルで，打者は強打すべきであるけれども，右打ちもあきらめるべきではない。走者が非常に重要なら，監督は

犠牲バントを要求できる。

そのイニングの3番目の打者の役割は状況による。1死1塁であれば，エンドランが目的かもしれない。得点圏に進んでいれば，走者を迎え入れることである。2死走者なしならば，運べるボールを待って短打を2塁打にすべく，攻撃的にしかし賢くギャンブルをすべきである。

## 3 打席に入る前のプラン
*Plan Before Going to the Plate*

いつの時代でも，最高長打率チームよりも最高出塁率チームのほうが勝つ確率が高い。ゴロ，フライ，ライナーの結果について多くの研究がなされてきた。NCAA ディビジョン I での研究結果は以下のようである。

### ポイント

- ゴロ 10本のうち，3本がヒットになり，出塁率は42％である。
- ライナー 10本のうち，8本がヒットになり，出塁率は84％である。
- フライ 10本（ホームランを含む）のうち，2本がヒットになり，出塁率は29％である。

これは，守備の技術に優れ，普通のアマチュア球場よりは良いグラウンドでプレイしているトップのアマチュア野球選手についての統計である。守備の技術が低い，あるいは整備の悪いグラウンドであれば，打率や出塁率は高くなるだろう。そして，フライがヒットになってしまうこともあるだろうが，それでもゴロやライナーがヒットになる確率のほうが高い。ゴロを捕って正確に送球し，相手がそれを捕ってくれるよりも，フライを捕るほうがずっと簡単なのである。同じように，フライよりもライナーは捕りづらい。

どんなレベルのアマチュア野球でも，出塁率が勝ちにつながると信じているなら，ライナーやゴロがその道をつくってくれる。

理解を確実にするポイントとして，通常，打者は，
- 内角球は引っ張る（図4-1-(a)）
- 外角球は流す（図4-1-(b)），そして
- 真ん中は中央へ打ち返す（図4-1-(c)）
ものである。

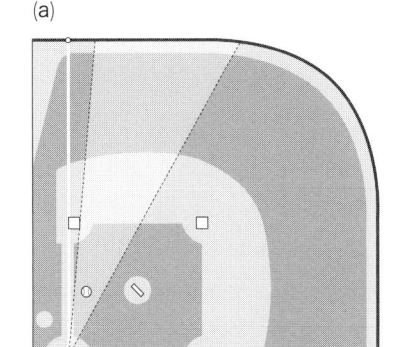

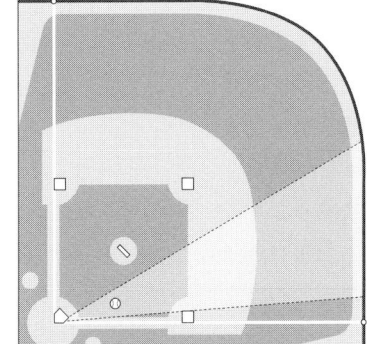

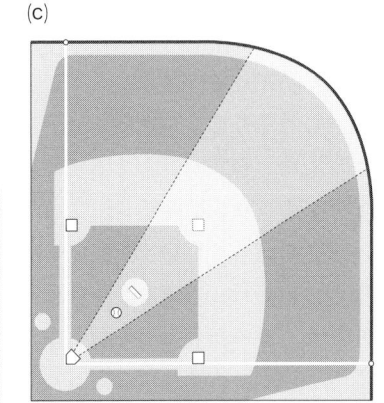

■図4-1　右打者の打ち返す方向
打者は通常，(a)内角球を引っ張り，(b)外角球を流し，(c)真ん中を中央へ打ち返す。

このガイドラインは打撃において確かなもので，例外的な打者はいるが，成功する打者はこの確かさからめったに外れるものではない。

山を張るカウント（3-1，2-0）でないならば，次のボールは真ん中高めに来るというプランで打とう。センターにライナーを打ち返すプランである。いつもうまくいくとは限らないが，このプランであれば，投球に対して容易に調節が効くと理解しておくべきである。真ん中を25cm幅とすれば，外，内へ約9cmずつ調節しなければならない（図4-2）。現実には，意識せずとも，内角が多いという前提で打者は打つものである。明らかに，この場合には外角により多くの調節をしなければならなくなるので，失敗することもしばしばである。同じように，高めに来ると期待すると，ポップフライやファウルは少なくなる。スイングを上げるより，下げるほうがずっとやさしいからである。

成功するには攻撃的でなければならない。投手は一撃をくらわせようとしてくるので，打者は攻撃的に迎え撃つ準備をしておかねばならない。攻撃性はスイングの多くの弱点を覆ってくれるだろう。

バットをスイングするか否かを判断する時間はわずかである。スイングするプランでいくべきである！　攻撃的な好打者は，半分はスイングすることにしている。スイングするか否かの2つの判断というよりは，攻撃的な打者はただ1つ，スイングしない判断だけをする。はじめからスイングするプランなのである。

好打者は，主にグラウンドの中央を使う。すなわち，打球は2遊間か，中堅に行く。例外はあるが，高打率の打者は引っ張るのみ，流すのみではない。投手からすれば，引っ張りや流しの打者はタイミングを外すのは容易いのである。常に中央に打ち返す打者は，投手にとって厄介なのである。

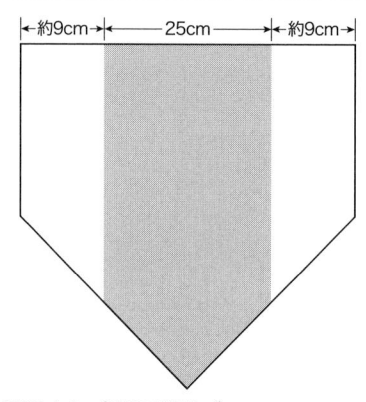

■図4-2　初球で狙うゾーン
　初球はこのゾーンを狙い，この位置から外へ調整する。

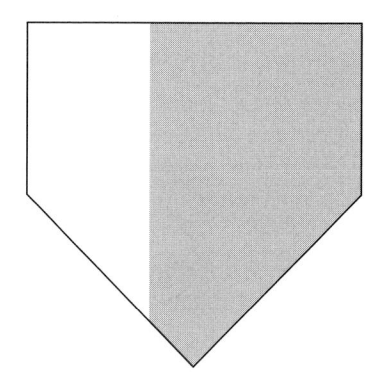

■図4-3　ストライクの70％はこのゾーン（対右打者）

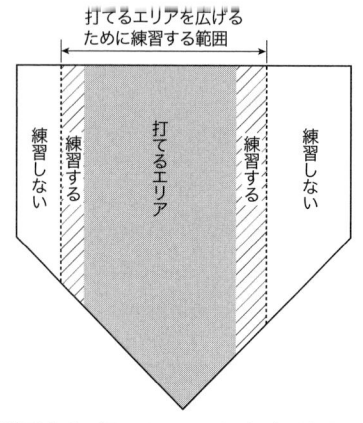

■図4-4　打てるエリアを広げる練習
　打者が打てる本塁上のエリアを増やそうと思うなら，打てるエリアから打ちにくいエリアへと練習すべきである。

好打者であっても本塁の両サイドには対処できない。広すぎるのである。だから打者は選択しなければならない。内角から真ん中を選択したがるが、内角を選択するのは賢くない。投球コースを研究すれば、特にアマチュア野球では、ストライクの70％以上が真ん中やや内から外角であるのがわかるだろう。対処する範囲としては、真ん中やや内から外角を選ぶのが賢い選択である。

対処できる幅を増やそうとする時に、得意とする範囲から苦手とする範囲へ向けて広げていくべきということにも気をつけたい。外半分を処理できていて、もっと広げたいというなら、内角ぎりぎりにまで広げるべきではない。少し内角に広げるべきである（図4-4）。得点圏に走者がいる時、投手は外半分の直球、カーブ、スライダーで勝負するので、タイムリー安打は外半分の球になると好打者は言うだろう。投手にとっては、そこがアウトを稼げるところなのである。ここでは確率の話をしているが、この傾向は野球が始まって以来、ずっと同じなのである。

確率野球を論じるならば、例外を除けば、カーブよりも直球のほうが打ちやすいということも指摘しておかなければならない。したがって、打者は直球を打てるようにしなければならない。かつてのメジャーリーガーで、アトランタ・ブレーブス記録をもっているラルフ・ガーは、直球に関するこの前提について、「カーブを打つ最良の方法は、直球を打ち損じないことだ」と述べたことがあった。カーブよりも直球が打てるとわかっていたので、彼は直球を打つことに専念した。若いカウントでは、本塁の両サイドのボール（両サイド6〜7cm）を見逃し、真ん中に来る直球を待つ。好打者はそうして生き残っている。

次打者サークルから打席に入るまでに考えることをわれわれは論じてきた。プランを立てて視覚化することが重要なのである。しかし、投手からボールが放たれると、打者には考えて打つ時間はない。リラックスして、視覚化したイメージにからだの反応を重ねる集中をしなければならない。

# 4 カウントによる対処

*How to Work the Count*

単純に言えば、打者は投手にストライクを投げるように仕向けなければならない。四球は出塁率100％になる！　打者はボール球を振って投手を助けないようにすべきである。シーズンを通した打者の成功率は、打ったカウントと強く関わることが多い。このことは、研究者、コーチ、選手による、カウント関連記録で毎年、証明されている。好カウント（3-1, 2-0）に比べると、苦しいカウント（1-2, 0-2）の時の打率は、通常、1割5分から2割低いだろう。並行カウント（0-0, 1-1）では、どのカウントよりも成功—失敗率が幅をもって揺れる。つまり、ボールを振ると投手の成功率が高まるということである。

打者は、各打席で12種類のカウントに出会うだろう。打者有利、投手有利、中立なカウントがある。表4-1にその3つが示されている。結果は、

■表4-1　打者にあり得る12のカウント

| 打者有利の<br>カウント | 投手有利の<br>カウント | 中立な<br>カウント |
|---|---|---|
| 1-0 | 0-1 | 0-0 |
| 2-0 | 0-2 | 1-1 |
| 2-1 | 1-2 | |
| 3-0 | 2-2 | |
| 3-1 | | |
| 3-2 | | |

明らかに投手不利である。打者はそれをどのように活かしているか？ 打者はストライクゾーンがわかっていて，ボール球を振らない。そして，打者有利のカウントになると，投球をじっくりと待つ。

カウントによる対処のうまさは，打者の自信と深く関わっている。好打者は，苦しいカウントになると打てる確率がそれほど高くないとわかっていながら，打てるものである。良い球種とコントロールがあれば投手の勝ちになるが，打者にとって幸いなのは，投手はミスするものということである。打者はそれに備えていなければならない。

## 5 走者を進める方法：状況に応じた打撃
Ways to Advance Runners: Situational Hitting

この15～20年間に，状況に応じた打撃の大切さは失われてきたとほとんどの観客は思っている。ハイパワーの金属バット，DH，そしてホームラン・打点・長打率に対する高額の報奨金が登場したおかげで，多くの競技レベルにおいて状況に応じた打撃の大切さは幾分失われてきている。いわゆる野球通にとっては，状況に応じた打撃が試合の中の美しいものの１つである。また注意深く観察すれば，覇権争いを制したチームの多くが，この打撃を使っているとわかる。打撃が炸裂すればどの試合にも勝てるが，競った試合を多く勝っているので覇権争いを制したチームは栄冠に輝いているのである。そこでは状況に応じた打撃のおかげで勝っているのである。プレイオフに進むチームは好投手を擁しているので，同じように状況に応じた打撃をしている。打者が状況に応じた打撃を使えれば，それで勝てる！

状況に応じた打撃とは，ある打席で，状況に応じて打つという意味である。無死走者なしの打席は，２死走者なしのそれとは違う。無死走者２塁の打席は，１死とは違う。多くの場合，状況に応じた打撃では，純粋な打撃と同じ能力を必要としない。したがって，学習できるし，好投手にもある程度は通じる。

状況に応じた打撃は，新たな利点をチームにもたらす。

**ポイント**
- 技術の劣る選手でもチームの成功に貢献できる。
- 状況に応じた打撃をする選手はチームプレーヤーと評価される。
- 状況に応じた打撃を練習しているチームは，より早くバットのコントロール法やストライクゾーンを身に付けられる。

野球には数多くの状況に応じた打撃場面がある。以下は，監督やコーチが強調する主な状況である。

### ❶—バントと偽装バント

犠牲バント，ドラッグバント，偽装バント，偽装バントエンドラン，セーフティスクイズ，そしてスクイズは走者を進めるので，すべて状況に応じた打撃に入る。

犠牲バントはその最たる方法である。一般には，打者走者がアウトになる確率が最も高い。ドラッグバントは少し危険だが，成功すれば走者とともに打者もセーフになるチャンスが大きい。ドラッグバントと同じように，偽装バントは，意表をついて守備を惑わすことができる。犠牲バントほどには確率は高くないが，ビッグイニングにつなげられる。走者の盗塁を加える偽装バントエンドランは，さらに危険だが，同じようにビッグイニングにつなげられる。これらの戦術を無死で使い，

# 4 打撃の戦術

エンドランを加えるなら，投手がストライクを取りにいく 0-0，1-0，1-1，2-1 のカウントを使いなさい。

セーフティスクイズは，走者3塁で使われる。打者は犠牲バントとまったく同じようにバントするが，投手からは遠くにバントし，1，3塁手が下がっているなら，さらに手堅くバントする。スクイズは，打者がバントする前に3塁走者が本塁に向かう一か八かのプレイである。ずっと危険なので，監督は，バントのできる投球を期待できるカウントを選ばなければならない。一般には，これらのスクイズは1死で行われる（バントやエンドランに最適なタイミングについては，この章の後ろにもっと詳しく記されている）。

## ❷ 封殺のない状況：無死走者2塁

状況に応じた打撃で主になるのは，無死走者2塁と2死未満の走者3塁の打席である。

無死走者2塁では，打者はチームのために役割を果たさなければならない。走者を3塁に，可能ならば本塁へ迎え入れなければならない。走者の後ろへ打つことを目指す。すべての投球を右方向へ打たなければならないという考え方がある。また，こちらのほうが良いだろうが，第2リードをとった走者よりも右に打つようにするという考え方がある。こうすると狙える範囲が広くなるおかげで，打者は自信をもってストライクゾーンの広い範囲をコントロールできるようになるし，おそらく走者を迎え入れられるようにもなるだろう。1つの弱点は，投手に打ち返すと走者を進められなくなることである。走者は，投手返し以外は自分や自分の後ろへの打球には常に3塁へ進めがルールである。

この状況で，右打者は若いカウントで本塁の内側1/3のストライクは見逃さなければならない。

ドラッグバントは走者を進めるのに良い方法であり，うまくやれば打者がセーフになるチャンスも増える。（写真：ゲッティ）

外側2/3のボールを待つべきである。パワーを生み出す安定した姿勢（両足の間に体重を維持）を保って，ボールを少し呼び込む（本塁前縁より前ではなく本塁により近く）ようにすべきである。打者はボールの手前側を打てるように，グリップエンドで確実にバットをリードしたがる。ただ，すべてそうするべきではなく，攻撃的に投球を打ち返さなければならない。走者を3塁に進めるだけなら犠牲バントの確率が最も高いのは当然であるが，特に試合の序盤では，1点以上を取りにいくべきである。ただ，打者は，引っ張らせる狙いの内角球を見逃すことを忘れてはならない。

左打者は，若いカウントで本塁の外側1/3の投球を見逃さなければならない。中央あるいは右側

左打者は，無死で楽な状況なら，2塁走者を進めるために内角球を引っ張る。（写真：ゲッティ）

に打ち返せる投球を待つ。右打者よりは容易い。

この状況に応じた打撃を練習すべきである。2死になっていなければ，2塁よりは3塁からのほうが得点に結びつけられる。

### ❸─2死未満で走者3塁

この状況では異なる打席になる。常にヒットよりは打点なのである。

内野手をまず眺めよう。下がっているのか，中間か，あるいは前進か？ どこに守っていようとも，打者は屈みこんで踏み込まず，そして大振りすべきではない。ポップフライと三振は避けなければならない。

内野手が後ろに守っていれば，投手返しでないゴロであればまず得点になるだろう。遊撃手や2塁手は走り込む走者を送球アウトにするには本塁から遠いので，内野の中央に打ち返すことを多く

のコーチは強調する，その一方，1，3塁手への強いゴロは，本塁へ走り込む走者をアウトにしてしまうだろう。この考えは正しいが，中央へ打ち返すことを強調すると苦しくなる打者もいる。バットコントロール巧みにライナーやゴロを打てと強調したほうが良い。経験を積んだ打者になると，少なくとも犠牲フライあるいはそれ以上のためにボールを打ち上げたがる。この策は，よほど技術に優れていないとポップフライや浅いフライになりがちなので勧められない。

内野手が中間守備なら，打者は同じ方策で臨むべきである。内野手が本塁に近づけば，間を抜ける確率は高くなる。そのため，コーチは前に守らせたがらない。相手のビッグイニングを助けたくはない。

この状況では優れた攻撃プレイヤーを必要としない。上からボールを見て，スイングを調節して，打ち返すべきである。ストライクを選ばずに若い

カウントから打って出て，三振しないようにすべきである。この状況で見逃し三振ではコーチはみな頭を抱えてしまうと思っておけば良い。意気込んでボールを打ち返すべきである。うまく打てなくても事はうまく運ぶものである。

### ❹―ヒットエンドラン

ヒットエンドランは，いわゆる野球通が高く評価するもう1つのプレイである。2つの状況でヒットエンドランを用いる。走者1塁あるいは1-3塁がよく使われる状況で，もう1つは1-2塁である。

(a)走者1塁あるいは1-3塁

ヒットエンドランを敢行するために1塁走者に盗塁を試みさせる。すると2塁手か遊撃手が捕手からの送球を受けるために2塁に入る。打者はスイングして2塁手か遊撃手の空いたほうへ打つ。一般的には，右打者なら2塁手，左打者なら遊撃手が塁に入る。狙いとしては，まずはそうなると仮定する。

打者にとっては状況に応じた打撃の狙いがはっきりする。以下3つに目を向けなければならない。

**ポイント**

1）地面で弾むか，とても届かないボールでなければスイングすべきである。スイングできない投球は，失投なので捕手はうまく捕球できず，走者をアウトにする送球はできないだろう。スイングを忘れてはならない。たとえ空振りでも，スイングすれば捕手は走者を2塁でアウトにする送球はしづらい。

2）ゴロを打つべきである。内野の狙いとする所に打てないならば，最低ゴロにはする。走者は2塁の得点圏に進む。フライは併殺を生むし，多くの場合，得点圏に走者を進められずに1アウトを与えることになる。

3）狙い所に打ち返すべきである。スイングしてゴロを打つのに加えて，内野手の空いている所へ打ち返すべきである。

うまくヒットエンドランを決めるためには大振りしてはいけない。手堅くコントロールされたスイングをすべきである。パワーを生み出す安定した姿勢（両足の間に体重を維持する）は何としても崩さない。いつもより上からボールを見るようにする。そのためにはバットを立てて構えてボールに向かっていき，前肘よりも両手を高くする。バットのグリップでスイングをリードし，ボールを引き付ける（本塁により近く）。スイングではボールの手前側を打てるようにすべきである。ボールの上半分，わずかに手前側を打つ要領になる。

(b)走者1-2塁

内野のある場所にゴロを打つとは強調されないが，この状況では本質的には同じことが要求される。3塁手が塁に入るために動くので3遊間が空くことを忘れないように。打者はゴロを打つべきである。

## 6 バント，偽装バント，ヒットエンドランのタイミング
*When to Bunt, Fake Bunt, and Hit-and-Run*

バント，偽装バント，偽装バントヒットエンドラン，ヒットエンドラン，セーフティスクイズ，スクイズといった打撃の戦術を実践に移す最高のタイミングをここでは記す。これら6戦術を企てる時には，それが場合によることを忘れないでほしい。あるチームやあるレベルのプレイにとって

正しいものが，他のチームや異なるレベルのプレイでは正しくない。場合の数が多すぎて，「すべてのことがイコールであれば，これが戦術だ」と言ってこのジレンマを逃れることはできない。その条件の上で，様々な戦術を一般的な言葉にする。

## ❶―犠牲バント

試合結果に重要と思われる走者であれば，監督やコーチは迷うことなく犠牲バントをすべきである。その走者のために1つのアウトを，そして多くの場合，1つのイニングを諦めてもいいと思うなら，それは重要に違いないのである。守備側がバントを処理できないなら，もっとバントをしなさい。相手のエースがマウンドにいるなら，1イニングにそう多くのヒットを望めないだろうから，バントを多用しなさい。一般的には，試合の序盤はビッグイニングを狙ってプレイし，終盤には細かい攻めを使うべきである。打てないチームなら，数多くバントしなさい。好打者よりは弱い打者にバントを数多くさせなさい。次に好打者が出てくるならバントを試みなさい。一般的には，犠牲バントは無死で使う。DHがいるなら，アウトになる打者をつくるべきではない。試合の終盤で2点以上負けているなら，犠牲バントは良い戦術ではない。まず間違いなくそのまま打たせたほうが良い。あくまでも，原則は試合の結果に1点が重要な時にバントするのである。

走者1-2塁の時，無死に限ってバントを選択すべきである。この場合，監督は1塁走者が重要とみなしている。この戦術は，1点あるいは可能なら2点を取るために3つのアウトを使うのではなく，併殺を避けて2点を取るために2アウトを残すものである。この戦術は，打席に弱い打者がいて，次に良い打者がくる時に使う戦術である。0-0，0-1，1-0，1-1のカウントでバントする。

試合の結果に，その走者が重要と想定される時には犠牲バント。
（写真：ゲッティ）

好打者ならストライクを取られるまでスイングさせるというコーチもいる。

## ❷ — 偽装バント

バントの構えを見せると，1，3塁手は前に来るだろう，そして2塁手が1塁カバーに走るだろうと思って偽装バントする。バットを後ろに引いて打つ構えをとり，ストライクならそのまま打ちにいく。当然，バントの状況と守備が思う場面でこの戦術は功を奏する。監督は，走者が試合結果にそれほど重要でないと思う場面でこの戦術を使う。犠牲バントを想定して相手は思い切った守備をすると思った時にも使えるだろう。原則は，この走者が重要と思う時に相手に犠牲バントの守備をとらせないことにある。このプレイは犠牲バントよりは走者を進めにくいが，うまくいけば，走者を進めて，しかも打者も1塁に生きる。ビッグイニングのためのプレイという考えがまだ生きている試合の序盤で，犠牲バントよりはこのプレイが使われる。犠牲バントのように，このプレイは無死，0-0，1-0，0-1，1-1のカウントで使われる。このプレイで相手は積極的なバント守備ができなくなる。

## ❸ — 偽装バントヒットエンドラン

投球時に走者が2塁にスタートを切る偽装バントなので，偽装バントと同じように考える。この投球を，できればゴロとして打ち返さなければならない。打てるボールが来て，見逃しや空振りをしないという意味ではもちろんギャンブルである。偽装バントにはまり，見かけの盗塁に遊撃手が2塁に走るなら，このプレイは守備に破綻をきたせる。内野にはいくつも空きができて，イニング終了になる併殺を避けられる。無死走者1-2塁でも使われる。空振りの時，捕手が3塁に投げやすいので，1-2塁では左打者にこのプレイを使いたがらない監督は多い。0-0，1-0，1-1，2-1のカウントで使う。

## ❹ — ヒットエンドラン

すべての打撃の戦術と同じように，その技術を実行できる打者の能力が重要な要素になる。このプレイは無死あるいは1死で使われる。ゴロを打てば走者はまず進塁できる。バントのように1つアウトをあげないけれども，結果としては打者アウトになることが多いので，2死で試みるのは賢くない。普通は1死で企てる。走者が盗塁を試みているので，空いている所，流すのが普通であるが，そこへゴロを転がす。右打者の時，盗塁に対応して2塁手が2塁に入るので，右打者は2塁手方向に打つ。捕手の捕れる投球であればスイングしなければならない。うまくいけば，走者1-3塁になる。左打者がレフトに打つよりも，ライトに打ったほうが走者は3塁に進みやすいので右打者の時にヒットエンドランをかけたいという監督が多い。レフトは3塁でアウトを取りやすくもある。併殺を免れるすばらしい戦術である。投手がストライクを取りにくると思った時に監督はヒットエンドランをかけるものである。したがって，0-0，1-0，1-1，2-1のカウントで最も多い。2-0のカウントでは，監督はそのまま打たせたいと思うし，打者もそう思う。0-1，0-2，1-2では明らかに狙いが悪い。

2死未満で走者1-3塁の状況でも，3塁から走者を迎え入れるとともに，イニング終了になる併殺を防ぎやすいのでヒットエンドランには好タイミングである。3塁走者が打ってから動くのを除けば，走者1塁と同じ要領で行われる。

右打者で，走者1-2塁のヒットエンドランを好

む監督もいる。空振りで捕手が3塁に投げやすいので，左打者ではよりギャンブルになる。盗塁の試みに，塁のカバーへ早く動き，内野が広く空くようになる。これに転がすようにすべきである。

### ❺―セーフティスクイズ

投手から遠い方向にバントしてセーフティスクイズは決める。3塁走者は，ボールが転がって，投手方向でないとわかったら，本塁へスタートを切る。やりやすいボールが来なければ打者はバントしない。このプレイは，1死で2ストライクを取られていないカウントで，内野手，特に1，3塁手が浅く守っていない状況で敢行される。投手がセット，ワインドアップどちらの時でも良い。

1死1-3塁でもセーフティスクイズはできる。イニング終了になる併殺を減らせて，得点できて，しかも1塁走者を得点圏に進められる。まずいバントだと3塁走者がうまくスタートが切れないのが欠点の1つである。ボールがファウルラインに転がるのを読めれば良いが，まっすぐでなくてもボールが投手のほうへ転がったり，読みが悪かったり，うまく本塁にスタートできないと，走者は本塁でアウトになってしまう。また，初めにファウルしてしまうと，投手に追い込まれてしまう可能性もある。意表をつけなくなるとまずいので，多くの打者はどんな投球にもバントしにいってし

まうだろう。これは通常はまずい決断である。セーフティスクイズは，少ないリードを広げるために使うことが多い。3塁走者は見事な走塁をすることになるだろうが，このケースでは多くの監督は普通のスクイズを使うだろう。このプレイは2ストライク前の若いカウントで使われる。

### ❻―スクイズ

スクイズではボールがどこへ来ようともバントする。3塁走者はウォーキングリードをとって，投手の腕が後ろへ動いたら本塁へスタートを切る。1死でこのプレイを使う。投手がワインドアップし，1，3塁手が塁間ラインより後ろで守っている時にうまくいく。この一か八かのプレイは，走者が試合結果に重要とみなされる時に使われる。攻撃側はこのプレイを偽装しなければならない。打者や走者が見破られると外される。走者の動きが見破られにくいので，右打者の時の方がうまくいく。完全なシナリオはあり得ない。内野手が前進していることもあるし，投手がセットの時もあり得る。こういう場合はうまくいかないこともあるが，うまいバントなら得点につながる。1-3塁でも敢行される。この場合はバントを失敗しても併殺は防げるし，得点圏に走者は進む。0-0，1-0，1-1，2-1のカウントで通常は行われる。

> **Point** 相手の助けなしにどうやって得点するか？ この質問に答える時には，打席で硬直した打者の姿がすぐに思い浮かぶ。「好投は好打に勝る」とよく言われるフレーズを認めるなら，野球の攻撃側はただボールを打つだけではダメだと認識しなければならない。高い打率でないチームでも得点できるし，覇者になれる！ そうした選手は，打撃のプランを実行する技術に優れ，カウントをうまく使い，状況に応じた打撃で走者を進められ，適切な打撃戦術を果たす。試合の中で試してみよう！

# Part I — 攻撃戦術

## 5

# 走塁の戦術

　走塁の戦術は，試合が始まる前に形づくられていなければならない。コーチとしては，内外野すべての肩の強さを確かめておきたい。外野手が自分の肩の強さ，送球の正確性，動作時間をどう判断しているのかを見る。ある外野手は，肩は強いが動作時間が長いとなれば，走者を走らせるだろう。

　内野手，特に捕手にも注意を払う。遊撃手，2塁手の肩が悪ければ，中継の間に走らせるし，重盗もする。1塁手の肩が悪ければ，重盗をして1塁手がボールを持っている間に3塁走者を走らせる。捕手の動作時間も知りたいし，送球の正確性も判断しておきたい。

　これらの判断や観察のもとに，試合での走塁の戦術を立てる。

## 1　本塁から1塁へ
Home to First

　打席からうまく飛び出すには，良いスイングをしてバランスを保つことが必要である。ボールを打ったら，後ろ足から1塁へ踏み出すべきである。内野ゴロであれば，打席を出て3歩でひと目打球を見るだけにする。ひと目見たら1塁前縁に注目し，どちらの足でもいいからそこを踏むようにする。その際，スプリンターがフィニッシュラインのテープを切るように上体を傾ける。打席で打球を見たり，走りながら長くボールを見すぎたり，1塁の後ろ側を踏んだりすると走塁の時間がかかってしまう。

　1塁を越えたら，スピードを落として悪送球で

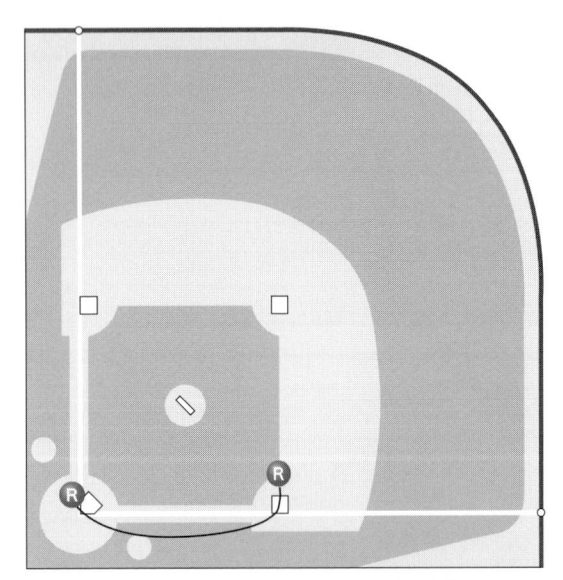

■図5-1 外野へのライナーやフライの時の走塁
打席を出たらすぐに打者は1塁を回るようにスタートする。半円を描くように走る。Rは走者を表す。

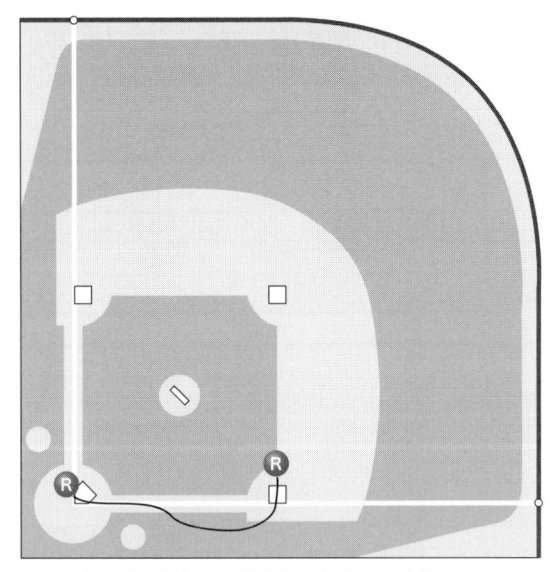

■図5-2 ゴロが内野の間を抜けた場合の走塁
1塁まで疑問符を描くように走る。まっすぐ走ってから外にふくらむ。

ないか右肩越しに見る。こうするとエラーで2塁に進みやすい。1塁を越えて外野に走れば走るほど，エラーで進塁しにくくなる。

ライナーの安打や外野へのフライでは，打席を離れたら，1塁を回れるようにスタートする。道筋は半円を描くようにする（図5-1参照）。内野を抜けるゴロの場合には1塁を疑問符のように回る（図5-2参照）。1塁に近づいたら，塁の内側を踏んで2塁に直線で向かうようにする。外野手が捕球しそこねたり，うまく中継できなかったりしたら常に2塁を陥れるつもりでいるべきである。外野手がうまく送球してきたら，打者走者はボールの行方に目を向けながら，止まって1塁へ戻る。ボールの行方が常にわかっているという走者が優れている。

原則として，右翼にボールが飛んだら回って止まるのは短く，中堅や左翼ならそれが長くなる。外野フライで，走者には，捕った後もう3歩走れと言っている。この練習をすると，走者は捕られることを予測してスローダウンしなくなる。「3歩の原則」と呼んでいるが，ボールが落ちたり，捕りそこなったりした時にはそのおかげで余分な塁を稼げる。

● 走者がすべきこと，見出すべきこと

塁に到達したらすぐに3塁コーチを見るようにと選手には言っている。盗塁できるかどうかに集中できるように，選手には早くサインを出したいからである。すばやくサインを出せれば，打者もそれを見て，打席に集中できる。

コーチは走者にアウトカウントを伝え，内野を通り過ぎるライナーを良く見てから次の塁にスタートするようにと言う。簡単なことだが，走者に注意を促せる。

## 2　1塁から3塁へ
### First to Third

　最もすばらしく，最もエキサイトするプレイの1つは，単打で1塁から3塁へ行く走塁である。走者が3塁まで行けば，安打でなくても得点できるので，無死あるいは1死では重要なプレイとなる。走者の後ろ，右翼線に打たれた場合を除けば，行くか行かないかの判断は走者に委ねられる。右翼線の場合には，3塁コーチのサインを見なければならない。走者は一般的な原則を覚えておかなければならない。

**ポイント**
- 外野手が3塁に向かって動きながら安打を捕球したら，走者は進めない。
- 外野手が3塁から遠ざかって捕球すれば，走者は進める。
- 外野手の守りの深さと肩の強さが常に判断の材料になる。
- 走者は3塁で1あるいは3アウト目をつくってはならない。

## 3　リード
### Leadoffs

　1塁からのリードでは，投手がプレートに軸足を着けたらリードをとる。投手が捕手のサインを覗き込んだら，先に左足，次に右足と歩を進める。体重は左足にかけたまま，2塁方向に右足を伸ばしてリードを広げる。安全で楽なリードまで右足を左足へと置き換える。理想的には4～5mのリードだろう。投手から目を離さず，足を交叉させない。投手の動きの読みと1塁へ戻る能力によってリードの大きさが決まる。

### ❶─第1リード

　第1リードは走者が塁を離れるために使うリードである。リードをとる間に牽制されないように注意する。投手から目を離さず，塁からどのくらい離れたかを足で測る。どのくらい離れるかは，以下による。

**ポイント**
- 第1リードの大きさは，何よりもそしてほとんどが走者のすばやさ，反応の速さによって決まる。すばやく反応できる走者は，反応が遅い走者よりも大きなリードがとれる。
- 投手のモーションもリードの大きさを決める。牽制がすばやければ，リードは小さくなる。逆に，遅ければ大きくなる。
- 塁へ跳び込んで戻れれば，4～5mのリードはとれる。立ってしか戻れなければ，リードは小さくなる。

　立って戻るならば，右足で塁の内側を踏む。こうすると1塁手は，バウンドする牽制悪送球を処理し難くなる。跳び込んで戻るなら，右足をクロスさせて左足から塁の後ろ角へ跳ぶ。そして外野方向へ頭を向けて，悪送球でないか確認する。

### ❷─第2リード

　投球動作を始めたら，走者は第2リードをとる。次の塁へ近づくために足を小刻みに踏み替える。腰は本塁に向けたまま，ボールを打者が打つか，捕手が捕るまで足を小刻みに踏み進む。捕手がボ

ールを確保するまでは止まってはいけない。捕手が膝を落とすのを見たら，落球して進めるかもしれないと思って踏み替えを続ける。原則として，捕手が膝を着いてブロックするボールには，好走者であれば2塁へスタートを切ってほしい。ブロックして立て直すと，2塁で走者をアウトにする送球は難しい。

(a)第2リード：1塁への帰塁

　第2リードで踏み進み，打者が見逃すとわかったら，即座に止まって戻る。常に捕手から目を離さない。牽制があるなら，1塁コーチは，1塁手が塁に来ると注意する。好走者はボールがどこにあるか常にわかっている。

(b)第2リード：2塁への進塁

　第2リードで踏み進み，ゴロとわかったら右足の上をクロスして2塁へ進む。内野手に捕られたら，2塁への送球を妨げる。ゴロが内野を抜けた

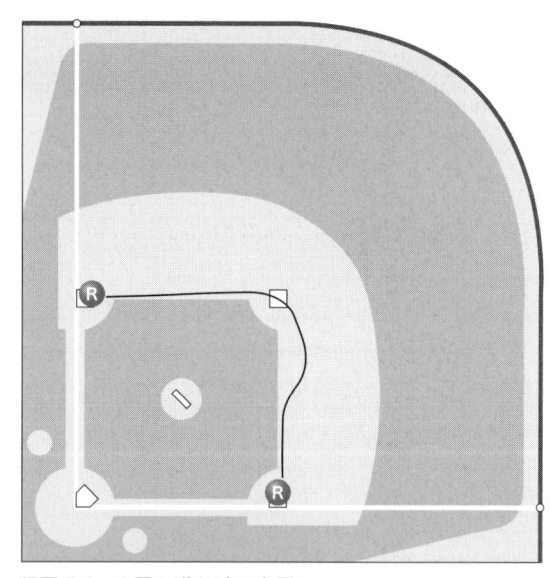

■図5-3　3塁へ進む時の走塁
走者は疑問符の形で塁を回る。

リードをとる時には，常に投手から目を離さず，塁からの正確な距離を知っておく。
（写真：ゲッティ）

なら，塁を回って3塁へ進む（図5-3参照）か，2塁で止まる。

(c) 第2リード：ライナー

すべてのライナーに止まるのが鉄則である。内野を抜けてから2塁へ進むように言っている。こうしておけば，併殺を免れられる。

(d) 第2リード：フライ

外野フライとわかったら，注意して2塁へ進む。右翼フライなら，1塁からそれほど遠くまで進めない。中堅や左翼なら，もっと2塁に近づける。捕られたらすばやく戻るが，途中，ボールから目を離さない。ボールを見据えたままにすれば，外野手が悪送球をしたら2塁に進める。

フライが内野を越えて，1塁から遠く外野へ行ったなら，走者は注意して2塁へ進み，左中間や左翼深くのフライなら2塁を回る。走者には，外野手が内野に返球するまでできるだけ進めと言っている。2塁を回っている場合，フライが捕られたら2塁にリタッチすることを忘れない。2塁あるいはそれを回っていれば，フライが外野の頭を越えた時に得点のチャンスが高くなる。

(e) 戻るだけのリード

このリードは投手に1塁へ牽制させるために使う。牽制を誘う大きなリードをとる。投手が動いたら，1塁へすばやく戻る。投手の1塁への動きを見ると思えば良い。

## ❸ 2塁でのリード

2死になっていないなら，走者は塁からまっすぐリードする。2塁手，遊撃手がどう動こうとも5m程度のリードをとる。投手に目を向けて，2塁手，遊撃手はコーチに任せる。投手そしてある程度は2塁手，遊撃手によるが，スキあらば3盗する。投手の様子を見るために，以下のことを調べる。

**ポイント**

- 本塁まで1.5秒かそれ以上かかる投手。左投手は概して遅い。
- 1度しか2塁を見ない，あるいは投球前に同じことをする投手
- 2塁手，遊撃手が走者を抑えられないと大きなリードができて，おかげですばやく本塁まで投げる投手でも盗塁できる。

(a) 2塁でのリード：3塁へ進む

2塁走者は1，3塁コーチの助けを借りてリードする。目は投手に向けておいて，リードを広げるか否かの声の指示をコーチから受ける。「そのまま」とか「注意しろ」とかコーチが言うまでリードを広げていく。コーチが牽制とわかれば，「戻れ」と言うだろう。第2リードは1塁の場合とまったく同じである。捕手に捕られるか，打たれるまで足を踏み替えて進む。打者が見逃せば，足を止めてすばやく2塁に戻る。投球がバウンドしたら，捕手のブロックを見なければならず，確実にセーフになる時だけ進塁する。すでに得点圏にいるので，この場合には正しい判断が求められる。

(b) 第2リード：ゴロとわかった時

マウンドより右側のゴロには進塁する。投手方向なら，ボールが投手を通過してから進塁する。マウンドの3塁側で投手を通過した場合，自分の後ろであれば進塁する。左側の内野ゴロなら，外野へ通過してから進塁する。3塁手への緩いゴロなら進塁する。この場合は内野を通過するのを見る必要はない。3塁手や遊撃手がバックハンドで捕って1塁送球なら，その場合も進塁するだろう。

(c) フライでの3塁進塁

無死であれば，走者はフライで常に3塁を狙う。無死での外野フライには常にタッチアップということにしている。3塁に進めれば，1死なので容易く得点できる。後に「タッチアップ」の項で検

討される条件にもとづいてフライで3塁に進む。1死であれば，外野が捕れなかったら3塁あるいは本塁に進むために塁を離れておく。捕られても2塁なので得点圏であるし，間違いなく3塁に進める時だけタッチアップして進む。イニングの中で，3塁で1死あるいは3死となってはいけない。

### ❹──3塁でのリード

1塁でのリードと同じように4〜5mとする。投手や捕手からの牽制に注意しておく。3塁手が塁に近づいてきたら，牽制があると思ったほうが良い。3塁手が4歩以上塁から下がっていたら，大きなリード，第2リードがとれる。3塁でも第2リードはウォーキングリードとし，打者にからだを向けて，ボールが打撃ゾーンを通過する時に右足を着くようにする。ゴロでスタートを指示されているなら，ウォーキングリードによって本塁への良いスタートが切れる。

走者は3塁へ到達したら，得点することが第1となる。コーチはアウトカウントを走者に忘れずに伝え，ライナーであれば内野を通過してから本塁に進むことも伝える。また，外野フライはタッチアップだしも伝える。浅いフライ，内外野の間のポップフライはタッチアップしない。この場合，本塁へのハーフウエイ，あるいは捕られたら安全に戻れる範囲でできるだけ遠くまで進む。ゴロで本塁にスタートする場合もコーチは走者に伝える。アウトカウント，得点，イニング，内野の守備位置によって決まる。以下に例を示す。

**例**

- 走者3塁，無死，深い内野守備──すべてのゴロで本塁へスタートする。投手に打ち返されたら，通過を見なければならない。
- 走者3塁，無死，浅い内野守備──無死なのでスタートしない。内野をゴロが通過するまで見る。
- 走者3塁，無死，1，3塁手が浅い──遊撃手，2塁手へのゴロならスタートを切るが，1，3塁手へならスタートしない。ゴロが投手を通過するのを忘れずに見る。
- 走者1-3塁，無死──併殺を避けるためにすべてのゴロでスタートする。本塁への走者に送球されたら，挟まれて，残りの走者が2-3塁の得点圏に進む時間を稼ぐ。
- 走者3塁，1死，浅い内野守備──コーチは，走者が本塁でアウトにされる危険を冒すかどうか判断しなければならない。ゴロでスタートさせるなら，次打者が2死で打点を稼げるとコーチは思っていない。

## 4 投手を読む
*Reading the Pitcher*

投手は習慣の生き物である。試合序盤では，投手がセットポジションをとるとどうなるのかを良く観察する。

(a) **本塁までの時間は？**

踏み出し足を上げる時にストップウォッチをスタートさせて，捕手がボールを捕った時にストップさせてこの時間を測る。1.3秒以下ならその投手はすばやいことになる。1.4秒は並で，1.5秒以上は遅い。

この時間がわかると，誰が盗塁できて誰ができないかを決める助けになる。

(b) **滑らせるステップ（スライドステップ）をするか？**

膝を持ち上げてステップするのに比べて，滑らせるとすばやいステップになる。滑らせるステッ

プには盗塁するな，たとえ盗塁サインを出した後でも，ということにしている。

(c) 1塁へ牽制するか？

もしするなら，足をすばやく動かすかどうか，両手を持ち上げて投げるか，降ろして投げるか，セットしてからか，セットした後に長く保持してから牽制するか，ステップする位置を変える動きをするか，本塁に投げる前にいつも同じ時間セットでボールを保持するか，すなわち，同じパターンの投球か？

(d) 左投手はどうなっているか？ 本塁への蹴りと1塁への蹴りが同じか？

普通は異なる。本塁と1塁へ投げる時に同じ所を見ているか，まず1塁を見てそれから本塁に投げるか，本塁を見てから1塁に投げるか，ステップする位置を変える動きをするか，本塁へ投げる時にはプレートの面を変えるか？

走者はリードをとる前にこれらの要素を観察し計算すべきである。立って1塁へ戻るために，走者は右足を横切って左足でステップし，右足で塁の内側を踏む。こうすると，悪送球を捕るのに1塁手は走者を回らなければならない。頭から帰るならば，右足を横切って塁に跳び込む。跳び込みで大事なのは低く行くことである。

# 5 盗 塁　Steals

この項では，通常の盗塁，ディレード盗塁，単独盗塁，本盗を含めて，いくつかの盗塁の戦術を記す。

「自分で盗塁」サインを使って走者を信頼することのほうが成功する確率はずっと高い。

(a) 通常の盗塁

走者が間違いなくセーフになると思っていて，コーチが盗塁のサインを出す時にこの盗塁は成立する。コーチは投手か捕手の動作時間が遅いとわかったり，緩球が来るとわかったりする。理想的には，1塁から2塁への走者のスピードやタイムをコーチが知っていると良い。

例えば，投手の動作時間と投球（1.5秒）＋捕手の動作時間と送球（2.2秒）＝3.7秒間。3～4mのリードをとった走者が2塁に滑り込む＝3.4秒間，であればゴー！

(b) 単独盗塁

この盗塁では賢い走者にコーチはサインを出す。スタートが切れる時にスタートを切れという考えである。走者はこの章に記されたすべての要素を観察することで盗塁の感覚やリズムをつかむ。走者を信頼してこの盗塁を使っているので，われわれの盗塁成功率はずっと高くなっている。

(c) ディレード盗塁

この盗塁は，怠慢な捕手と，捕手が投球を捕ると頭を下げてしまう不注意な2遊間がいるとうまくいく。走者は投球ですぐにスタートを切らず，捕手や2塁手，遊撃手を欺くために遅くスタートを切る。小刻みに進んで，一気に2塁へスタートを切る。第1リードから第2リードへ移り，2塁へスタートを切る。速くない走者や盗塁はしないと思われている走者がこの盗塁をすると驚かす効果が大きい。

(d) 本　　盗

野球の中で最もエキサイティングなプレイの1つである。投球のワインドアップ中に走者を見忘れている投球で本盗される。大きなリードをとるが，投手や3塁手に悟られてはならない。1つの方法は，本盗する前にその真似をすることである。打者は，捕手が本塁の前に出て捕球できないように，遅れてスイングするように指示される。本盗したいと思ったら，主審にわかっていてもらったほうが得である。そうすると，主審は防具をとらずにつま先だって本盗を予期することになる。

# 6 タッチアップ
Tag-Ups

フライが上がって，次の塁に進めると思ったら走者はタッチアップする。野手のグラブにボールが触れたら次の塁へ進むことができる。自分でプレイを見て，ボールとグラブの接触まで片足を塁に着けておく。いつ塁を離れるかは，ボールを見るよりコーチの声で決めるほうが好ましい。

外野深くのフライだが捕られると思ったら，走者は1塁をタッチすべきである。他に走者がいない状況で，外野手がうまく返球しないならあるいは走ると思っていないなら，走者は2塁に進めるだろう。1塁走者は，捕られるかどうかわからないと少しでも思ったら，タッチアップすべきではない。併殺されない距離までできるだけ2塁に進むべきである。

2塁でのタッチアップはさらに複雑である。アウトカウントによってタッチアップするかどうかが決まる。無死であれば，1死3塁がめざすところとなる。したがって，タッチアップをしたいところであるが，進塁ができるかは，以下による。

**ポイント**
- フライの深さ
- 外野手の肩の強さ
- 走者のスピード
- 外野手の守備位置：3塁に向かってきているか離

れていっているか？——中ぐらいの深さのフライで，3塁から離れていっていれば進塁できるが，向かってきていれば進めない。

2塁走者はもう2つの可能性を考えておかなければならない。外野手が塁から離れていって疾走しているなら，打球が頭を越えたら得点できるし，捕られたら戻って3塁へ進塁できるところまで塁から離れておく。深いフライが捕られて楽に3塁へ進めるとわかったら，2塁からの得点も頭に入れておくべきである。ここでは，外野手の肩が弱いか中継が悪いかが要件となる。

## 7 特殊なプレイ
**Special Plays**

よく見られる特殊なプレイで，最もうまくいく戦術を以下に示す。

(a) 挟　殺

挟まれて次の塁に行けるかは，ボールを持っている相手を見て走れるかにかかっている。野手がボールを離すとわかったら走者はすばやく方向転換すれば良い。幸運であれば，野手のミスを誘えて進塁できる。

1塁で誘い出されて2塁へスタートしたら，野手を2塁に集めるようにする。そして1塁手が悪送球するか背中に当ててくれることを期待する。プレイが終わるまで諦めてはならない。

(b) 四球，走者2塁，暴投

四球になった時の捕球の失敗で2塁走者が容易く得点できる時がある。捕手がバックネットから2塁へと長い送球をするのを期待して，打者は2塁へと疾走する。2塁走者は3塁へ進み，バックネットから直接2塁へ送球するとわかったら，容易く得点となる。

(c) スクイズ

セーフティスクイズでは，3塁走者は進塁する前にバントを見る。投手へまっすぐ返るバントでなければ，まず得点できる。まっすぐ返ればスタートしないだろう。スクイズでは，投手の踏み出し足が本塁に向かったら，3塁走者は本塁にスタートを切る。打者が転がしてくれるものと思っている。

1死2-3塁ではツーランスクイズがある。スクイズのように両走者はスタートを切る。3塁線に転がすように打者には指示する。良いバントで2塁走者が良ければ，このプレイで2点が入る。

(d) 延長リード，1-3塁，対左投手

1塁走者がもう1歩リードして左投手の牽制を誘う。3塁走者はリードを広げておき，左投手の足が1塁へ動いたらすぐに本塁へスタートを切る。1塁走者は，1塁手が本塁へ投げ遅れるように，ちょっと塁へ戻ってみせる。足を高く上げて投げる投手あるいは弱肩の1塁手の時が，このプレイの使いどころである。

(e) 延長リード，対右投手

牽制をもらうために，1塁走者はいつもより1歩広く第1リードをとる。投げてきたら2塁へ疾走して，1塁手が直接2塁へ投げることを期待する。3塁走者は，1塁牽制に合わせて第2リードをうまくとっておき，1塁手が2塁へ投げるとわかったら，本塁へスタートを切る。うまい3塁走者であれば，1塁手が直接2塁へ投げればまず間違いなく得点を挙げられる。

# 8 ヒットエンドラン
## Hit-and-Run Play

　打者は当ててくれると走者は思っていなければならない。盗塁しようとしているのではないので，牽制にかかってはならない。走らないと思わせるために，半歩短いリードを勧める。本塁への投球がわかったら，クロスオーバーステップで2塁へスタートを切る。3歩目に，打ったかどうかを見るために打者を一瞥し，打ったなら目で打球を追いかける。ポップフライや外野へ飛んでいなければ走者は走り続ける。もし打球を見失ったなら，コーチに助けを請う。

> **Point**　走塁に優れたチームは，負け試合の多くを勝ちにもっていける。盗塁できるチームや選手は，守備に大きなプレッシャーとなる。得点圏に走者を進めるのに，バントやヒットエンドランを使って1つアウトを与える必要がないとも言える。アウトを増やすことなく，得点機会を増やせるのである。フライ，ゴロ，安打で次の塁へ走者を進める術を知っているチームも，より多くの得点機会をつくる。武器として走塁を使ってほしい。

# Part I —攻撃戦術

## 6

# 攻撃における状況判断

　どんなスポーツでも，戦術の判断は，正しい基本原則とチームや選手を成功させるベストの確率に依存していなければならない。ある状況ではこんなことが起こるかもしれないという本能的な感覚をもっているコーチがいるかもしれないし，時には（その本能的な感覚のおかげで）常識と戦術の確率にまったく反したような衝撃的な戦術の判断をするかもしれないが，その時だけはうまくいくのである！　しかし，長い期間にわたって一貫してうまくいくためには，両チーム選手の能力，状況におけるすべての要素，野球の確率を考えて最もうまくいきそうな判断をしなければならない。

＊

　戦術の判断をする時には，プレイが過去にうまくいったかどうかではなく，選手の能力，状況，確率にもとづいてなされるその時の判断の善し悪しであることもコーチは理解しておかなければならない！　役に立つ要素すべてにもとづいてコーチは判断し，選手はコーチの選んだプレイを実行しなければならない。選手がある種のプレイにいかに優れていても，コーチの判断を尊重して動かなければならない。選手がいかに振舞うか（第一印象）をコーチはプレイの前に判断しなければならないが，ファン，親，メディアはプレイが終わって判断の善し悪しを決めるまで待つ余裕（第二印象）をもっている。したがって，ファン，親，メディアは戦術の判断を間違うことはない。

# 1 選手の能力評価

Assessing Players' Abilities

　攻撃の戦術を決めるにあたって，野球を指導しているのではなく，野球選手を指導しているとコーチはわかっていなければならない。それゆえ，何がなされるべきかではなく，その選手に何ができるかにもとづいて戦術は決められる。戦術を決めるのに，試合状況がわかっていることは重要だが，当該の選手の能力をわかっていることのほうがもっと重要である。コーチは，相手チーム選手の能力とともに，自チーム選手の能力もできるだけわかっていなければならない。

## ❶ — 自チームの選手

　野球の戦術は，相手チーム選手の能力よりも自チーム選手の能力にもとづくと，より一貫したものになるだろう。その気で見れば選手の能力をより理解できるし，選手が何をするか，あるいはしようとしているかを十分にコントロールできるが，相手チーム選手をコントロールすることはまったくできない。

　ある技術を練習でよく失敗する選手は，試合ではまずそれを成功できないので，コーチは選手の長所・短所を特に練習でいつも注意深く観察するべきである。昔から「コーチ，今日の練習ではうまくできなかったけれども，試合になったらうまくやるよ」と選手は言うが，まずそうならない。そうした選手は，一生懸命練習して試合でうまくいくようにするよと言い訳するのである。

　どうしても自チームの選手をひいき目で見るコーチが多い。毎日一緒に練習しているから，特に礼儀正しい選手には，技術を過大評価しがちである。各選手のできることを正確につかめるように，コーチは選手を正当に評価しなければならない。

　昔から使われている野球の決まり文句に，「自チームの選手の長所を知って利用しなさい」がある。競った試合でも，ベーブ・ルースやマーク・マクガイヤーにバントさせるよりは，思い切り打たせるほうがチームの勝ちにつながるだろう。おそらくコーチは，個々の選手の長所に注意深くありたいと思っているし，それが発揮できるポジションにつけて，試合の様々な場面で最強・最良の技術を利用したいと思っている。コーチは，同時にその限界も心得ているべきだし，その場では高い確率では成功しないとわかっている技術を強要するのは避けるべきである。

　ヤンキースとメッツで監督をしたケーシー・ステンゲルは，彼独特の英語の言い回しで，「できないことをなぜ選手に押し付けるの？」と言い，オリオールズの偉大な監督アール・ウィーバーは，別の言い回しで「選手のできることとできないことを良く覚えておけ。それを越えたことを要求してはダメさ」と言った。選手の短所を見抜けないことはよくあるけれども，時としてそれが多くのコーチにとっては重大な問題になることがある。

　選手の能力をよくわかっているコーチとしては，試合で頻繁に使う技術をそれができない選手に教えるべきで，選手がそれをいかに早く，そしていかにうまく習得するかをよく観察しなければならない。コーチは，「おい，あいつはすばらしくうまい選手だな」と主観的に判断するだけではなく，選手の技術を客観的に評価すべきである。

　選手を主観的に評価すると，誰かが見せた劇的なプレイ（たぶん1度だけ）や，誰かがついこの前見せたプレイだけを覚えているといった問題が生じる。うまくやった選手は，その選手の技術レベルよりも高いレベルでコーチの心に残る。こ

うして，うまくなしとげてくれるという期待は選手の技術以上になる。選手を客観的に評価することで，劇的なプレイの影響を最低限に抑え，その選手が確実にできることを正当に判断できるようになる。

客観的なアプローチであれば，選手を見て「あいつは走れるな！」と言うのではなく，ストップウォッチを見て「あいつは4.1秒の走者だ」と言うことになる。

## ❷─相手の選手

ヘッドコーチあるいはコーチングスタッフは，相手選手の走塁技術，（肩の強さ，動作時間，送球の正確さといった）守備能力，そして盗塁，ヒットエンドラン，特殊な攻守プレイをしてくる状況の情報に加えて，すべての選手の打撃と投球チャートを持っていなければならない。チームの守備力の中心であり，ヘッドコーチが下す多くの攻撃の戦術に影響するので，相手バッテリーにはコーチは特に注意を払わなければならない。

送球のすばやさと正確さ，バウンドした投球のブロック，本塁前のバントやバックネットに向かったボール処理のすばやさといった捕手の能力にコーチは注意しなければならない。また，要求する投球の特殊なパターンや傾向にも目を向けなければならない。特に若い捕手でそうだが，ある投球と次の投球を結びつける癖のある捕手がいる。パターンを見破れば，打者やコーチは戦術を決めやすくなる。

戦術を立てるのに，投手を評価することは特に重要となる。よくやる評価法は投手の傾向をチェックすることである。時に傾向には欺かれるもの

だが，10勝0敗で防御率1.02の投手なら，常にアウトを取る能力をもっていると見積もらなければならない。すばらしい投手に立ち向かっている時には，1，2点をねらいにいくものだとコーチは認識しなければならない。たぶんその投手にはそれが精一杯で，自チーム投手がシャットアウトするか，1点で抑えるかを期待しなければならない。

コーチがやっておくべきは，スピード，コントロール，ストレートやカーブの切れ（コントロールと鋭さ），緩球といった相手投手の「才能」を見つけておくことである。試合中のテンポの速さ，ペースを乱されると苛立つか，走者を塁に留める術や牽制の動きを含めた走者への対応のうまさ，マウンドでの仕草（特に困った時），そしてプレッシャーの下での感情コントロールのうまさもまたコーチは見出しておくべきである。

コーチが，3塁手の犠牲バントやセーフティバント処理能力を評価しておくこともチームの助けになるとわかるだろう。処理に稚拙さを見せるなら，バントのうまい選手はこの欠点をつくことができる。内野の併殺を取る能力を見ておくことも役に立つ。うまく取れれば，試合のある状況ではおおいに武器となる。うまく取れないとなれば，攻撃チームはその短所をつく戦術を使える。例えば，競った試合の1死走者1-3塁で，攻撃側は戦術のオプションが増える。

肩の強さ，動作時間，フライやゴロを送球体勢で捕れる技術といった外野手の守備能力もコーチは研究しておくべきである。すばらしい送球技術をもっている外野手がいると，ここ一番を除いてはチームはその肩に挑戦しなくなる。送球能力に劣る外野手は常に挑戦されるだろう。

# 2 野球戦術の本質
Nature of Baseball Strategy

野球の戦術は，時計や残り時間に依存しないという点でアメフト，バスケ，サッカーの戦術とはまったく異なるということである。例えばアメフトでは，試合の終盤に負けていると，急がなければならないので，すばやく点を取るために強引で危険なギャンブルに出る。逆に，終盤リードのチームは，時間稼ぎをして相手が追いつくのに必要な時間を削る。しかし，野球には時計がないので，戦術に時間は含まれない。野球で重要な要素は残っているアウト数なので，負けているチームはそうしたアウト数を維持することに集中する。一方，積極的に攻撃しても相手チームが残しているアウト数には影響しないので，野球では試合終盤にリードしているチームは（アメフトと異なり）積極的に攻められる。この特性は，野球の試合におけるすべての攻撃の戦術判断に影響する。この原則を理解していると，皆が試合を見て首を傾げる決断をコーチはしなくて済む。

どんな攻撃状況でも，戦術を決める時には4つの要素をコーチは考えなければならない。チームにとって4つがどの順で重要なのかも分析しなければならない。ある状況における特殊なプレイをコーチが考えているとしたら，4つの中から最も重要な要素は何かを考えなければならない。それがやりたいと思っていることと一致するなら，次に第2を，そして第3，第4と考える。4つすべてが自分の思いと一致するなら，その決定は正しいものだろう。このプロセスをたどることは時間の無駄と思えるかもしれないが，試合状況が変わる前にはいくつかの要素は明らかにイーブンなので，その決定は必要だろう。決断のほとんどは自動的なのである。

コーチが考えておかなければならない4つの要素は，順にいくと，
1) 得　　点
2) イニング
3) アウト数
4) 打　　順
である。

## ❶ 得　　点

野球の戦術を決める時に，最も重要な要素は試合の得点である。すべてのスポーツで得点は戦術を決めるのに影響するので，このことは驚くに値しない。

(a) 試合でリードしている時

自チームがリードしている時には，もっと積極的に攻撃できる。相手は試合の残りとして同じ数のイニング（アウト）を残しているので，相手の得点チャンスに関係なくギャンブルして塁を奪える。リードしているチームでは，走者が送球アウトにされてもイニングの1つのアウトとして走るだろう。相手チームであれば得点できなくて苦しくなるが，リードしているチームは勝利から遠ざかるということはないだろう。一方，リードしているチームが積極的になれば，もっと得点することになるだろう（たぶん大量得点になるだろう）し，容易く試合をものにするだろう。さもなければ試合終盤までもつれることになり，勝利は棚上げされるだろう。

試合でリードしている時に，どのように積極的にいくかがわからないコーチがたくさんいる。大量リードで積極的にプレイすると批判を受けるチームもあるだろう。がつがつしているとか，くどくどしているとかの批判である。あるチームが大

量リードで積極的にプレイし続けると苛立つコーチが多いが，この傾向は最近の，特にアマチュアやジュニアの野球では変わってきた。第1には，気が緩んでしまって相手に試合終盤に接戦に持ち込まれると，若い選手は平常心を保つ気持ちのコントロールができないことが挙げられる。10点リードで気が緩んだチームは，相手に接戦に持ち込まれやすく，終わってみると1点差で負けたりする！　試合の終盤に登場して時速155kmの直球で接戦を制するような，信頼絶大の抑え投手(メジャーリーグのチームにはいる)がブルペンにいないことが第2の要素である。ジュニアやアマチュア野球には良い投手がいないので，試合を通して得点し続けようとすることにある種の正論を与えるのである。「おまえら，弛んでいる。しっぺ返しを食うぞ」というコーチが自らの選手に宛てた暗黙のメッセージが第3の要素である。そんな態度を生むことが試合中には危険なのである。

偉大な大学コーチのゴーディ・ギレスピーは「チームに対して気を緩めてはいけない！　気を緩めたり，たいした相手ではないとほのめかしたりして，敢えてチームをまごつかせてはいけない！」とクリニックでコーチ達に話している。攻撃に傾いているチームは接戦を続けられるし，すばやく大量点を取れるので，リードしているチームは，試合の序盤そして中盤では，積極的にプレイし続けるものである。

「すでに得点は十分だから」と気を緩めるようなことをチームに言うコーチは後悔するものである。さらに，仕草で気を緩めることをほのめかすコーチは，選手の闘争心を失わせ，諦めの仕草をさせる。そんな振舞いは，その試合だけでなく後々までチームに問題を残す。

(b) 試合でリードされている時

試合でリードされている時には，試合で残されたアウトを守るようにより保守的になるものであ

リードしていれば，攻撃のチャンスは増える。

る。点が離されていればいるほど，保守性は強くなる。試合序盤で2，3点離されると，まだ試合には多くのアウトが残されている，一度に返す必要はないということで，通常の試合プランにしがみつくだろう。追いつくのに5，6点必要な時に，試合の終盤になって1点取るのに1つのアウトを犠牲にするなんてチームにとってばかげたことになる！　チームが保守的な野球を始めるイニングは，どのくらい離されているか，チームのもつ技術，そして能力によって決まる。ベストな攻撃技術がスピードであれば，積極的にプレイを続けたほうが良い。それがパワーであれば，保守的にプレイしたほうが良いだろう。

　試合での得点状況は攻撃の戦術に影響を及ぼす。例えば，試合の中盤0-3で負けていれば，多くの得点を望んでくるチームはない。同点あるいは試合で勝つために2，3点もぎ取る積極的なプレイが必要だろう。一方，12-15でリードされていれば，同じように3点負けているが，両チームともかなりの得点になっている。相手は後半のイニングでもう5，6点取るだろうから，1点取りにいく積極性はたいして重要ではない！

(c)同点あるいは1点差

　同点，あるいはリードしている，されているにかかわらず1点差なら，コーチは試合はこれからで，状況に応じた戦術をとるだろう。少ない得点の投手戦なら，コーチは取れるか期待できる1，2点をめざしていくだろう。そして1，2点で勝つには十分だろう。一方，たくさん得点が入っている打撃戦で試合が進んでいるなら，相手が次のイニングで5点取るかもしれないので，1点を取りにいくギャンブルは意味がないだろう。

### ❷——イニング

　効果的な攻撃戦術を立てるのに，得点の次に重要なのはイニングである。もっと保守的にいくか，積極的にいくかを決めるのに，試合の序盤，中盤，終盤かは，しばしば重要になる。

(a)序盤のイニング

　リードして相手チームに心理的な不利を与えるためであろうが，序盤に得点をもぎ取ろうとするチームがある。能力からして1点ずつ取る野球が最適ならその戦術も賢かろう。しかし，そうした野球をやるにはチームに好投手と堅い守備が必要となる。加えてそうしたアプローチは，多くの野球の試合では3，4点入るビッグイニングが試合結果に大きく影響するという事実を無視することになる。

　メジャーリーグの統計によると，試合の50％強で，勝ちチームは，試合での失点よりも1イニングで多くの得点を挙げている。このように，チームとしては可能な限りビッグイニングのチャンスを探らなければならない。先発投手が落ち着かない，あるいはうまく運んでいないなら，特に試合の序盤でこうしたアプローチは功を奏するだろう。1点取ってリードしようと初回にしばしば犠牲バントをするチームもある。そうすると，ビッグイニングを失い，相手の先発投手は1点のみなので落ち着きを取り戻すだろう。（平均すると）試合のどのイニングよりも初回の得点が多いというメジャーリーグからの統計もおもしろい。試合のはじめに犠牲バントをして1点を取りにいくと，初回のビッグイニングの可能性を無駄にするかもしれない。うまくいって1-0で勝つことはあるが，野球の確率は，初回や序盤でこのタイプの戦術を使うことに否定的な証拠を示している。

(b)中盤のイニング

　中盤の攻防は，試合の特徴をしばしば決めることになる。打撃戦になれば，コーチの戦術はそれに応じたものになる。投手戦になれば，それなりの戦術判断となる。もちろん，特徴は途中まであ

る方向に進んで，流れの中で変わることもある。三振を奪い合う0-0の投手戦が，1人あるいは両投手のストライクが入らなくなったり，投球が真ん中に集まってしまうようになったりして，中盤で変わることもある。走者は塁周りに漂う霞のように見え始める。一方，初回に4，5点を取られたり，コーチが髪を掻きむしったりした後に，突然，投手が落ち着いて，ペドロ・マルチネスのような投球を始めることもある。中盤ではコーチは注意深く戦況を評価して，ちょっとした変化や生じる波を利用するように心がける。

(c) 終盤のイニング

試合の終盤，チームの攻撃の戦術は試合の得点に応じて変わってくるだろう。負けていればアウトを節約するために保守的にプレイするようになり，勝っていればリードを広げるために攻撃的にプレイするようになる。この時までに，試合の特徴（低あるいは高得点）はつくり上げられていて，コーチはそれにしたがって判断することができる。

競った試合の終盤での判断は，しばしば結果に重要になるとコーチは理解しなければならない。この間，コーチは感情をコントロール下に置き続けなければならない。どんな状況であっても下された戦術の判断は，よく考えられたもの，試合に関連する側面をすべて考慮に入れたものでなければならない。競った試合の終盤でなされた判断は，より以上に感情のコントロールを要求される。コーチは，その場の熱気で性急な判断をするのではなく，合理的で知的な判断をしなければならない。ほとんどすべての場合，競った試合の終盤で苦しい状況になると，どう判断すればチームが能力を最大限に発揮できるのかを考えるよりも，コーチはチームの勝利を心配し始めるものである。勝ちたいと思うことは当然大事なのだけれども，それに拘りすぎてチームが何をすべきかと合理的に考えられなくなると，まず客観的に考えられなくなって，まともな戦術法則ではなく直感で判断するようになる。

試合の終盤に，コーチの戦術を思い切って変えられるかどうかは，優秀な抑え投手がいる（あるいはいない）ことが1つの要素になる。優秀な抑え投手のいるチームは，リードを守れる自信があるので，試合の終盤，1点に対して楽にプレイができる。

一方，相手に優秀な抑え投手がいると，試合の終盤に攻撃側は戦術の変更を余儀なくされて，1点を追いかけて最終回に入ることを避けようとする。ブルペンに偉大な抑え投手がいると，試合の最後2，3イニングにおける両監督の戦術に影響を与えることになる。

## ❸─アウト数

得点とイニングに続くのは，イニングのアウト数である。コーチは，あるイニングで得点できる確率を考えなければならない。イニングで残っているアウト数は，明らかにこの確率に影響を与える。

イニングは3つの部分(3/3)で成り立っていて，容易にわかることだが，イニングに多くの得点を入れようと思えば，イニングに3/3残っている無死のほうが良いことを確率は示している。ビッグイニングになる確率は，2/3残っている1死で少し低くなり，1/3だけになる2死ではさらに低くなる。もちろん，2死無走者から5，6点入ることがあることは誰しもわかっているが，そんなビッグイニングは無死や1死のほうがずっとよく起こる。戦術を立てるに際しての確率は，各イニングで変わってくることをコーチは考えておかねばならない。

(a) 無死

　無死では，ビッグイニングになって数点入るという確率が高いので，得点とイニングの状況もそうすることが実質的というのであれば，チームはいくらか保守的にプレイをすべきである。例えば，深めの単打を2塁打にしようとして走者が送球アウトにされるなら，チームはビッグイニングのチャンスをなくす。3塁ないし本塁で走者が送球アウトにされるのがイニングの初アウトというのでは，首を傾げる戦術と言われるのは間違いない。クロスプレイでセーフにできるだろうが，3塁あるいは本塁でクロスプレイを打ち破る試みをするよりも，無死で2塁あるいは3塁の走者のほうが得点の可能性が高い。

(b) 1死

　1死では，1点を取ろうとやや積極的にプレイすべきである。イニングの1/3はすでに使われているので，ビッグイニングになる確率はやや低くなっている。1死では，3塁走者が他の方法に加えて外野フライや内野ゴロで得点できるので，得点とイニングが許すのであればチームは何とか3塁に到達できるようにする。多くの高校，大学コーチやメジャーリーグの監督は，得点が競っているなら，1死で走者に何とか3塁へ進むようにと言う。

(c) 2死

　イニングの1/3しか残っていない2死では，そのイニングで大量点を取る確率は大きく下がるので，（得点とイニングが許すのであれば）チームは積極的に1点を取りにいくべきである。1塁からの得点確率は低い（14％）ので何が何でも2塁に走者を進めるべきである。得点確率はずっと高くなる（26％）ので，2塁到達のためのギャンブルは価値がある。

　加えて，次の打者がヒットを打つ確率よりも得点のチャンスが勝るなら，2死では得点のために積極的にいくべきである。例えば，2塁走者が2死からのヒットで得点する確率が50％と思ったら，次打者が5割近く打たないのであれば，3塁コーチは走者を本塁へ突っ込ませる。2死では，次打者が1割9分の時，得点確率50％の走者を自重させる意味はない。

## ❹—打　順

　戦術を立てるのに考えておくべき最後の要素は，打順である。最後の要素といっても他の要素と比べて重要さでは遜色ない。その打者のもっている技術（あるいはない技術）はコーチの判断に大きく影響する。

　意味があってつくられているし，野球の確率に則ったものなので，打順はまったく標準的なものが多い（ファン，TVアナウンサー，あるいはスポーツライターが時として考えつくような突飛なものもあるが）。打率，出塁率が良く，走塁のうまい打者は1，2，3番，パワーヒッターは4，5，6番，そして弱い打者が7，8，9番というのが常である。野球の専門家といわれるコーチでも，バリー・ボンズ，サミー・ソーサ，マーク・マクガイアーを先頭に置いて得点確率を高めようと考えつくこともあるが，だいたいはすぐに元の打順に戻すことになる。

　打席にいる打者の技術，そして後に出てくる打者の技術に応じて攻撃の戦術を立てなければならない。大量点につながる可能性があるので，そのイニングで強力な打者が登場するほどチームは保守的になるものである。逆に1点取るチャンスしかないので，弱い打者の時にはチームは多少攻撃的になるものである。

　コーチは，大事な走者を迎え入れなければならない状況で，弱い打者に要求するような方法で強力な打者を使うべきではない。走者をバントで2

塁に送るために5番打者を使うというのがこの好例である。相手は6番打者を歩かせるので，7，8番打者が走者を迎え入れければならない。バントさせるという判断が悪いことになる。

　クリニックにおいて，ジャイアンツ元監督のビル・リグニーは，1点争いの9回，ウイリー・メイズに犠牲バントさせた経緯を話した。相手チームはウイリー・マッコビー（その後代走）を敬遠で歩かせ，左の抑え投手に対する2人の左打者を残したが，彼はまだダグアウトにはナショナルリーグで最高打点を誇る2人の男を擁していた。「すぐに私はそれほど賢くない戦術であることがわかった」とリグニーは言った。

　良い戦術を立てるには，確率を知らなければならない。表6-1の得点確率は60年以上にわたる，メジャーリーグ野球の数千試合にもとづいているが，それはジュニア，高校，大学，そしてマイナーリーグの野球にも通用する。こうした統計は興

■表6-1　得点確率

|  | 走者1塁 | 走者2塁 | 走者3塁 |
|---|---|---|---|
| 無　死 | 43% | 60% | 70% |
| 1　死 | 29% | 45% | 54% |
| 2　死 | 14% | 26% | 32% |

味深い事実と結論をもたらしている。

　無死1塁の走者が得点する確率は43％で，1死2塁だとそれが45％になる。この2％の差のおかげで好打者に犠牲バントをさせるか迷うことになる。無死2塁ならこの確率は60％，1死3塁なら54％である。この減少分のおかげで3塁へ送る犠牲バントはまともな打者の時には非常に疑わしいものになる。走者が2塁ではなく3塁だと，無死で10％，1死で9％，2死で6％の得点確率の改善が見込めることになる。したがって，3盗では（アウト数によらず），成功確率が90％程度あって良い戦術となるように，走者は良いスタートを切らなければならない。

## 3　走塁の戦術
Base-Running Strategy

　様々な試合状況で使える数多い統計の中からコーチが選んだものは，試合によっては結果に大きく影響する。この章で取りあげてきたように得点，イニング，アウト数，打順という4要素にもとづいてコーチは戦術の判断をすべきであるが，敵味方を問わず，関わる選手の技術にも特に気をつけるべきである。加えて，Aが起こったらどうしてほしいのか？　Bなら？　Cなら？　あるいはCとDが一緒に起こったらどうしてほしいのか？を選手に伝える十分な時間や機会をもたないものなので，コーチは良い戦術について選手に熟知させなければならない！　賢いコーチは，様々な走塁の状況に適切に反応できるように紅白戦や練習ドリルを使うものである。

### ❶——走者1塁，2死未満，フライ捕球

　2死未満の1塁走者は，捕球されたら1塁へ戻れるところで，できるだけ2塁近くまで行くべきである。フライが外野手に近づいた時には，落ちたら2塁にスタートが切れ，捕られたら1塁に戻れるように，走者はバランスをとって立っているべきである（図6-1参照）。行き過ぎて1塁に傾いていたり，戻っていたりするものである。これではボールが落ちてもすばやく方向転換できずに2塁でアウトになってしまう。

　普通のフライでは，左翼から1塁までの送球が長いので，1塁走者は，中堅や右翼へよりも左翼への打球でより2塁近くまで行ける（図6-2参

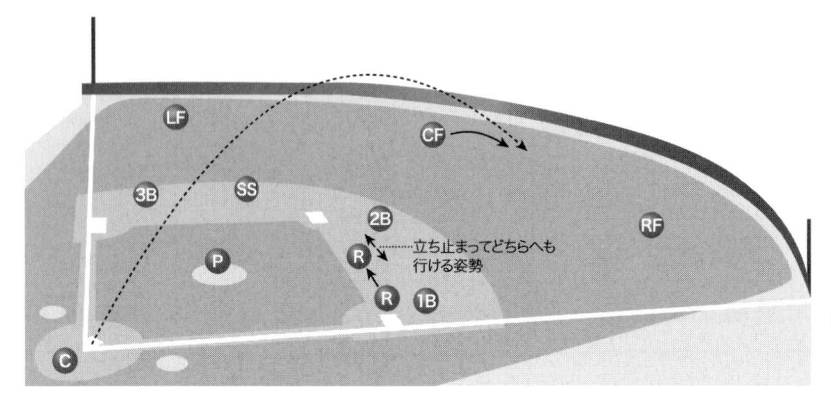

■図6-1 無死あるいは1死で捕球されるかどうかのフライが上がった時の1塁走者

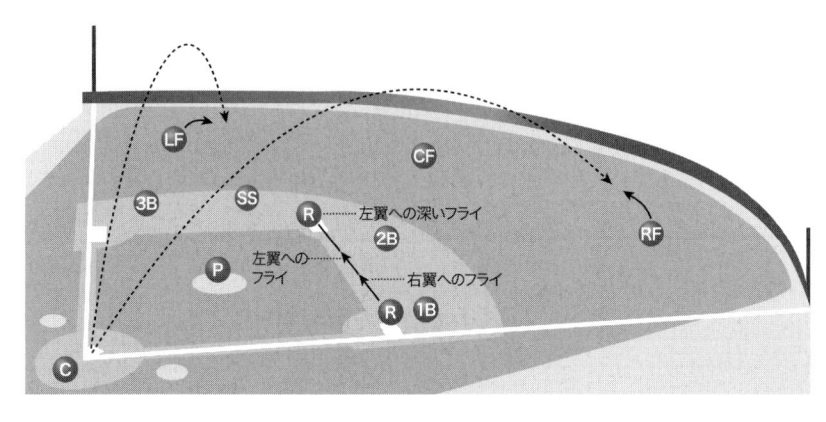

■図6-2 左翼と右翼へのフライの時の1塁走者
左翼へのフライでは，中堅や右翼よりも1塁走者は2塁近くまで進める。左翼への深いフライでは，1塁走者は2塁まで十分に進める。

照)。左翼や左中間への深いフライの場合，1塁からの走者は，2塁まで進んで，右足で2塁を踏み，左足とからだは3塁に向けて塁に立つ。捕られなかったら，すぐに3塁にスタートを切れるし，すばやくボールが内野に戻ってこなかったらそのまま得点できるだろう。捕られたら，まず左足を1塁へ向けて，塁にある右足で蹴って1塁へ戻る。1塁へ戻るためのスタートでは，走者は十分に時間をかけて慎重に動くべきである。なぜなら，
1) 走者は，1塁へステップする前に右足で3塁へステップしていないことを確かめておきたい，さもないと「3塁へスタートを切った」ことになり，2塁をリタッチしていないとアピールされてアウトになってしまう。
2) 左翼の肩は概して強くないものなので，左翼

深くから一気に1塁までボールを運べない。

## ❷──走者2塁，2死未満，フライ捕球

2死未満で走者2塁の状況では，走者に，時にはコーチにも迷いや混乱が生じるが，2つの基本的な戦術の考え方を思い出せば事が明快になる。その2つはこの章ですでに紹介したが，この状況で走者のなすべきこと，すなわち1死3塁をつくろうとすることであり，3塁でイニングの第3アウトをつくってはいけないことである。無死2塁では，外野手がボールを捕れないとわかるまで2塁でタッチアップすべきである（図6-3参照）。確実になるまで待てば，ボールが落ちてもすばやく内野に返ってくると走者は得点できないだろう

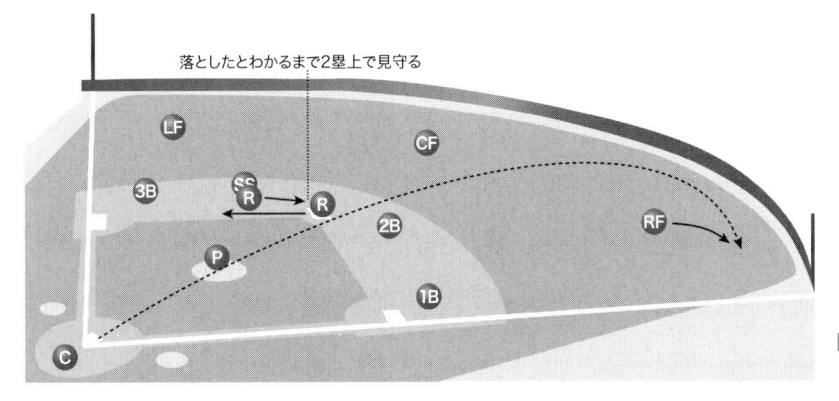

■図6-3　無死走者2塁，捕られるかどうかのフライ

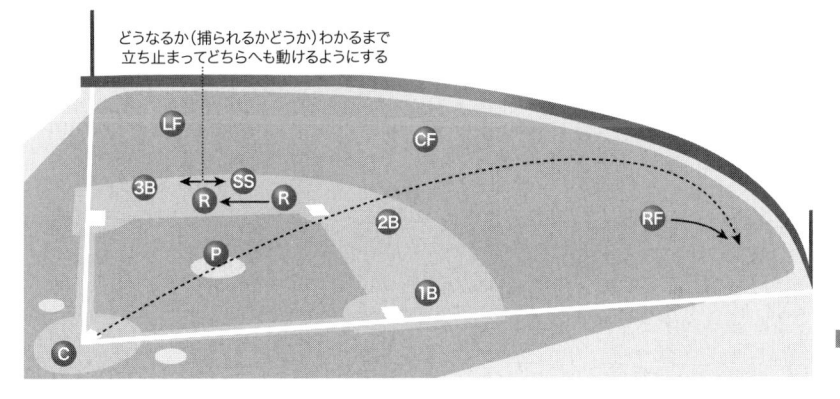

■図6-4　1死走者2塁，捕られるかどうかのフライ

が，たとえそうでも無死3塁となり，70％の得点チャンスになる。

1死では，外野手に捕球されたら塁に戻れる範囲で，走者はできるだけ遠くまで塁を離れるべきである。2塁に戻るのと3塁に進むのとを同じようにできるように，ボールが落ちてきたらバランスをとって立つべきである（図6-4参照）。ボールが捕られないというチャンスがある限り，塁から離れているべきで，ボールが捕られるとわかったら，2塁に戻ってタッチアップし，捕球後に3塁へ進む。3塁で第3アウトになるなら，3塁へ進もうとするのは良い戦術ではないとわかっていなければならない。まず成功するというのでなければ，進もうとするべきではない。

## ❸――走者3塁，2死未満のフライ

3塁走者は，ゴロでなければどこへの打球でも，塁に戻ってタッチアップする。3塁へのライナーであれば，3塁手が捕っての併殺を免れるために一目散に3塁へ戻らなければならない。内野を抜ければ，走者は容易く向きを変えて得点できるが，3塁へのライナーでの併殺は免れなければならない。昔の良き頃のワシントン・セネターズ監督，バッキー・ハリスは，それまでの野球の試合における最高のプレイを思い出してくれと言われ，「ミッキー・バーノンが3塁にいて，右打者が打席に入っていたんだ。その打者が火の出るようなライナーを3塁へ放つと，3塁手が3塁へ動きながらキャッチし，1歩踏み出して触塁したんだ。とこ

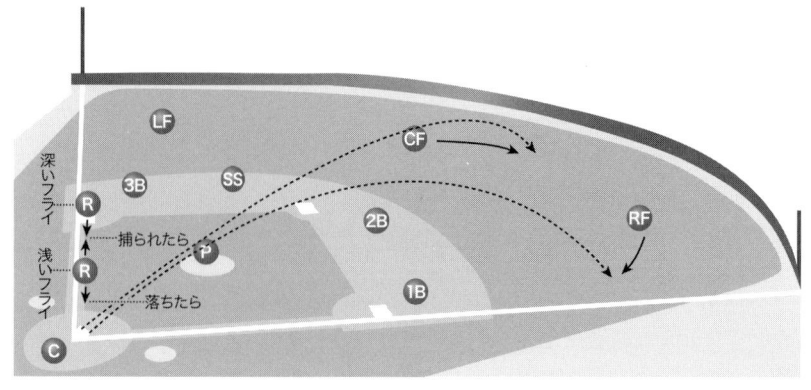

■図6-5 走者3塁，2死未満でのフライ

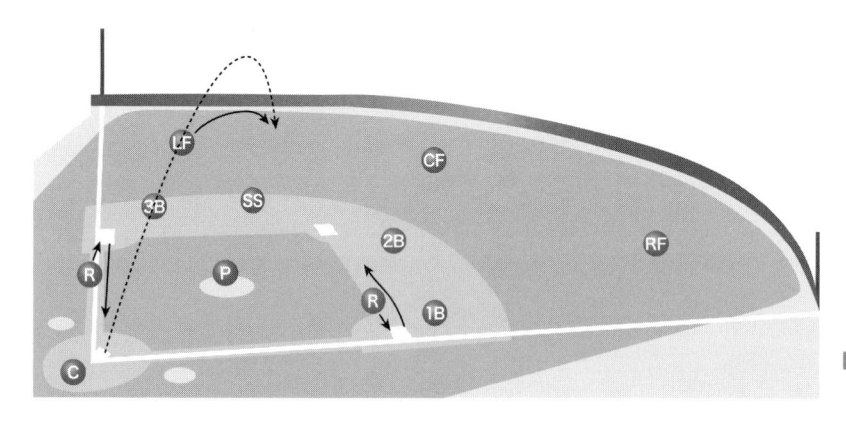

■図6-6 走者1-3塁，2死未満でのフライ

ろが，バーノンはすでに帰塁していたのさ」と答えた。「どこがそんなにすばらしいんだ？」と問われ，ハリスは，「100人中99人は3塁へ戻る前に迷って併殺にされてしまうからさ」と答えた。

無死での3塁走者は，本塁でクロスプレイになるような浅いフライ，特に次打者がかなりの好打者なら，突っ込むのには慎重になるべきである。1死3塁からの得点できる確率は54%なので，無死ならば50%以上のチャンスがなければ賢いタッチアップと言えない。

1死であれば，2死3塁が32%の得点可能性なので，浅いフライで点を取るのにもう少し積極的で良い（他の要素が積極的であれというなら）。次打者が3割2分以下なら，その積極性はおそらく正解だろう。深いフライであれば，タッチアッ

プの走者は，離塁が早いとアピールされてアウトにならないように，捕球の後，わずかの間，塁に留まるべきである。しかし，浅いフライでは，この練習をするとクロスプレイになってしまうので，捕球に合わせてスタートしなければならない（図6-5参照）。

通常，2死未満の3塁走者は，すべてのフライでタッチアップし，捕球されるまで塁に留まるが，次の状況だけは別の戦術をとるべきである。捕球されてタッチアップしても得点できない外野へのごく浅いフライでは，できるだけ塁から離れるが，捕球されたら併殺になるほどには出て行かない。ボールが落ちれば得点できるし，捕られれば3塁へ戻るだけである（図6-5参照）。浅いフライにタッチアップしていて落ちたらスタートすると，

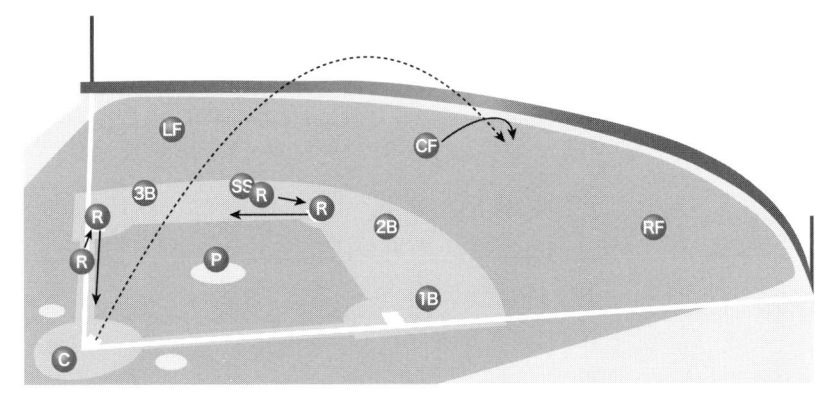

■図6-7 走者2-3塁，2死未満でのフライ

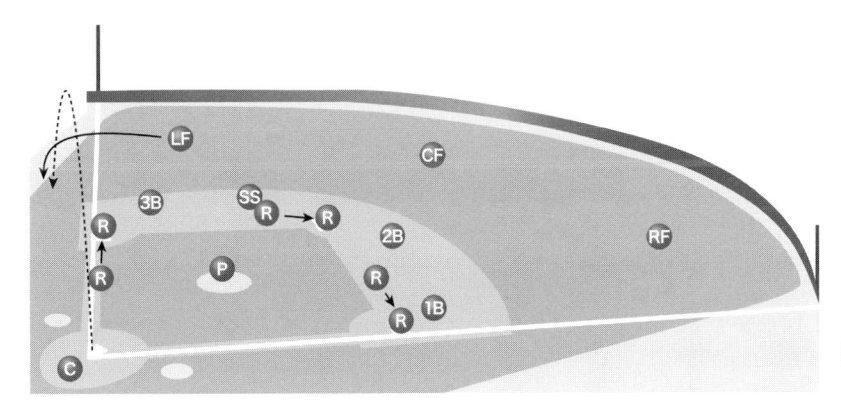

■図6-8 2死未満でのファウルフライ

外野手は本塁で走者を送球アウトにできるだろう。

### ❹ー走者1-3塁，2死未満のフライ

　走者1-3塁でかなり深いフライの場合，両者ともにタッチアップをするが，1塁走者あるいは1塁コーチは，1塁でタッチアップしている走者を打者が追い抜かないように注意しなければならない。捕球されたら，両走者はスタートを切って送球を見る（図6-6参照）。本塁へ送球されたら，特に中継者の頭を越える高い送球なら，1塁走者は2塁へ進める。送球が2塁へ来て，1塁走者はそれで刺されそうなら，3塁走者が得点する間，止まって1塁へ戻ることができる。

### ❺ー走者2-3塁，2死未満のフライ

　走者2-3塁で難なく捕られるフライの場合，両者はタッチアップして捕球されたらスタートを切る（図6-7参照）。2塁走者は，前の走者が本塁へ進み続けるかに，目を向け続けるべきである。これでは本塁でアウトになってしまうと思って3塁走者が戻ってくるなら，2塁走者も止まって2塁へ戻らなければならない。さもないと，両者が3塁で重なって簡単にタッチアウトになってしまう。

### ❻ー2死未満のファウルフライ

　ファウルフライなら，どこに打たれようと走者

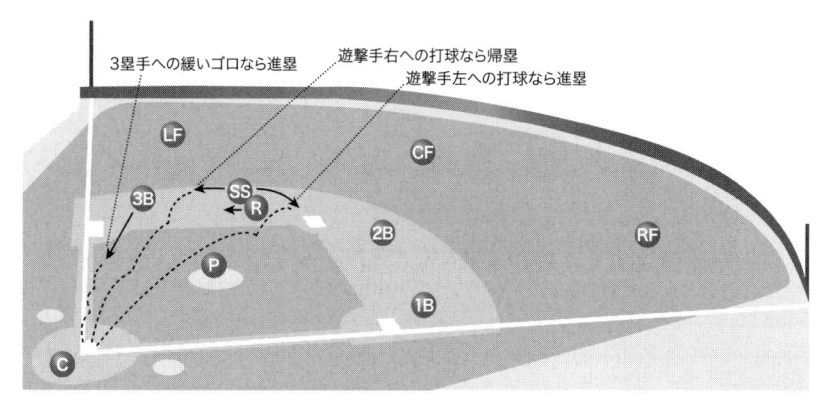

図中ラベル:
- 3塁手への緩いゴロなら進塁
- 遊撃手右への打球なら帰塁
- 遊撃手左への打球なら進塁

■図6-9　走者2塁，2死未満でのゴロ

はすべてタッチアップすべきである。野手が捕らなければ、塁にそのまま留まることができる。捕られれば、進塁のチャンスとなるだろう。捕られないと思って内野を走り回る走者は愚かである。時に、選手はファウルフライを好捕したり、フェンスにぶつかったり、起き上がれなくなったりする。塁から10m離れて、走者は口をあんぐり開けて突っ立っていたくはない。ファウルフライにはすべてタッチアップすることによって、走者は進塁できそうならその捕られたボールに反応できる（図6-8参照）。

## ❼―走者2塁，2死未満のゴロ

2塁走者は、自分の近くに強烈に打たれたのでないなら、自分の左へ来たすべてのゴロに3塁へ進もうとすべきである。遊撃手は左へ動いて捕球し、向きを変えて3塁へ送球するのは厳しい。遊撃手は、自分の所へワンバウンドで来る強い打球ならこのプレイができるが、多くの場合、2塁走者は自分の左に来るゴロで3塁へ進める。走者にまっすぐ向かってくるゴロでも走者が第2リードの最後に3塁へからだを傾けていれば（傾けているべきなのだが）、まず3塁へ進める。自分の右へのゴロの場合、走者はボールが3塁手を通り過

ぎるまでその場に留まらなければならない。ボールが外野へ行ったら、3塁へスタートを切る。左翼へのゴロでは、ちょっとしたスタートの遅れが得点につながらないが、遊撃手や3塁手が捕球しなければ、3塁で簡単にアウトになることはない。3塁手が突っ込まなければならないような緩いゴロなら、3塁手が1塁への処理をする間に走者は容易に3塁へ進める。もちろん、2塁手や1塁手へのゴロであれば2塁走者は3塁へ進める（図6-9参照）。

## ❽―走者3塁，2死未満のゴロ

2死未満の3塁走者は、プレイが始まる前に3塁コーチと一緒に試合状況を眺めるべきで、そうすれば自分が何をすべきかわかるだろう。その後、定位置か、本塁で刺すために前進しているか、内野手の位置をチェックすべきである。通常、内野手が深く守っているか、内野手が捕ってから本塁へすばやく送球できない高いバウンドのゴロでなければ、無死の場合、走者はゴロで得点を取りにいくべきではない。本塁でイニングの第1アウトを取られてはいけないことを思い出すべきである。1死の走者は、適切な戦術を3塁コーチと相談すべきで、その時に使う最高確率のプレイを同意・

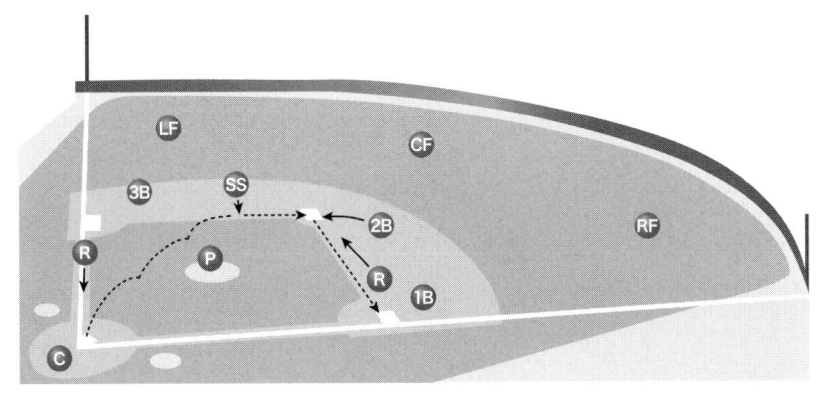

■図6-10 走者1-3塁，2死未満のゴロでの内野併殺守備

確認しておく。内野手が前進しているなら，高いバウンドのゴロでうまくスタートが切れた場合のみ得点を取りにいけと告げられるものである。内野手が中間，あるいは深く守っているなら，バットに当たったらゴーか，バウンドを読め，のいずれかをコーチは走者に告げるだろう。

試合の状況からして積極的な走塁が必要とコーチが判断すれば，走者には当たったらゴーと告げるだろう。どんなゴロでも走者はすばやくスタートを切り，得点を取りにいく。この作戦には当然，利点と欠点がある。内野手の正面に飛べば走者はかなりの確率で本塁アウトになるが，内野手が捕球に1，2歩動かなければならないのなら，走者には得点のチャンスが生まれる。

コーチがバウンドを読むプレイを使うことにすれば，高く弾むか，内野手の正面をつかないボールにスタートを切ることになる。強いゴロには内野を過ぎて外野に行くまでスタートを切らない。明らかに，この場合，走者が行くか，行かないかの判断がわずかに遅れる。内野手にとって，このわずかな遅れは本塁でアウトにするには十分な時間である。

## ❾——走者1-3塁，2死未満のゴロ

走者1-3塁の状況は，多くの野球の試合で，特にジュニアやアマチュアレベルで，さらにはメジャーリーグでさえ，混乱や優柔不断を引き起こすようである！　守備チームは，前の走者を3塁にそのままにした併殺を狙いにくるだろう。さらに悪いのは，3塁走者が一瞬スタートを躊躇し，3塁コーチの「行け行け」の金切り声を聞いて結局スタートして，本塁で送球アウトの三重殺である。基本的な走塁原則を適用すれば，この状況の戦術は単純になる。

内野守備が併殺狙いの中間位置であれば，併殺を取りにいく鋭いゴロには3塁走者はすべて本塁へスタートを切らなければならない（図6-10参照）。無死の場合，走者が本塁へスタートを切らずに守備が併殺を取りにいったら，攻撃チームは2死3塁となり，そのイニングの得点確率はわずか32％になってしまう。一方，走者が本塁にスタートしてアウトにされたら，攻撃チームは1死1-2塁となって，そのイニングの得点は45％の確率になる。1死で得点を取りにいかず，併殺なら，これはイニング終了である。スタートを切ってアウトにされると，2死1-2塁でイニングはまだ続く。この場合，優れた走者になると，本塁へ

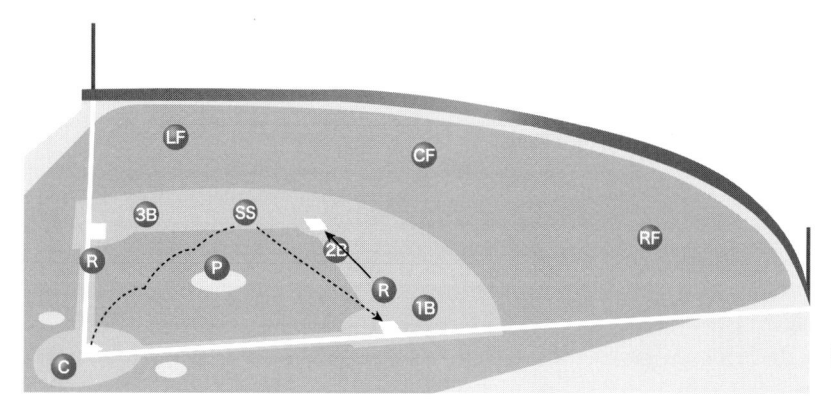

■図6-11 走者1-3塁，2死未満のゴロでの内野前進守備

スタートを切って，ちょっと見て，本塁へ送球されれば止まって狭殺に持ち込み，残りの2人を2-3塁へと進めることもある。

2死未満で走者1-3塁，内野手が本塁で刺そうと芝生まで入っているなら，2遊間がそこから併殺を取りにいくのは非常に難しいとわかっているので，走者は，通常，ゴロで得点を取りにいくべきではない（図6-11参照）。

## 4 相手コーチの傾向
Tendencies of Opposing Coaches

コーチとは，ある状況で，ある選手が出てくると決まったことをしたがるものである。クリエイティブに考えられないと言っているわけではなく，ある攻撃や守備のプレイで（そして関わる選手とともに）最もよくいくからで，コーチにとって快感だからである。コーチは，相手コーチがどうくるかを常に研究すべきで，そのおかげでこの試合状況では通常相手はこうくると思い出すことができる（さらに良いのは書きとめておくこと！）。

感情だけから，ある状況における相手の出方を予想するのは賢いとは言えない。しかし，相手コーチが過去に同じ試合状況である特別な戦術を試みたとわかっているなら，相手の出方を賢く推察できる。記憶はあやふやになるものなので，相手コーチの傾向を正確に知るためにコーチはノートをつけるべきである。

相手コーチの傾向をつかむもう1つの方法は，相手チームがある攻撃状況の時，相手が守備であれば何をやろうとするかを観察することである。こうした傾向は，同じ状況で攻撃であれば，そして攻守が反対の状況であれば，どのように反応するかを示す機会となる。その状況では自分がそうやるだろうから，その通りの特定のプレイをあなたがするだろうと相手のコーチは考えるので，相手の出方は役割が逆であれば相手がするであろうことの示唆を与える。例えば，あなたの先頭打者が初回1塁に出て，相手チームは特別なバント守備を敷くなら，相手はその状況でバントすることをあなたに示すことになる。初回，2死未満で走者3塁，相手コーチが内野を前に守らせるなら，相手コーチはこの走者が試合を決めると思っていることをあなたに告げているし，おそらく試合の終盤でビッグイニングをつくりにはいかない。ある状況で3-0からスイングしても良いというコー

チは，同じ状況であなたも3-0からスイングさせると期待するだろう。

トム・コッチマン（現アナハイム・エンジェルスのスカウト部長）が9回裏，2死走者なし，カウント3-0からの打撃練習のような直球を同点に追いつくホームランにした（相手の驚く中で），随分昔のジョージア南大学の試合を思い出す。そして11回裏，2死走者なしの場面になって，またも3-0から打撃練習のような直球が彼に投じられた。これまたフェンス越えで彼は勝利した。相手が試合をよく見ていたのかを疑わなければならない。

相手コーチの戦術が一貫していて，それを覚えるあるいは書き留めるなら，特定の状況でコーチがなすことについて良い考えが浮かぶだろう。こうした予めの傾向はそのまま実行されないけれども，相手の傾向を知っておけばどんな試合でも大きな助けとなるだろう。

コーチは，時には試合の特定の状況で傾向を変えて，それを偽るかもしれない。通常の戦術判断について，単に他のコーチが想像し，混乱するようにと，その状況でいつもならすることをやめて戦術的に別の何かをするコーチもいる。高い確率のプレイではないことをすることになるなら，別の何かをするのは賢くはない。通常，コーチは試合の重要場面で自分の最高の戦術から離れるものではないけれど，ある試合状況では，自分の傾向について相手コーチを混乱させるために，時としてそうすることもある。

# 5　試合中の相性

*Matchups During a Game*

メジャーリーグの試合を担当するアナウンサーは，試合中に相性のことを常に言うようである。ということは，お互いの監督が「彼がAをすれば私はBをするし，私がCなら彼はDをするだろう」という駆け引きを試合中にずっとしていることになる。メジャーリーグの試合ではこの相性が重要で，お互いの監督は，相手選手の技術との兼ね合いで，常にぎりぎりの線を探している。しかしながら，マイナーリーグ，大学，高校，ジュニアレベルの野球では，技術レベルやそれを一貫して発揮する能力がそれほど高くないため，相性を考えることは難しい。自分のところの左投手が相手の左打者に投げるようにと，メジャーリーグの監督が深く考えを巡らせて操作するなら，必ずや自分の左投手が相手の左打者に厳しい投球をすると期待する何かがあるべきである。多くの場合，この相性によって，ある監督のチームが相手よりもわずかに有利となる。左投手はその打者と対戦して，右のサイドハンド投手がまた別の相性から次の（右打席の）打者と対戦するかもしれない。それゆえ，お互いの相性を求めて，監督間の知恵比べが常に繰り広げられる。

メジャーリーガーよりも若くて技術の劣る選手が含まれる試合では話が違う。あるコーチは「ここは良い相性だ」として相手の左打者に左投手を投入する。その左投手は制球が定まらずに四球を出し，その中で2, 3点になる暴投も投げる。あるいは，コーチは左投手に右の代打を送る。しかしその打者は本塁前の芝生で弾む3球をスイングしてあえなく三振となる。

若い選手の間では，投手と打者の相性があるのでコーチはしばしば戦術を変える。例えば，無死走者2塁（重要な得点）で，グラウンドの右側（2塁か右翼）へ打てる打者なら，走者を1死3塁に

もっていけるのでコーチはその打者に打たせる。しかし，必ず右へ打てるのでなければ，3塁へ進めるためにコーチは犠牲バントを使う。もちろん，打者が両方ともできなければ，対戦させない。代打を送るか，歯ぎしりして最高の結果を願うしかない。

アマチュアやジュニアの野球で良い相性をつくろうとするコーチは，それはメジャーリーグの監督を真似ようとする時に起こりがちな困ったことになる。アマチュアレベルのコーチは，自分の判断が悪いからではなく，そのレベルでは結果を正確に予測するに足らない選手の技術のおかげで，困ったことになるのである。相性を考えすぎるアマチュアのコーチは，2割8分の打者に犠牲バントをさせて，次の3割4分の打者のために走者を2塁送ろうとする。3割4分の打者がその投手に相性が悪くて1割6分しか打っていないというのでなければ，コーチのこの対処はすばらしい。

野球シーズンの中で，特別な攻撃状況は実際のところ限りなく起こる。コーチがチームに最も勝ちをもたらす戦術判断をしようとするなら，試合状況のすべてで賢く，センスのある判断をしなければならない。シーズン中に起こるであろうすべての攻撃状況の目録をコーチはつくることはできないし，それぞれに良い判断を編み出すこともできない。30cmの厚さで，すべての要素を編み込んだ本が必要となる。それゆえ，コーチのすべきことは，参画する選手の技術と野球の確率を理解することである。そして，良い判断に到達するための知識に照らして，それぞれの状況を評価できなければならない。加えて，（大口を叩くファンのような）他人が自分を結果論で批判したり，自分を軽率でまずい判断に追い込んだりするのではなく，自分で判断を下してそれに固執する不屈の精神をもつべきである。

## 6 試合後のまとめ
*Postgame Wrap-Up*

野球における攻撃の戦術や戦略とは，その中に科学の側面をもっていて，コーチに原則の理解を要求するものである。おそらく，年を経て野球はかなり変化し，選手の様々な技術，用具の改良，野球場の建設法，ファンの嗜好の変化，果ては社会の変化を反映して戦術や戦略は変化してきた。

試合を少し調べてみれば，タイ・カップ，ホーナス・ワグナー，トリス・スピーカーの時代の野球は，犠牲バント，ヒットエンドラン，盗塁，1点野球に今よりもずっと重きを置いていたとわかる。先発に名を連ねたがっていた当時の選手は，こうした技術を高めなければならなかった。結果として，その当時の選手は，そうした技術に長けていたし，監督はそうした技術を要する戦術を用いた。

現代の野球の戦術や戦略は，パワー打撃，代打や代走の利用，様々な盗塁，ビッグイニングをつくるための余計なアウトを避ける保守的な攻撃の戦術に重きを置いている。しかし，一昔前の古典的な1点戦術と現代のビッグイニング戦術，どちらであっても効果的に使うには，試合状況を良く考えなければならない。野球の戦術や戦略におけるある部分は，道理に適ったものが一貫して使われてこそ役を果たすので，時代が変わっても決して変わるものではない！

# Part II―投球戦術

# 7

# 打者を抑え込む技術

練習はコーチの掌中にあり，試合は選手の掌中にあるとしばしば耳にする。また，試合のおよそ80〜90％は投球だと野球の指導者が言うのも耳にする。したがって，打者を抑え込むために，精神的にも身体的にも投手をつくり上げる質の高い時間をコーチはもたなければならない。メジャーリーグの資質をもともともつ投手などほとんどいないが，コーチが各投手から多くのものを引き出すことができるなら，その投手はメジャーリーグを経験することになるだろう。

## 1　メンタルの強さを育む
*Developing Mental Toughness*

「試合の90％はメンタルだ」とヨギ・ベラはかつて言った。多くの場合，投手が成功するかどうかは，メンタルの強さで決まる。多くのコーチは95％の指導時間を体力や技術の側面に使い，残りの5％しかメンタルには使わない。そして投手のメンタルが強くないと驚かされるのである。メンタルの技術に欠ける投手は，身体的な試み，すなわち打者をアウトにすることにも成功しない。

身体的に強くしておくことは，メンタルを助けることになる。自信を与えるからである。打者と対戦するのは，練習でからだを鍛えることに相当するので，消耗していくのでなければ，投球は挑戦的になり，楽しくもなる。

ポジティブなイメージを通して，投手のメンタルを強くすることもできる。最後にどう考えていたかに投手のからだは反応する。最後に「このカーブが肩口から入らないでくれ」と考えていたら，肩口からのカーブという最後の考えにしたがって

しまう。リリース前に「このカーブは鋭く曲がってストライクゾーンの外角低めに行く」と考えていれば，そのようになりやすい。

高校の下級生の頃，私は地肩こそ強かったが毎回のように四球を出していた。上級生になってのシーズンが始まる2〜3ヶ月前，毎晩，寝る前にその地域の最強打者をイメージするようにコーチは言ってきた。直球がストライクゾーンの外角低めに決まって，打者のバットが遅れてボールの上数インチを過ぎるのを思い描くようにとコーチは促した。また，鋭く曲がってゾーンの低めに決まるカーブをイメージするように要求した。おかげで，私はその打者の挑戦を退け，驚異的に四球を減らした。

ポジティブな考え，ポジティブなイメージは容易いという投手もいる。そうでない投手は練習してコンディションを整えなければならない。コーチは投手陣を集めて，眼を閉じさせ，間違いなくアウトが取れるボールをイメージすることを要求しなければならない。このことは楽しいものだし，リラックスできるし，練習の生産的な部分になるはずである。

## 2  ストライクゾーンを習得する
*Mastering the Strike Zone*

どんな試合，どんな状況でも，特に大事な試合では，バッテリーはゾーンをわかっていなければならない。4つのストライクゾーンがあることを知っておきなさい。

▼ゾーン
1) 投手のゾーン
2) 打者のゾーン
3) ルールブックのゾーン
4) 主審のゾーン

ストライクゾーンに泣き言を言う投手にコーチは同情する必要はない。重要なのは主審のゾーンだけである。判定が一定していれば，投手はそれを有利に使える。主審のゾーン近くに常に投げれば，際どい投球をストライクにしてもらえるだろう。膝頭の上から下の間に投球を収めるべきである。そこに集めれば，99％の主審はストライクに取ってくれるだろう。

## 3  騙　　す
*Creating Deception*

騙しは，打者を打ち取るのに最も過小評価されている武器である。135kmの直球がなぜ手元であんなに速く見えるのだろうと不思議がってダグアウトに戻ってくる打者は多い。良い打者に対して，騙しをもった135kmの直球は，騙しのない145kmの直球と同じほどに効果的である。陰険で生まれつき騙しのできる投手はいるだろう。それ以外の投手は騙しを練習しなければならない。巧く腕を引き伸ばして（グラブハンドを本塁方向へ伸ばす），肩をできるだけ閉じて，両手の親指を下に向けて両手を離す動作をする。これらは騙しをつくり，正しく動きをつくる方法である。

# 4   制　　　球

Locating Pitches

　打者を抑え込む技術で重要となるのは，ストライクゾーンに制球する能力である。高いレベルの野球では，ただストライクを投げることよりもコントロールの評価は高い。コントロールとは，偵察レポート通りに投球できること，すなわち制球力のあることである。

　制球は球の切れよりも重要である。投手がある日の球の切れをどう感じようとも，制球が投手に勝ちをもたらすだろう。多くの場合，試合中に投手はスピードや「信条」を改善できないが，気持ちの持ちようと正しい動きにすることで制球を安定させられる。

　ボールを投げる能力はどの投手にもある程度は備わっている。ある年齢になるとスピードは改善されないが，制球，切れ，球種は改善できる。ロジャー・クレメンスほどの能力はないにしても，どの投手にも試合を完璧にするために改善を試み，そしてそのことに執着するための1日24時間，週7日はある。140kmの直球をもつグレッグ・マダックスは，ロジャー・クレメンスと彼の155kmの直球に匹敵する野球殿堂のスペースをもつことになるだろう。

## ❶　直球の制球

　90％の投手は，基本の球種あるいは決め球として直球を使う。プロ野球では，木製バットであるし，145～150km程度のスピードで投げられるので，直球を数多く投げる。高校，大学レベルで金属バットを使っていても，ストライクゾーンあるいはその近辺に適切に制球された直球は，投手の武器となる。打者は直球を得意としていると若い投手は勘違いしている。まっすぐで打ちやすいと投手は信じているので直球を投げるのを怖がる。本当に（動きがなく）まっすぐであれば，バットスピードのある打者には確かにお誂え向きのボールになる。しかし，どんな打者でもそこに来れば手が出ないというストライクゾーンの穴や弱点をもっているものである。他の球種よりも速いこととコントロールしやすいことが直球の利点である。加えて，口にこそ出さないが，近めに投げられること，あるいは動けなくて「勇ましさ」を失うことを打者は最も恐れているのである。打者の穴に直球を制球することが鍵となる。そうできれば，他の球種を引き立てるので投手の仕事はず

（写真：ゲッティ）

っと楽になる。スピードではなく，制球が直球の最も重要な側面なのである。次が動きで，スピードは最後にくる。

握りや腕の角度を使えば投手はボールに動きを作れる。4シームの直球（縫い目の馬蹄を横切って握る）は適切なコントロールとスピードを与える。一方，2シームの直球（狭い縫い目の間を握る）は，多くの場合，少しスピードは落ちるが，沈んだり動きを生み出したりする。それゆえ，4シームと2シームはまったく違った2つの球種のようになる。

打者のほうに流れず簡単に歩かせることにはならないので，内角の直球のためには4シームがベストである。好打者が打席で余裕たっぷりなら，踏み込ませない，本塁を占拠させないために，4シームを使う。投手というものは，打者が本塁を占拠しているかのように感じるものである。投手は，4シームのおかげで相手打者に恐ろしさを感じさせ，本塁を取り戻すことができる。この恐ろしさがなければ，3割3分の打者は4割になってしまう。逆に恐ろしく感じれば，3割3分の打者は2割5分になる。攻撃的な好打者が本塁を占拠すると，踏み込んでくるし，外角に手が届くだけでなく，外角から5〜10cm外れたボールまで打ってしまう。時々，好打者の胸元に投げ込むことで，投手は打者を素直にできるし，外角の投球を打てなくできる。打者を目掛けて投げろとコーチは決して勧めてはいけないが，内角に直球を投げたり，時には打者の胸元に投げたりすることは投手に教えるべきである。そうすることで，投手は金属バットと対等になれる。

内角に投げ込んだり，打者の胸元に投げたりするのは芸術なのに，スポーツマンらしくない選手によって内角攻めは悪名を着せられてきた。過去に比べると，最近の打者は防御用具（耳ガード付ヘルメット，肘あてなど）を身に付けているし，

投手は打者を仰け反らせることも少なくなった。こうした進歩のおかげで大学野球やプロ野球ではより攻撃優位になってきたのである。

2シームの直球は，走者1塁でゴロを打たせて併殺を取るために秀でたボールである。走者1塁では，投手は三振よりもゴロを打たせようとしなければならない。1球で2つのアウトを取るほうが面白く，膝元，胸元の2シームは，投手にとっての併殺球となり得る。

## ❷—変化球の制球

外角低めのカーブやスライダーは最も効果的なボールの1つである。変化球を一所に投げるなら，右打者の外角低め，左打者の内角低めに投げ込もうと心がけるべきである。投手はこの一所に繰り返し投げ込む練習をブルペンですべきである。入ってくる変化球（右投手の左打者外角への投球や，左投手の右打者外角への投球）を投げられる投手もいる。この投球を習得できる投手はほとんどいないが，引っ張りの打者には有効なボールになる。

投手は2つ異なる変化球を身に付けるようにすべきである，どんなカウントでもストライクを取れるボール（制球できる変化球）と，鋭く縦に変化して膝元それ以下に投げ込める決め球として使うボールである。決め球は，積極的な打者に対して2ストライクから役に立つ。

## ❸—チェンジアップの制球

直球は，L字（内角高め，内角低め，あるいは外角低め）に投げれば成功する。カーブやスライダーは，外角低めあるいは入ってくるコースに投げる。チェンジアップでは常に膝の高さかそれ以下に投げなければならない。理想的には，打者にひっかけさせるためには外角低め，ゴロにするに

はそれ以下にチェンジアップを投げるべきである。内角低めのチェンジアップは，理想の位置ではないが，引っ張ってファウルでストライクを稼げるので有効である。

　チェンジアップを投げる時には，投手は握りだけ変えて，スピードを落とさなければならない。直球の腕振りのスピード，リリース，フォロースルーを維持するようにしなければならない。一定の腕振りと良いフォロースルーが欺きの効果を高める。ここでも制球が重要となる。外角高め，1球のすばらしいチェンジアップよりも，いつも膝の高さかそれ以下にくる平均的なチェンジアップのほうがずっとましである。欺いて，軌道を変え，適切なコースに投じられたチェンジアップは，どんなレベルの投手にとってもすばらしいボールである。良いとされるチェンジアップは，その投手の直球よりも通常は時速15〜20km遅い。そのものが偉大なボールだが，直球を速く見せて強力にもする。

## ❹ ─ 投球の制球を練習する

　子どもの頃，兄のトムと私は毎週何時間も三振を取る投げ合いをした。私が3人の打者から三振を取るまで兄は捕手で，交代して兄が3人の打者から三振を取るまで私が捕手をした。捕手がいつも主審を兼ねて，兄弟，何事にも競争だった。兄がいない日には納屋の壁に的を描いて，2〜3個のボールを投げては拾い，また投げた。こうした小さい頃の練習は，腕を強くしただけでなく，集中してストライクを投げ，制球力を高めた。投球をストライクゾーンに制球するのは，バスケットボールのフリースロー，アメフトのフィールドゴールキック，ゴルフのパッティングに似ている。誰でも繰り返しの練習で感覚を身に付けるのである。ここで，練習の中で投手が投げ過ぎてはいけ

ないという話が出てくる。4シームと2シームの直球，変化球，そしてチェンジアップをもっていて，ブルペンで60球投げるとすると，各15球の練習となる。これにスプリットを加えると，各12球になってしまう。何でも屋になって何もマスターできないよりは，4種類にレパートリーを減らすべきである。4種類を完璧にして制球を学ぶべきである。

　オフシーズンのブルペンでお勧めなのは，ストライクゾーンの中での位置を特定して，投げたいゾーンをコールするドリルである。打者に対して，内角低めは1ゾーン，真ん中低めは2ゾーン，外角低めは3ゾーン，内角中ほどが4，ど真ん中が5，外角中ほどが6，内角高めが7，真ん中高めが8，そして外角高めが9ゾーンである。図7-1に9つのゾーンを示す。

　例えば，投げる前に投げたい的を「3番」と言って，それから外角低めに投げる。このドリルでは，投手がコーチや捕手に責任を示すことで，集中力と努力度を高める。

　位置をコールすることで投手の責任はもっと重くなる。誰かに目標を告げると，達成するためにもっと練習するようになる。自分に言うだけだと，妥協してしまって目標に届かないことがよくある。

　オフシーズン練習の初期には，チェンジアップや変化球を投げる前に，コーチは20球の直球のうち16球思う所に制球することを要求するかもしれない。あるいは，チェンジアップの制球がままならないなら，コーチは投手にゾーンをコールさせて，2〜3のゾーンについて15球のチェンジアップのうち12球の制球ができるようになってから次の練習に進むかも知れない。

　こうしたブルペン練習の間，ワインドアップ投球，セットポジション，右打者相手，そして左打者相手といった計画を，投手が立てていることをコーチは確かめるべきである。

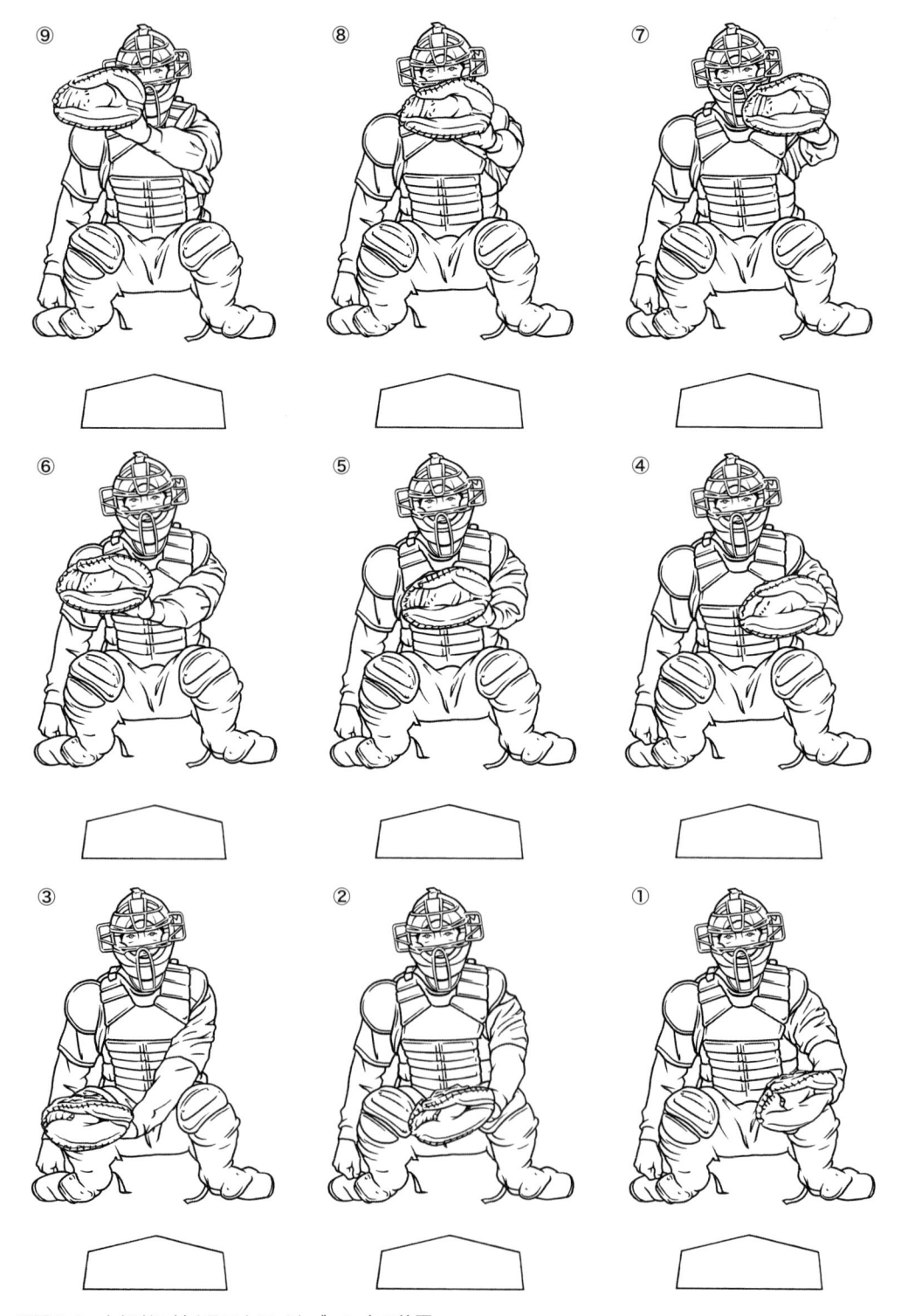

■図7-1　右打者に対するストライクゾーン内の位置

## 5 スイングを読む
*Reading Swings*

　打者が投球に合っているかどうかを投手は見出せるようにすべきである。投手はそれをどのように言えるか？　バックネットへまっすぐ強いファウルを打ったり，引っ張ってベースコーチの所へ転がるファウルを打ったりしていれば，打者は投球に合っている。投手はスピード，位置，あるいは両方を変えなければならない。右投手に対している右打者が直球を1塁ダッグアウトに打ち込むようなら，投手は打者のスイングを読めて，バットヘッドが間に合っていないとわかる。スイングが遅いのに投球をスピードアップする必要はないし，変化球を投げるタイミングでもない。バットの動きの遅い打者は早く振り始めなければいけないので，低めのボールになるカーブは有効になり得る。打者の胸元にくる直球もここでは有効である。直球を引っ張ってファウルを続けるなら，投手は抜いた球を使い始めるべきで，直球は外へ逃がすべきである。

　左打者の中には，スムーズで力強く払うようにスイングする打者がしばしばいる。そういった打者には内角高めの直球が良い球の典型となる。左手が優位なので，スイングはそれを巻き込むことになる。それゆえ，内角低めは危ない。右投手が内角低めに変化球を投げる時には，内角のかなり低めでスイング面の下で曲げるべきである。外角低めのチェンジアップや入ってくる変化球も有効となる。

　ボールの手前側をうまく叩く打者には，投手は変化球を外角に配しながら内角へ強く投げるべきである。バットを押し出す左打者には，内角低めの変化球と内角直球が，右投手にとってはうまくいく球となる。

　パワーのある投手が力んでいる日には，賢い打者はわずかに開いて構えて早くバットを振り出すことで騙しにかかる。ランディー・ジョンソンやロジャー・クレメンスといった極端に力強い投球をする投手に対して，引っ張ってライナーのファウルを打つメジャーリーグの打者がいる。おそらく，こうした打者は騙し，そして推測しているのである。投手は観察者であって，打者のスタンスや仕草の変化を読まなくてはいけない。

　特に積極的に高めの直球を狙ってくる打者には，投手は「梯子を登る」ことができる。高めの直球をスイングして空振りあるいは真後ろにファウルするなら，次にはもう少し高く投げられる。また空振りしたら，さらに同じ高さで三振を取りに行くか，完全に球筋を変えてストライクゾーンより低く変化球を投げる。

　捕手やコーチは，投手がスイングを読むのを助けられる。捕手は，打者が本塁にどれだけ近寄っているかがわかる。バットヘッドで本塁をすべてカバーしているかを簡単に観察できる。捕手は試合の流れの中にいるので，投手や打者の自信のレベルを知っているのである。

### ●―打者を分類する

　スイングを読んだり，バッテリーと話したりしていると，打者のタイプを見つけ出して分類しておくことが役立つとコーチにはわかる。こうした分類や投球戦術が絶対確実とは言わないが，良い出発点として機能する。

(a)思い切って引っ張る打者

　直球と緩球を外角に投げる。追い込んだら，打ち取る外角球をつくるために直球を内外角に見せる。

(b)力一杯すくう打者

　スイングですくうように左手を使う左打者が一般的である。内角高めに強く投げて，外角低めに緩く投げる。左打者に対する右投手の変化球はストライクゾーンよりも低く，内角低めにすべきである。

(c)ヘッドを遅らせる打者（バットを滑らせる）

　胸元と外角に強く投げる（内外角の直球）。緩球はすべてストライクより低く，2ストライクからはバウンドさせる。外角高めの緩球は打ち返される可能性がある。棒球で遅くなるので直球を投げる時に力んではいけない。

(d)変化球が苦手な打者

　明らかに変化球で誘うが，追い込んだらストライクの外，高めに直球を投げる。打てると思ってスイングするだろう。スイングしないなら，高めの直球は低めの変化球の布石となるだろう。打たせなさい。

(e)バットを押し出す打者

　この手の打者は，流し打ちする特性をもっている。手でスイングをリードしてバットヘッドにボールをやや長く乗せる。外角のボールを好む。投球戦術としては胸元の下，内角に強く投げ込む。追い込んだら，外へ緩球を見せて，内角に強く投げて打ち取る。

(f)「何にでも対処する」打者

　この手の打者が，通常，最も打ち取りにくい。ストライクゾーン低めに投球のレパートリーを混ぜる。ラインナップで最強，リーグでも最強の1人である。彼の前に走者を出さないようにする。重要な場面では，ストライクゾーンの外，下15〜20cmぐらい外して，投球を混ぜる。

## 6　カウントを追い込む
*Getting Ahead in the Count*

　初球にストライクが取れるとうまくいくことが多い。打者は0-1で投球を待たなければならない一方，投手のほうは望むところへ，望む球種を投げられる。多くの投手は直球のコントロールがいいが，あまりに予測されるようではいけない。前述したように，投手はどんな状況でもストライクを取れる球を2〜3種類は投げられるようにしておかなければならない。打者を攻めではなく，守りに入らせるために，優れた投手は，直球，コントロールされた変化球，チェンジアップで初球にストライクが取れなくてはいけない。

　1巡目には，多くの打者に対して初球を直球で挑める。最初の2〜3イニング，投手の腕の振りは活力があって新鮮である。試合で初めて見る投球に打者のタイミングはピタリとはいかない。2巡目になったら，特に初球にスイングするタイプの打者に対しては，初球には別の球種を混ぜる必要が出てくるだろう。

　初球はそれほど厳しくなくても良い。0-1，1-2となるにつれてコーナーへ，あるいはぎりぎり目がけて投げれば良い。多くの場合，打者への初球は優位に立つための投球であるべきである。そのためには4シームの直球である必要はない。沈む2シーム，コントロールされた変化球，チェンジアップ，いずれでも良い。通常，1巡目の初球にチェンジアップを投げるべきではない。多くの場合，直球を見せてからこそ，チェンジアップが最も効果的になる。変化が打者のタイミングを崩し，打者が直球を見た後には余計に効果的である。2〜3巡目の対戦になると，初球の変化は，特に初球にスイングする打者には非常に効果的になる。しかし，初球に欺こうとしてはいけない。1-0に

■表7-1 特定カウントでの打率

| カウント | 打率 | カウント | 打率 |
|---|---|---|---|
| 0-2 | .118 | 3-0 | .267 |
| 1-2 | .151 | 1-1 | .269 |
| 2-2 | .169 | 2-1 | .290 |
| 0-0* | .186 | 3-1 | .329 |
| 3-2 | .192 | 2-0 | .342 |
| 0-1 | .199 | 1-0 | .386 |

＊初球打ちの打者

なってリスクを大きくしてしまう。1-0はどう見ても投手よりは打者優位のカウントである。

大学1部リーグの5年間のデータをもとにしたスパンキー・マックファーランドの研究によると，初球の打率は.186である。0-1で.199となる。1-0になると，打者は堂々.386を打つ。これらや表7-1の数字は，投手はストライクゾーンで打者を早く追い込んで優位に立つようにすべきことを示している。

追い込めば，投手は投球ゾーンを広げられる。投手有利のカウント，特に2ストライクになってからは，打たれない範囲でできるだけストライクゾーン近くに投げ込むべきである。言い換えれば，ストライクで優位に立って，ボールでアウトを取るべきである。カウントを良くしたら，もっと範囲を広げてボールを打ってもらわなければならない。多くの場合に結果はアウトになる。有利なカウントであれば，アウトを取るのに打者の長所を使うことができる。例えば，打者が「極端な」直

際だつ直球のある投手はカウントが悪くなっても勝てるチャンスがある。鍵はリラックスして，力んで暴投しないようにすること。
（写真：ゲッティ）

球打ちであれば，ストライクゾーンの外の直球を見せる。もう直球が来ないと思えば，スイングしてアウトになるだろう。

どの打者にも弱点はある。それを見つけるのがコーチ，捕手，投手の仕事で，特に追い込んだ時にそれを活かす。

# 7 悪いカウントで投球する
**Pitching Behind in the Count**

1-0，2-0，2-1，3-1，3-0といったカウントは打者有利のカウントとして知られている。投手にとっては挑戦しなければならないカウントである。力があって動きのある直球をもつ投手なら，カウントが悪くなってもまだ抑え込むチャンスはある。こうした状況では，自分の球の力を信じなければ

ならないが，力んだり，大きく振りかぶり過ぎたりしてはならない。そうなると，スピードが落ち，動きは悪くなり，制球も悪くなる，という悪循環になる。110％ではなく98％で投げるようにする。捕手やコーチは投手を助けられる。

カウントを悪くしてもストライクが取れる少なくとも2～3の球種を投手はもっていたい。直球を投げるカウントの時に投げられれば，コントロールされた変化球やチェンジアップはともに優れたボールである。

カウントを悪くした時には，自信をみなぎらせなければならない。捕手や後ろで守る7人の野手はそれを感じ取る。投手に自信があれば，守備のビッグプレイを誘うものである。投手は深呼吸したがるし，まだ自制できると自分に言い聞かせるだろう。こういう場面では打者は良しとばかりに迎え撃つものだ，とリラックスできる投手はわかっているので，打撃練習用の直球を投げて，大振りさせたり，ポップフライを打たせたり，あるいは引っ張らせてカウントをイーブンにするファウルを打たせたりする。

打撃練習用の直球は，通常よりも時速10～12km遅い，素直に投げ出された直球である。自信のある投手は，この美味しそうな球を投げることで窮地から脱することが多い。

## 8 同じ球種を続ける，逆のセオリーで投げる
*Repeating Pitches, Pitching Backward*

打者には考え過ぎの時がある。同じ球種を続けて良いところに投げることで，こうした打者を打ち取れる。追い込まれたり，内側の直球を見せられたりした後，打者は外角の変化球を待っていることが多い。内角にもう1つ力のある直球を投げ込むと，打者は手が出ない。

打者へのカーブを投げ損なうと，投手はもう変化球を投げられないと打者は思って直球を待つようになる。カーブを続けると，打者は考えられなくなるだろう。投手は調整できるので2球目はもっと良いカーブになる。それゆえ同じ球種を続けると，打者の思考を停止できるだけでなく，球種の調整もできる。カーブを投げ損なうと，打者は「極端な」直球狙いになるので，チェンジアップも有効になる。

また，少なくとも3つの球種をコントロールできて意図を込められると，裏をかける投手になれる。通常は，直球で追い込んで変化球で打ち取ると教わっている。緩球で追い込んで，変化球カウントで直球を投げるのが，「逆のセオリー投げ」である。改良されてきた金属バットに対抗するように，逆のセオリー投げは大学レベルでポピュラーになってきた。

## 9 テンポをコントロールする
*Controlling the Tempo*

数年前，私のアシスタントの1人であるジム・ハイネルマン（現ジョージタウン大学ヘッドコーチ）が，最も効率的な投球間隔について研究した。その結果は当然であるが，短いよりも時間を長くかける投手のほうが苦戦するとわかった。ジムによると，理想的な投球間隔（捕手の捕球から次の

投球まで)は11秒間であった。間隔を短くすると、チームメートが踵をつく代わりにつま先でプレイするようになるというメリットも加わる。攻撃的で、自信に満ちた投手は、このテンポをコントロールし、チームメートやファンを試合に繋ぎ止める。冷静でしかも気合のある投手はテンポが良く、見ていて楽しい。主審は、速く進む試合を楽しむし、投手のリズムに入り込んでストライクが多くなることもある。しかし、時間を短くするために、投手はリリースを変えたり、急いだりする必要はない。

攻撃的な打者をそのペースにしないことが、もう1つのテンポをコントロールする方法である。単にプレートを外したり、新しいボールを要求したり、ロージンバッグを触りにいったりということで攻撃的な打者のリズムを狂わすことができる。苛々して集中力をなくすので、アウトを取りやすくなる。

# 10 自分のチームの投手を知る
*Knowing Your Pitcher*

自チーム投手の弱点をコーチが知ることで、ビッグイニングから投手を救い出せることがある。1イニング1、2点を諦めてもチームは生き延びられるが、3、4、5点となるといくら強力な攻撃チームでも打ちのめされてしまう。

出だしでつまずくと、初回が最悪のイニングになってしまう投手がいる。こうしたスロースターターには、試合前のブルペンでコーチはうまいプランをもっていなくてはならない。ブルペンで打者を立たせて初回をシミュレートすべきである。先頭打者、バットを押し出す打者、変化球が苦手な打者といった最低3人の打者とは対戦しておかなければならない。この準備がマウンドに登る前の投手を落ち着かせ、集中させることになろう。

3つめのアウトが取れなくて苦しむ投手には、2アウトを取ったら捕手と内野の要の選手が投手に駆け寄って励ますべきである。「オーケー。ここで俺のところへゴロを打たせろ。後はお前のために点を取ってやるから」と3塁手が言うようにする。投手は前向きに考えるようになり、3者凡退になるに違いない。

すぐにくたびれてしまったり、ある数投げると球が走らなくなってしまったりする投手には、その上限数が近づく頃にはリリーフをブルペンに用意しなければならない。こうした投手のスタミナを改善するために、コンディショニング、長いトスドリル、ブルペン準備をコーチは掌握したいだろう。

また、1イニングの半ばに集中を失う投手がいる。主審がプレイを急がせたり、内野手がエラーしたり、自分のガールフレンドが昔のボーイフレンドとスタンドで座っていたりということなのだろう。集中を失う投手には、捕手や内野手は大きな影響力をもっている。捕手は目で合図を送れる。また、投手の胸にボールを返すことができるし、チームの勝ち負けがかかっていると思わせることもできる。効かないならば、すぐに誰か肩をつくるようにコーチにシグナルを送る。

## 11 冷静さを維持する
*Maintaining Composure*

「自分をコントロールできなければ試合をコントロールできない」と自分の投手には何度となく話している。相手のダグアウトからの言葉，ファンの野次，主審の誤審，あるいはチームメートのエラーを投手はコントロールできないが，こうした状況をどう扱うかはコントロールできる。対処するためには信念と集中が必要である。トータルな冷静さ，前向きな仕草以外のものは害となるだろう。前向きな仕草は自信をみなぎらせる助けになり，チームメートにも波及する。気持ちが後ろ向きになると，打者に自信をもたせ，ベンチの動きを促し，スタンドからの野次を生む。そして際どい投球に対する主審にすら影響する。後ろ向きな仕草は，投手の自信を打者に譲ることになる。競争的で前向きな仕草であれば，打者の自信を奪い取ることができる。

## 12 捕手と連携する
*Working With the Catcher*

打者を抑え込んだり，大きな試合に粘り強い投球で勝ったりした後には，投手と同じぐらい捕手が歓喜に酔っているのを見ていつも楽しむ。投手と同じように捕手も試合に入り込んでいる。大きな試合で投手と捕手が1つになって働いている様子は魅力的である。

投手として，捕手がどんなサインを出そうとしているのか，指で示す前にわかることがあった。時には，示す前にどんな球種を要求してくるのか，まるまる1イニング，さらには数イニングさえわかることがあった。こうした連携が投手のリズムとテンポを改善し，長いイニングを通して，投手の前向きな勢いをつくり出すことになる。

投手と捕手の連携がまったくとれていない時がある。これは，プランが悪くて，コーチ，投手，捕手の間のコミュニケーションを欠いていることで生じるのだろう。いつも使えるというわけではないが，こんな時，打者の偵察レポートは非常に役に立つ。コーチが，スイングを読んで打者とその傾向について投手や捕手とイニングの間に検討することが，勝敗を分けることになる。

本塁の後ろに座って，捕手が自分1人で以前の打席を考えていることがある。この間違いは相手にビッグイニングを許し，結局負けることになる。捕手は投手と連携していなければならない。バッテリーは一緒に考え，イニングの間のダグアウトでもできるだけ一緒に過ごすべきである。

先発捕手は，試合の間の練習で，先発投手のボールをできるだけ頻繁に捕るべきである。また，試合前のウォームアップでもその最後のところでは先発投手のボールを捕るべきである。先発投手のどの球が使えそうかを知っていなければならないし，自信や集中のレベルを投手と合わせるべきである。

走者3塁で，カーブ，スライダー，スプリットフィンガー，あるいはチェンジアップ，どれもバウンドしても受け止めるという捕手の能力を，投手はひたすら信頼していなければならない。この信頼が2ストライクから決め球で窮地を逃れる気持ちを投手にもたせる。

捕手の仕草は投手に自信を築かせるものでなければならない。信頼する捕手からの前向きな仕草

によって，投手はより自信に満ちた効果的な投球をすることになるから不思議である。

捕手はミットを持った的以上のものなのである。投手と仕事をしていく一方で，捕手は試合に挑み，周りを奮い立たせ，状況を伝え，さらには投手をコーチすることさえある。困って張り詰めてしまっている投手を操作できる唯一，特別な人なのである。可能であれば，技術レベルは下級生のそれより劣っているとしても，上級生を本塁の後ろには座らせるべきである。成熟度とリーダーシップが鍵だからである。ボブ・ウエッカーがブレーブスのルーキー捕手だった時，成功を収めているベテランのルー・バーデッテを助けようとマウンドに歩み寄ったことがあった。ボブがマウンドにたどり着くまで，ルーは怒り狂っていた。ボブは「プレートの後ろにいる人たちを見てください。私よりもあなたのほうが投球についてよくわかっていると，このスタジアムの誰一人にも思ってもらいたくありません！」と言った。

捕球は，ボールを捕ってから走者を刺す送球をする以上のものである。捕手の試合巧者ぶりと元気の良さは，投手やチームメートに負けの代わりに勝ちをもたらすことしばしばである。

# 13 球種の指令と選択
*Calling Pitches and Pitch Selection*

球種の指令を出すのが，コーチ，捕手，投手，誰であろうとも，投手の長所・短所を知っていなければならないし，できれば打者の長所・短所も知っていなければならない。良い投球は良い打撃に勝るとは多くの野球の専門家が言うところである。ある打者が直球を打つのが巧いということは，投手に直球を捨てろと言っているのではない。コーチあるいは捕手が試合の指令を出すなら，投手は球種に首を振って自分がその時にベストと信じている球種を投げる選択肢を常にもっているべきである。塁が埋まった重要な場面で，変化球が苦手と偵察レポートに書かれた打者と対戦することを想像してみなさい。投手がカーブに自信がなく，勧められた別の球種を投げて歩かせて決勝点になるかもしれない。自信をもって投げた球が悪くても，自信なく投げて良い球よりましである。

打者を抑え込もうとする時，自信と制球のほうが球種の選択よりも重要となる。コーチ，捕手，投手は球種の選択をする。人々は結果論で批判するし，自分たちも結果論で球種の間違いを批判する。球種を間違えても，自信をもって正しい位置に投げ込めば90％は打者を打ち取れるものである。

1996年のワールドシリーズにおいて，私のかつての選手であるジム・レイリッツは，マーク・ホーラーズから決勝ホームランを放った。その時，ホーラーズはメジャーリーグでも最高の直球を有していた。常に150km台半ばのボールを投げていた。マークの投げた本塁の少し外にかかるスライダーをジムが打ち返したのだった。次の日に聞いたのは，「あの場面でホーラーズはなぜレイリッツに直球を投げなかったのか？」ということだけだった。ジムがすばらしい直球打ちの打者だったし，スライダーは正しい選択だったが，投げたコースが悪かったのだというのが事の真相だった。

ある状況で何を投げるべきかに正解はない。3つの頭にくることの中に，カウント0-2からのヒットを多くのコーチは挙げる。しかし，グレッグ・マダックスは「なぜ外すのか？ 構わず3球で打ち取りなさい」という。残念ながら，グレッグと

同じレパートリーと意志をもつ投手を抱えていない場合が多い。

コーチからどなりつけられないようにと投手が60cm外へ投げるのを見て頭にきたことがある。多くの場合，0-2からは決める投球であり，大きく外す投球ではない。例えば，ある打者が変化球を苦手とするなら，外の変化球で打ち取るために，内角に少し外して直球を投げるか，グリップよりも十分高い外に直球を投げる。また，ヘッドを遅らせる打者なら，投手は外角少し外したところに直球を投げるだろう。そして1-2から，もっと良い球種で打者を打ち取るために攻めることになる。

私の年代の投手は，続けて2球チェッジアップを投げてはいけない，2ストライクからチェンジアップを投げてはいけないと教わってきた。私がレッズでマイナーリーグの選手だった頃，リバーフロントスタジアムでメッツ相手に投げるマリオ・ソートの投球を見た。チェンジアップ3球でダリル・ストロベリーを三振に取り，その後も何度か3球続けてチェンジアップを投げていた。球種の選択には原則はあるが，それは厳しい原則ではない。

**Point** 常に打者を抑え込むためには，投手は闘争心をもち，自信をもって投球し，スピードよりも制球やボールの動きのほうが重要ということを覚えておかなければならない。

打者と投手との闘争は，すべてのスポーツで見られる対戦の1つである。打者にゴロを打たせて併殺を取ったり，2アウト未満，走者3塁で三振を取ったりすることは，投手にとってこの上もない快感である。このことは偶然では起こらない。準備，落ち着き，プランを要する。コーチとして，投手が準備するのを手伝えるし，プランを指導できるし，毎日投手を信頼することで落ち着きや自信を育むのも手伝える。

数年前，アシスタントコーチが選手との関係で困ったことがあった。ある日，アシスタントコーチに，「なぜコーチをするのか？」と尋ねた。即座に「試合が好きだからです」と答えた。しかし，試合が好きだからでは十分ではない。試合が好きなファンは山ほどいる。試合をしている選手が好きでなくてはならない。野球選手を指導するわけで，野球を指導するのではない。選手が好きになって，原理原則がわかってコーチングをうまくできるようになると，選手はチャンピオンへと通じる冷静さと攻撃性を身に付けるようになる。

# Part II—投球戦術

## 8

## 走者を止める技術

　相手の攻撃的な動きを止めるには，捕球と送球という2つの基本的な技術が必要となる。相手の攻撃技術が優れていれば，それだけこの2つの技術は洗練されていなければならない。足を使った攻撃を止めるのは，特に走者が高い技術をもっていてよく指導されていれば，難度の高い挑戦となる。

　守備の戦術がすばらしければそのすべてに対して，同様に攻撃の戦術もつくられるだろう。両チームの能力と指導とが同じレベルであれば，大きな差はないが，守備側がわずかに有利と考えられる。野球のように守備側がボールをコントロールするスポーツは他にない。ボールコントロールのおかげで，打者に投げるか，牽制をするか，投球のタイミングを変えるか，投球を外すか，特殊なプレイを行うか，を守備側が決められる。

*

　守備側の武器を良い走者は知っている。そうした武器をどう使うかを見出して，良い走者は守備の上をいこうとする。それゆえに，足を使った攻撃を止める方法をまとめるのは楽ではない。同様に，どのような足を使った攻撃が成功するのかをまとめるのも難しい。楽な解答はない。止める方法を手に入れるために私が選ぶツールは，厳しいプレイ，集中力，決断力，闘争姿勢，反復練習である。

　野球のどの面よりも走塁が勝敗を左右すると主張する人がいる。攻撃，守備ともに走塁を認識し，強調しなければならない。この章では，いかに走者を止めるかを扱う。すなわち守備の戦術が養われることになる。

*

　基本的な守備の前提は，走者に2塁へ進塁したいと思わせないことである。守備側は，不注意，ずさんなプレイ，警戒し忘れあるいは捕球や投球の能力が低いことで走者を2塁に進ませてはならない。長打よりは短打を数多く打たれるものである。それ以外では，走者が1塁に到達できるのはエラーだけであり，歩いて走者が1塁に行けるのは四死球だけである。走者を1塁に留められれば，勝ちにつながりやすい。

# 1 捕球・送球の高い技術を習得する

Developing Strong Catching and Throwing Skills

走者を止めるには，捕球と送球の技術を身に付けていなければならない。しっかり捕球できなかったボールを投げれば失敗する。また，しっかり捕球できても，弱いあるいは逸れた送球ではプレイは失敗に終わる。たとえ他のプレイがうまく行われている状況でも，足を使った攻撃を止めるにはいつもこの2つの技術が求められる。正確性を伴った投手の本塁への投球時間は鍵となる要素である。捕手の正確性，強い肩，すばやい球離れもまた重要となる。プレイの最後のところでは，内野手の位置取り（守備位置），塁への動き，捕球，走者へのタッチもある。走者に対してうまく守るにはこうしたチームワークが望まれる。

走者を塁に留めることと，2盗を試みる時に捕手に注意することは1塁手にとって重要な能力である。3塁走者の本盗に対する3塁手の注意と同じように，3盗に対する2遊間の注意もまた重要である。

走者を止めるには各内野手，捕手，投手がそれぞれの役割をきっちり果たさなければならない。積極的に盗塁を企てる走者に対するチームワークを育てるには，各選手が走者の挑戦に対抗する技術を磨かなければならない。各ポジションに対して入念で個別な仕事を求める細かい指導法があってはじめてコーチがチームに完璧を期待できる。必要とされる技術がうまく行われるためには，コーチはそれぞれのポジションの選手をしつこく教えなければならない。各選手の習得が進んできたら，様々なプレイを結びつけることで選手の技術を洗練していく。投手が様々な牽制の動きを学んでタイミングが重要とわかり，捕手がフットワークを学んでどの塁にもいつも正確に送球できるようになったら，2つのポジションで一緒に練習できる。内野手が，走者を塁に留め，塁へ動き，すばやくタッチできる技術を高めてきたら，チームは盗塁阻止ができる。周りの選手と一緒になった時にどのようにプレイしているかで，コーチや選手は，改善するにはどんな技術が必要で，どんな技術が秀でているか，がわかる。

それぞれのグループで練習している時に，グループでうまくできるようになるまでは，このドリルでは時間は関係ないし，走者はつけないと私は指示する。うまくなってきたら，リードとスタートのところだけ走者をつける。すべてのプレイが十分できるようになったら，フルスピードにする。走者を送球アウトにする成功率が低いなら，問題を見出して，それぞれのポジション練習に戻し，もう1度本番練習をする前に技術を磨く。とてつもなく時間がかかるかもしれないし，案外早いかもしれない。選手の技術レベルとプレイへの選手の取り組みによってスピードと成功率が決まる。足を使った攻撃を封じ込めるのに自分のポジションがどのように大事なのかを各選手がはっきり理解しておく必要がある。

# 2 それぞれの選手の鍵になる役割を理解する

Understanding Each Player's Key Role

足を使った攻撃を止めるには投手と捕手がきわめて重要である。成功するにはお互いに頼ることになる。走者を止める大きな責任は投手と捕手にかかっているが，他のポジションもそれぞれ重要

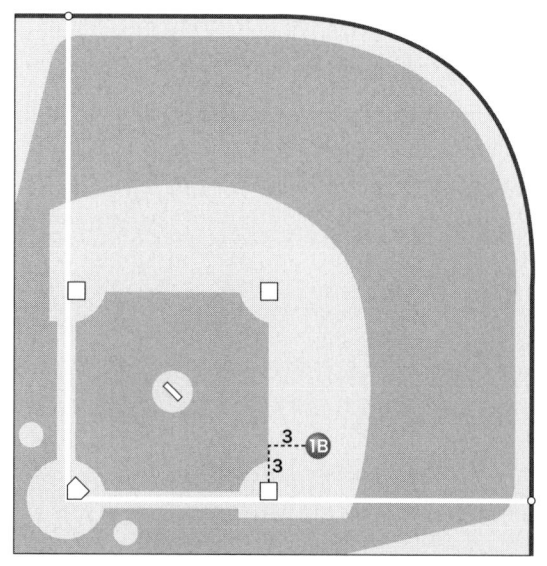

■図8-1　1塁手が走者を留める位置
　3歩出て3歩下がる位置である――2塁方向へ3歩，右翼方向へ3歩である（1歩は1mとする）。

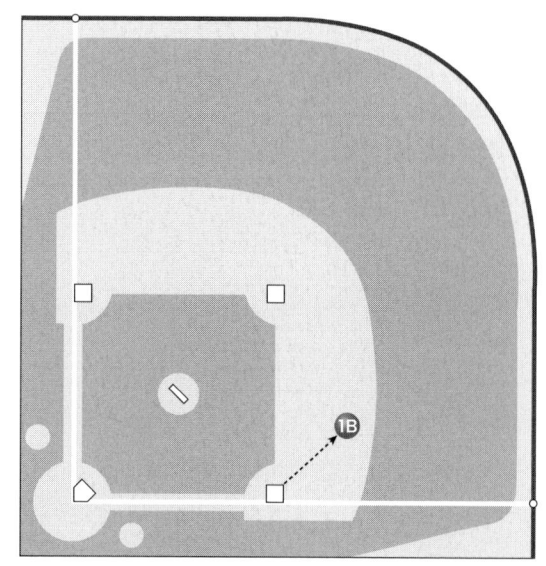

■図8-2　1塁手の別の位置

な役割をもつ。

# ❶―内 野 手

　走者に対する守備では，それぞれの内野手に適切に果たさなければならない義務がある。走者はどんな場面の守備にも問題を生じさせる。走者を塁に留めておくために，内野手はある守備範囲を犠牲にしなければならないが，走者を留める責任をもつ内野手も打球は処理できなければならない。走者を塁に留めるために，かなりの守備範囲をあきらめなければいけないこともある。少しを犠牲にすれば良い状況もある。守備側はそれぞれの状況に注意して，状況に合わせた位置取りを確認しなければならない。

(a) 1 塁 手

　走者1塁では，1塁手は走者を塁に近づけておく役である。1塁の内側に右足をつけて，本塁に投球されたら守備範囲をカバーするために塁を離れる。しかし，この方法では範囲をかなり制限される。2盗の恐れがあって得点が拮抗しているなら，選択の余地はなく塁にいて走者を釘付けにする。

　別の選択肢も1塁手にはある。図8-1に示されているように，2塁へおよそ3歩，右翼へ3歩，走者の後ろでプレイできる（この章の図ではすべての歩数が1mになっていることに注意）。このポジションで1塁手は走者を留められるだろう。加えて，投手がボールを本塁に投げたら通常の守備位置近くまで動けるだろう。足の遅い走者であればこのポジションで良いだろう。終盤，守備側が大きくリードしていて，その走者が重要でないなら，その場合もこのポジションをとるほうが賢い。このポジションは牽制プレイを企てるのにも使われる。

　得点，イニング，走者，1塁手と投手の能力によってはもっと後ろ，通常の守備位置まで下がる

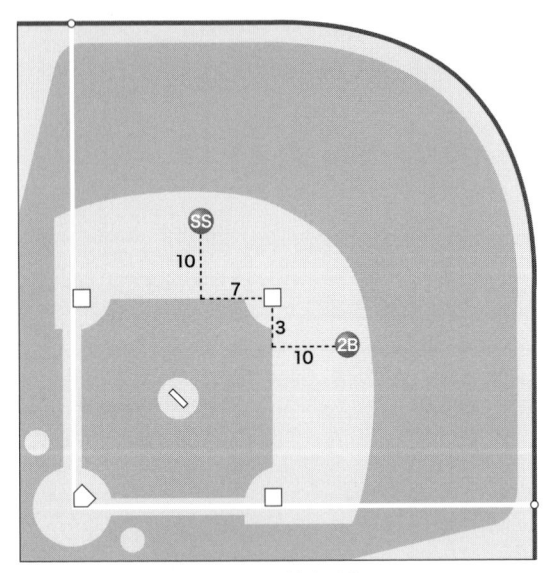

■図8-3　2遊間の通常位置（右打者）　　　　■図8-4　2遊間の通常位置（左打者）

選択もある（図8-2参照）。

　走者1塁でバント状況では，1塁手は走者を1塁に留めてから前へスタートを切る。ただ単に走者1塁よりはやることは増えるが，自分の存在を示す可能性も増える。バントを捕りにダッシュするだけでなく，1塁手は投手と組んでタイミングの良い牽制プレイを行うこともできる。

　走者が2塁に走った時に，それを投手や捕手に気づかせる鍵となる役割も1塁手はもっている。走者がフラフラと1塁を離れたり，迂闊だったりしたら，捕手と1塁手は油断なく，様々な牽制プレイを使うべきである。

(b) 2 遊 間

　盗塁をしたら2遊間のどちらかが2塁をカバーする。その野手は塁のカバーと守備がともにできるように2～3歩塁に寄らなければならない。1塁手のように，塁をカバーする野手は難しくなるので，盗塁があるかもしれないことで諦める守備範囲が出てくる。

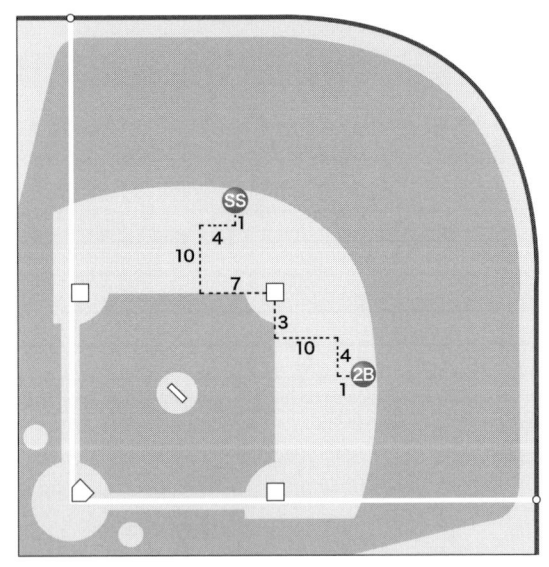

カバーしない野手は通常のポジションで守る（図8-3，8-4参照）。2人とも塁に寄せる内野コーチもいる。この場合には2人とも犠牲にする守備範囲が出る。1人は通常の守りで，カバーする野手が少し塁に寄るほうが賢い。一般には，右打者の時には2塁手が塁をカバーする（図8-5参照）。左打者の時には遊撃手である（図8-6参照）。しかし，優れた打者の時には，投手，球種，相手の予想される戦術によってカバーを替えざるを得ないだろう。

　走者2塁では，走者が大きくリードできないようにどちらかの野手が主として投手と連携する。もう1人は主とまではいかないが，おとりになったり，投手や捕手と組んでアドリブで牽制したりする。

　2遊間の動きによっては走者が2塁に戻ることになる。2人の野手は，リードを小さくしたり，投手が投球する前に走者を塁に戻らせたりする役を担っている。投手は2遊間と緊密に連携をとるべきである。2遊間が走者とうまく絡めたり，そ

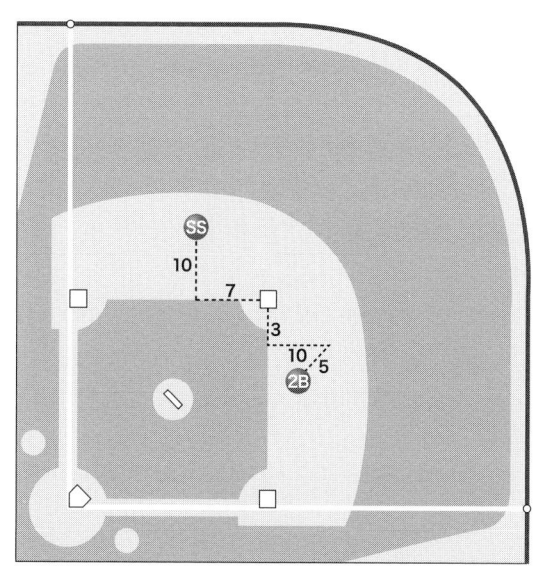

■図8-5 走者1塁，右打者での2遊間位置

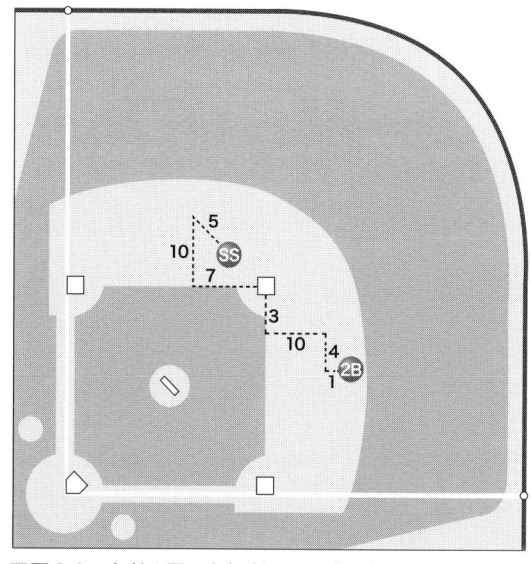

■図8-6 走者1塁，左打者での2遊間位置

の後自分のポジションに適切に戻れたりするかは投手にかかっている．リードをできるだけ小さく，スタートをできるだけ遅らせるためには，牽制に入るタイミングと動きが重要となる．走者が大きなリードをとって良いスタートを切ろうとしているなら，うまくやればいくつかの牽制プレイは有効である．

(c) 3 塁手

リードを最大に広げられる有能で足の速い走者がいると，3塁手，特に目一杯深く守りたい3塁手は，ポジションを変えざるを得ない．一般には，通常のポジションでも3塁手には時間があって，盗塁されてもそこから3塁のカバーに入れる．

3塁手は，3塁走者が自由にリードを広げないようにする役割ももつ．投手が投球する前に，3塁手は走者が3塁ベースに戻るようにしなければならない．投手と2遊間が2塁で使うのと同種のタイミングを，投手と3塁手は練習しなければならない．

## ❷─外野手

走者を止めるのは，投手，捕手，内野手だけの責任ではない．外野手も足を使った攻撃の効果を減らすのには重要な役割をもっている．外野手を考えないと，盗塁させない，良いスタートを切らせない懸命の努力を無にすることになる．送球する塁を間違える，中継者に投げない，ボールに積極的に寄らない，良い捕球位置に入らないといったことを外野手がやると走者が試合をかき回すことになる．

肩の強さは外野手が自分で知っておくべきである．知っておくことが，走者のリードを減らす，進塁を止める，進塁のためのオーバーランを止めることになる．70mを正確に投げられる肩の強さがあるなら，それが送球範囲である．その範囲かそれ以下なら，通常であれば走者をアウトにできる可能性がある．それ以上なら走者有利になる．このような場合，外野手は諦めて進塁させる選択をすることになる．

試合状況，得点，走者のスピード，スタート，送球範囲まで外野手が走り込む距離，すべてが，走者に送球するか，進塁させるかの戦術に関わってくる。外野手は相手の足を使った攻撃を極力減らすように努力する。

## ❸—捕　　手

ボールを適切に受けて，きちんと握り，足元のバランスを保つこと，すばやく一定の球離れ，そして正確な送球が，走者を進塁させないための捕手の技術である。堅実な肩と思われるためには，ミットから2塁手のグラブまで1.9〜2.1秒でボールを移動させなければならない。盗塁阻止にはこの時間が一定でなければならない。これらを達成するには，多くの練習と才能が必要となる。時間がかかっても，投手の本塁までのすばやさが，時間の違いを埋められるだろうし，能力の高い走者を刺すための時間を捕手に与えてくれるだろう。

捕手の構えは動きに大きく影響する。捕球の仕方が，いかに送球位置へボールを運ぶかに大きく影響する。コーチと捕手は，位置取りと捕球，両方の基礎に忠実であるようにすべきである。

送球に抵抗のない捕手は，チームを窮地から救う。内野手といくつもの牽制をできるようにすべきである。走者は，すばやい牽制をする捕手とやりあうのを嫌がるようになる。攻撃的で油断のない捕手は，走者が大きくリードするのを止め，リードしてから何気なく塁へ戻るのを防ぐ。

走者を止めるための武器として，攻撃的で用心深い捕手は外す球を使う。捕手から発する牽制プレイも効果的な武器である。

## ❹—投　　手

投手からすべてが始まるので，すべてのプレイを投手はコントロールする。走者を止めるキーパーソンなのである。その第1にやるべきは走者を出さないことである。それが守りのスタートラインである。走者が少なければ相手の挑戦も少ないのは当然である。

良い走者と相対する時に投手の頼りとするところはコントロールである。コントロールと球の切れは，走者の攻撃よりも強力な武器である。これらの強みは，内野手，外野手，捕手に自分たちの能力を最大限に発揮するチャンスを与える。コントロールと切れにパワーが加わると，守りの優勢はさらに強まる。多くの打者を三振に取り，歩かせることもなく，打者の長所を最低にする能力があれば，内野手は動きが良くなり，判断が良くなり，難しい状況に立ち向かわなくてすむようになる。外野手は，良い位置に守るようになり，フライにもゴロにもスタートがもっと良くなる。

残念なことに，すばらしい才能の投手がそれだけに頼って育つことがある。走者に気を配れず，捕手にすばやく投げることにも疎く，走者を塁に留めることにも考えが及ばない。良い走者が揃っているチーム，バントのうまいチーム，ヒットエンドランのうまいチームに対して効果的に守るためには，投手はこうした類のチームを止める鍵は自分だと自覚していなければならない。こうしたチームから自分を救ってくれる数多くの武器を投手は身に付けることができる。

どのような走塁状況に対しても投手は油断のなさという言葉を忘れてはならない。警戒し，注意深くあれ。準備を怠らず，驚愕もせず，試合を預かって，役に立つ武器を使えるようにしておかなければならない。例えば，平均的な試合では，ヒットで6〜7人の走者がでる。2本は長打かもしれない。3〜4人は歩かせるし，エラーも1つはするだろう。したがって，12〜14人は出塁するのである。投手は走者を塁に留め，油断なく，

基本技術を使って，走者に余計な塁を与えないようにしなければならない。

投手からの協力的で積極的な試みがなければ，守備側は走者を止められない。

## 3 走者を留める
*Holding Runners*

攻撃的で賢い走者と戦うために投手は多くの武器を備えているが，自分もすすんで攻撃的であり，賢くならなければいけない。本塁へすばやく投球する，走者の見方を様々にする，投げるまでの時間を変える，滑らせるステップで投げるなどは，役に立つ技術や動きなので自分の思い通りにできるようにしたい。

### ❶―本塁へのすばやさ

本塁へのすばやい投球は，盗塁をさせないための最良の方法である。1.3秒かそれ以下で投げれば，とてつもなく速い走者しか盗塁できない。投手がすばやく投げれば，1塁走者は厳しく攻められていることになろう。残りの武器も使えば，さらに攻められていることになる。

### ❷―滑らせるステップ

踏み出し足を低いままにして，地面を滑らせるようにステップすると，本塁までの投球はすばやくなる。盗塁できる走者を抑えるのに使える方法である。良い走者は，投げ方が変わるのを見ると盗塁をやめるものである。そうなれば，滑らせるステップ（スライドステップ）は目的達成である。

滑らせるステップがセットポジションでの主な方法になり切らないのは，すばやいストライドに追いつくように投球腕がうまく使えなくなるからである。投球のトップをつくったり，下に保持しておいたりするのが難しくなる。また，忙しく腕を振ると，カーブは曲がらなくなる。

この動きは別の武器になる，あるいは通常のセットポジションを補助する。滑らせるステップでは，通常のセットポジションよりも0.1〜0.2秒短くなる。これを使うと，いつでも使うと走者が思ってしまう効果もある。

### ❸―セットから投球までの時間を変える

投手はセットポジションで1度静止しなければならない。そこからすばやく本塁に投げることができる。また，ボールを保持することもできる。このインターバルを変えると，走者のタイミングは崩れる。これでウォーキングリードといった戦術を崩せるし，投球のタイミングをつかみづらくできる。

各走者がどのようなリードをとるのか，投手は知っていなければならない。リードが大きすぎるなら，プレートを外して走者を塁に戻すために投げるか，牽制するために投げるかすべきである。走者のタイミングを外せば，そうは良いスタートが切れない。賢い投手は投球のタイミングを変えるものである。ある時はすばやく，次は3カウント待ってから投球する。狙いは走者を惑わし，投球のタイミングをつかませないことである。

### ❹―走者の見方を変える

本塁へ投球する前には，投手は走者のリードを見なければならない。セットに入ってから，走者

を1度見て，それから打者に投じる。走者は投手の見方を読んで，投手のパターンにもとづいてスタートを切る。投手が走者の見方を変えれば，走者はパターンをつくりづらい。

投手は数多くの見方ができる。見る回数にしても1，2，3度とある。短くも長くもできる。投球の前にどこを見るかのパターンをつくらないために，本塁あるいは他の塁へ投げる前に本塁を見るべきである。

頭の動かし方を変えるのも別法である。水平，肩越しに頭を動かすのも1つである。顎の上げ下げも1つである。これらの組み合わせは走者のタイミングを崩す第3の方法となる。

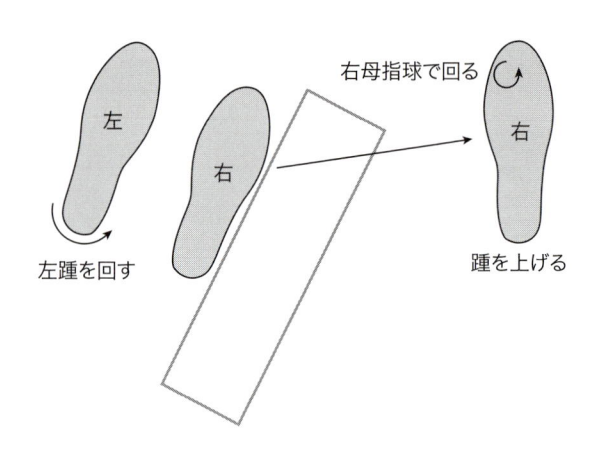

■図8-7　牽制での投手の足の動き

### ❺──プレートを外して投げる

プレートを外すだけでも，パターンをもう1つつくれる，あるいは少なくとも走者に考えさせることになるので，走者によってはタイミングを崩せる。ウォーキングリードやランニングリードをとる走者を混乱させることができる。外すのと投げるのとを組み合わせれば，盗塁を思いとどまらせることにもなる。外すのと投げるのとのインターバルを変えることで，リードを短くすることにもなる。外す，タイミング，投げる，をうまく組み合わせて慎重に使えば，良い牽制プレイにもなる。

後ろに足を外してプレートから離れれば，投手も野手になる。外した後には，走者に塁からフラフラとリードさせない，あるいは簡単に盗塁させないための方法をいくつか身に付けておいたほうが良い。かつてメジャーリーグの投手だったジム・バールは，この動きを有名にした。右投手のバールがプレートを外す時には，後ろにそして3塁方向にステップした。この動きをすれば，踏み出し足をステップすることなく1塁へすばやい送球ができるポジションになる。彼はプレートを外した後，合法的に1塁へ投げられる姿勢をとった。左足を軸に回転して1塁へ投げたのである。この動きのタイミングを変えれば，すばらしい牽制の動きになる（図8-7参照）。

## 4　外す投球による牽制プレイ
**Pitchout and Pickoff Plays**

足を使った攻撃をコントロールする別の効果的な武器は，外す投球による牽制である。

### ❶──外す投球

油断のない賢い捕手は，足を使った攻撃をコントロールするのに，外す投球をうまく使う。うま

く使えば，走者は刺されるだろう。このプレイには投手と捕手が主として責任をもつ。

投手は，上げる足を普通に持ち上げる。リリースを早めるために，腕の振りを小さくする。通常よりも早めに腕を持ち上げることになろう。捕手の送球に似ている。スタートはいつもの投球のように見える。腕のバックスイングを小さくして，上げた足をすばやく踏み出すことで0.1～0.2秒ほど捕手への投球時間を減らさなければならない。打者に届かないように，ストライクゾーンの外へ投球しなければならない。

うまくいくと，外す投球は，盗塁をコントロールし，ヒットエンドランを崩す。バント場面での積極的な攻撃をうまく阻止することもできる。外す投球に捕手からの牽制を加えることで，走り回る走者を鎮めることになる。

捕手は何食わぬ顔をしなければならない。投手が足を上げた時に，捕手は左足を横へ滑らせて右足までもってくる（右打者）。外す投球を捕る位置へ動くために，右足を左足のところへもっていく以外は，左打者にも同じ技術を使う。この動きは，外す投球を自分の前でバランス良く捕るための足の動きである。送球するために，捕手はからだをバランスの良い位置へ運ばなければならない。

## ❷—牽制プレイ

牽制をできるだけたくさん使うために，投手はまずこれまでの情報を使わなければならない。牽制を試みたがなかなか成功しなかったという話はよく聞く。しかし，アウトを取るのが良い牽制というわけではない。もちろん，取れればそれに越したことはないが，走者のリードを減らす，良いスタートを切らせないことも成功なのである。牽制プレイには，スピンターン，ジャンプターン，時間によるもの，隙間を使ったもの，数をカウントするものがある。捕手と内野手との間の牽制プレイでは，走者に対して効果的に守ることも重要となる。

見事なタイミングの牽制は見た目に美しいし，攻撃側は打ちのめされる。チームワークが必要なので完璧は難しい。完璧にするには，いくつものグループ練習が必要となる。各塁での多くの牽制プレイは効果的になるが，1つにまとめて完璧となると，単独以上のものが要る。いくつかを試みるよりは，チームとしては1つをすばらしくするように練習すべきである。

⒜投手と1塁手の間の牽制プレイ

セットポジションに入った後だけでなく，1塁手が走者を留めるために塁にいる限り，セットに入るために手を上下に動かしている時にも投手は1塁へ投げられる。投手，特に右投手はセットに入るために手を持ち上げている時に，1塁へ振り向いて投げられる。下へ動かしている時にも投げられる。早めにリードをとろうとする走者や突然リードを広げる走者に特に効果的である。左投手は走者と正対している。やはりセットに入る前に1塁へ投げても良いが，セットに入った後にバランスとタイミングを使ってもっと走者を欺ける。

セットに入った後に，投手はすばやく身を翻して1塁手に投げるべきである。2つの基本動作が使える。1つは，プレートを外すために軸足の踵を上げて，その母指球で回って1塁へ踏み出して投げる。回っている時に，グラブより上にボールをもってくる。そうすると，すばやく投げる動作に入れる。このスタンダードな動きを完璧にするまで練習すべきである。

もう1つはジャンプターンである。この動きは急に跳びのいたり，脚を曲げたりせずにジャンプし，軸足で着地して，1塁に踏み込んで投げる。空中で回っている時にグラブよりもボールを高く

もっていく。両足を持ち上げ，1塁方向への角度で踏み出し足を着地するように確認する。この牽制に熟練している投手もいて，それは合法な動きである。踏み出し足の踵が1塁方向へ再び着地することに塁審はうるさい。踏み出し足の踵でスピンするのは違反である。踏み出し足は1塁方向へ動かなければならない。

いずれの牽制も効果的になる。どちらがうまいかは投手による。両方うまいなら，攻撃的な走者に2つの価値ある武器をもっていることになる。1つなら，セットに入る動きとして，もう1つを使える。

走者の後ろで1塁手が守っている時に，このプレイを行うためには，投手と1塁手は何かしらのサインを使わなければならない。また，投手は1塁手の意志を確認しなければならない。1塁手が塁に入るとわかったら，タイミング良い牽制は効果的なはずである。カウントするか，1塁手の動きを投手が目で見ることでタイミングは測られる。

1塁手が深く守っている時，数をカウントする方法が有効で，走者を驚かせるだろう。一般に，数をカウントする牽制では，投手が本塁を見るために頭を回す時に1塁手の塁への動きが始まる。投手は1001，1002と数えて，1003になったら向き変えて1塁手に投げる，そして1塁手はタッチをするために塁へ手を伸ばす。

バントがありそうな時，打者がバントの構えをする時に，1塁手が塁で走者を留めているなら，塁を離れて本塁へ突っ込まなければならない。役に立つ計画されたプレイにするために，1塁手が早く離れることにしておく。投手は打者に投げる前に，1塁手と3塁手が予定した位置へ行くまで待つ。投手がボールを放した後に，1塁手はバントする打者に向かっていく。これは1つのバント守備であり，1塁で牽制を企てる良い方法でもある。牽制プレイにするために，1塁手は塁を跳び出して打者に向かう。3歩進んだら，すばやく1塁に戻って，1塁手の動きに合わせた投手からの送球を受ける。理想的には，ボールと1塁手が同時に1塁に到達する。

優れた1塁手は，走者を塁に近づけておくとともに，状況が許す限り広い範囲を守ろうとする。足を使った攻撃を止めるには，投手はどの技術とプレイをも使えるように油断なく練習しておくべきである。

(b) 投手と2遊間との間の牽制プレイ

1塁で使われた技術と戦術は2塁でも使える。走者を見るタイミングと回数を変える，プレートを外す，など様々な牽制プレイを使えば，投手と2遊間がわずかではあるが有利になる。投手と主として塁をカバーする2遊間は協力して働かなければならない。緊密にお互いが働けないと3盗やバントカバー遅れとなる。2遊間どちらかが走者を塁に近づけておく役を果たす。2塁走者が動かないか，塁へ戻らされるまで投手は本塁に投げてはいけない。

内野手が走者を止めたりリードを最小にできたりしなければ，投手はプレートを外すべきである。特にうるさい走者には，投手と2遊間の1人あるいは両方で，幾多の牽制プレイから1つを選んで始められる。数をカウントする方法，隙間を見る方法，偽カバーを使う方法，Z型に動く方法が最も一般的な牽制プレイである。

①数をカウントする方法　2遊間，通常は遊撃手がシグナルを送り，投手は打者に顔を向ける。そこで投手のカウントが始まり，内野手は塁へ動き始める。投手は1001，1002と数えて1003で振り向いて内野手に送球する。ボールと内野手が同時に到達するのが理想である。もっと騙すには，サインを出す内野手は，何回も本塁を見る投手にサインを出す。行動は内野手

②隙間を見る方法　遊撃手が塁に入って，走者よりも2塁に近づいて投手に2人の隙間が見えたら，投手は振り向いて塁に送球する。遊撃手は投手に隙間を見せられるほど走者の前に出たら，いつもそのまま塁へ走り込むべきである。投手は送球するかプレートを外さなければならない。こうした状況で本塁に投げてはいけない。投手へのもっと安全な策は，間違いなく塁へ入ることを示すために遊撃手が塁へグラブを伸ばすことである。牽制プレイが始まっていることを投手に知らせるサインとなる。2塁手がカバーに入る時は牽制プレイが始まっていることを投手に知らせるために塁へ手を伸ばすべきである。

③偽カバーを使う方法　偽カバーを使う牽制プレイには2遊間と投手が含まれる。サインをもらったら，2遊間の1人がすばやく塁に入る。こうすると走者は塁に戻る。走者を引き付けた後，すぐに元の位置へ戻ると，走者は3塁へ向かって再びリードを広げる。カバーした2遊間の1人が守備位置へ戻るや，もう1人が投手からの送球を受けるためにすばやく塁へ入る。投手は後からの野手に合わせる。理想的にはこの野手が塁へ入る時に送球は塁へ届く。

　どちらかがまずスタートして塁から戻り，もう1人の動き始め，捕球，走者へのタッチのタイミングはもう1人に任せる。注意深く考えられたサインで，どちらの野手が送球を捕るかを投手に伝える。2遊間はどちらが偽カバーでどちらが送球を受けるかをお互いに決める。そして1人が投手にそのサインを出す。

④Z型に動く方法　Z型に動く方法は効果的な牽制プレイである。この動きは走者を塁へ戻すプロセスでつくられる。遊撃手は塁へ入る時に走者の反応を読み取ることができる。遊撃手が守備位置へ戻る時に走者がすぐにリードをとり直すようなら，Z型が有効となる。この場合，遊撃手はいつもと違う角度で塁を離れる。投手は角度の違いを認識できるだろう。遊撃手は牽制プレイが始まっていると投手にわかるようにセンター方向へ下がりながら塁を離れる。角度をつくるだけでなく，グラブを広げることで投手に牽制プレイが始まっていることを遊撃手は知らせることができる。この牽制はサインなしでできるという点で隙間を見せる方法と似ているところがある。大きな違いは遊撃手のつくる角度である。2塁手も同じようにZ型が使える。

(c) 3塁での牽制プレイ

　3塁ではサインによる牽制プレイを使える。投手と3塁手は数をカウントする方法も使えるし，右投手なら踏み出し足が最高になる時に3塁手は塁へスタートすることもできる。塁へ入ると投手に知らせるために，3塁手が手を塁へ差し向ければ効果的な牽制ができる。投手は目で見て3塁手とタイミングを測り，3塁手が入るのに合わせて送球する。

　他の塁ほど3塁では牽制は数多くない。走者に対して適切に守るために3塁では油断なさと丁寧さが求められる。本盗されたり，捕手の軽い捕りそこないで進まれたりしないために，タイミングの良い送球が重要となる。走者がありきたりのリードをとっているなら，また3塁手の守備位置を変えるように強いていないなら，牽制を試みるのは賢くない。

(d) 塁が埋まった状況での牽制

　投手が窮地に追い込まれた時，捕手は助ける道をいつも探しているべきである。うまい牽制はそれにあてはまる。塁が埋まった状況での牽制を捕手がスタートさせ，遊撃手が2塁をカバーするのが最も効果的である。この計画されたプレイでは

示している。捕手が，遊撃手と投手とのタイミングを測る。この牽制は，2塁と3塁が埋まっている時に使える。

(e) 走者1-3塁の牽制

　走者1-3塁では，守りの中心として投手が状況をコントロールすることになる。1-3塁の牽制によって走者に恐れと注意を抱かせることができる。誰もが注意深くやらないと，このプレイは決してうまくいかない。牽制プレイは必ずしもアウトを取らなくても成功なのだと思っておくべきである。走者を凍りつかせ，心配を引き起こし，リードやスタートに疑いをもたせれば，それで成功なのである。うまくやると，1-3塁の牽制は走者に心配や凍てつきを生み出すだけでなく，結果としてアウトになることもある。

　右投手は，走者を見ながら踏み出し足を通常の高さに上げる。足を上げる前と最中に本塁を見るべきである。これは前もって決めておけるので，投球するように本塁を見てもバランスがとれる。そして，本塁に踏み出す代わりに，短く下向きに動かして3塁へ踏み出す。3塁への短い踏み出しの後，プレートから軸足を外し，すばやく回転して1塁へ送球する。少なくとも，この動きで1塁走者は動けなくなる。投手が足を上げた時に1塁走者が盗塁のスタートを切るなら，走者は誘い出されるだろう。このプレイの逆も使える。右投手がプレートから軸足をすばやく外して，1塁へ偽投して，すばやく身を翻して3塁走者を牽制する。

　左投手はプレートを後ろへ外して1塁へ偽投して，3塁へ牽制するためにからだを回す。3塁へ偽投して後ろへステップすることでプレートから離れ，すばやく回って1塁へ投げることもできる。

セットポジションと投球開始の間，目線を変え，タイミングを変えるすきのない投手は，試合で投げ続けられる。
（写真：ゲッティ）

捕手から遊撃手へのサインが必要になる。予め決められたサインは，投手がワインドアップから投げるのを戒める。このサインは，捕手から別のサインが出たら，軸足をプレートから外して回転し，塁カバーに入った遊撃手に投げることを投手に指

## 5 リードと特殊なプレイに対する守備
*Defending Leads and Special Plays*

足を使った攻撃を封じ込めるために，ディレード盗塁，重盗，バント，ヒットエンドラン，ランエンドヒットといったリードと特殊なプレイを防ぐ特別な戦術を守備側は習得しておくべきである。

### ❶ ランニングあるいはウォーキングリード

ウォーキングリードやランニングリードに対する守りを楽にするには，走者のタイミングを外すことである。このタイプの走者は小さなリードをとって，投球に合わせて動きを始める。慣れていない投手，あるいは走者が何をしようとしているかに注意を向けない投手は，試合に残れない。

一方，様々な走者の見方をしたり，セットポジションと投球開始のタイミングを変えたりする用心深い投手は，試合をコントロールできる。走者のリズムを崩すために投手は牽制をたくさんする。通常のステップに滑らせるステップを混ぜるのも良い手である。

### ❷ ディレード盗塁

ディレード盗塁をチームとして防がなければならない。この盗塁は，守備の誰かが杜撰だったり，怠慢だったりする時だけ効果的なのである。投球が打者を通過した後に2遊間が塁をカバーに行かないおかげで通常は効果的になる。投球が打者を通過した後に2遊間がボールから目を離すと走者はもっと試みたくなる。また，捕手が山なりのボールを投手に返球する癖があると成功するだろう。守備側の選手が投球ごとに注意してプレイしていれば，ディレード盗塁は成功しにくい。

### ❸ 走者1-3塁の状況

重盗はいつも恐怖であるし，準備していないチームにとっては悪夢となり得る。キャッチボールのできないチームは防ぐのが難しい。この状況は究極のチームワークを要求する。重盗をうまく防ぐには各選手，やるべきことが多い。

ここでも守備側はいくつか使える武器をもっていて，どの武器を使うかわかっている強みもある。走者を攻めるために捕手には4つの基本がある。

**ポイント**

1) 3塁走者を見て，2塁に投げる。
2) 3塁走者を見て，2塁に投げる振りをして3塁に投げる。
3) 3塁走者を見て，投手に高く送球する。走者が引っ掛かったら，3塁で刺すか，3本間で挟殺できる。このプレイでは，投球のサインの前に捕手から投手へのサインが必要となる。
4) 3塁走者を見て，遊撃手か2塁手に送球する。この選択肢を使う時には，走者が2塁へ盗塁したらこのプレイが始まると，2遊間にサインを捕手から送らなければならない。

どの選択肢でも3塁走者が戻るのを見なければならない。どのプレイでも3塁走者のリードが大きすぎれば，計画したプレイはやめにして走者を刺すために3塁へ送球するか，挟殺に持ち込む。3塁走者を見た時に本塁へスタートしたら，計画したプレイはやめにして走者に向かって走り，タッチするか，3塁へ送球する。

このプレイでは守備側の練習と攻撃性が要求される。捕手には全体の十分な理解と送球のリズムが求められる。投手と各内野手にも攻撃性と練習

が求められる。

投手はボールをコントロールする。タイミングと走者を引き付けておく能力が鍵である。加えて，投手は牽制プレイの1つを使える。重盗の可能性も投球ごとに注意する。牽制や外す投球もまた武器になる。

このプレイでは2遊間はチームとして働く。一方が捕球し，それとともに他方が働く。

## ❹─バント

盗塁を鍵として使うチームの多くは，足を使った攻撃を強化するためにバント，ドラッグバント，スクイズバント，プッシュバントも使う。ここでも捕球と送球が重要となる。バントが完璧に転がされないなら，1つのアウトは確実である。キャッチボールを非常に得意とする守備陣はバントを併殺にしたり，前方の走者をアウトにしたりできる。これでは攻撃側は苦しい。

バントのうまいチームは，守備を混乱させるので恐るべき敵である。守備側が攻撃的であり，キャッチボールができて武器を使えれば，凌ぐことができる。

通常のバント守備，特殊なバント守備，外す投球，牽制プレイ，走者の引き付け，内角高めの直球，すべてがバントを使った攻撃をつぶす助けになる。良く鍛えられて攻撃的な守備チームは相手のバントを歓迎する。バントはアウトになるからである。

## ❺─ヒットエンドランとランエンドヒット

足を使った攻撃を止めるには，ヒットエンドランとランエンドヒットをうまく防ぐことも求められる。足を使うチームは走者を助けるためにこの2つのプレイを必ず使う。そして崩すのはなかなか難しい。

相手の傾向に調子を合わせ，試合状況に注意を払い，外す投球や牽制を使うし，球種選択と制球の良い投手は，攻撃側のこれらのプレイを難しくする。

これらのプレイでは2遊間には要求が高い。打者が打ち損なうまで，あるいは打球の行方が決まるまで，両者は動いてはならない。

## ❻ 相手の攻撃傾向を知る
*Knowing the Opponent's Offensive Tendencies*

足を使った猛攻撃を防ぐには，過去の傾向を知ることが鍵となる。注意深く調べると，いくつかのパターンが明らかとなる。これらの傾向を知っておくことが，守る術をつくる第1段階となる。

### ❶─走者の傾向

守備側は相手を研究し，個々の走者の傾向を知っておく。いつも脅威を与える走者もいれば，ある状況でのみプレッシャーをかけてくる走者もい

る。相手に対して適切に守るために，守備側はこの情報を注意深く考えるべきである。

リードが小さい走者，特に投球ごとに塁へ戻ろうとする走者に多くの牽制をする必要はない。守備側としては，走者の仕草の変化やリードの大きさの変化に敏感でなければならない。盗塁を企てるには，何らかの恐れを走者は抱いているものである。

これまで攻撃的な走塁をしてきた走者には注意を要する。ほとんどの走者は盗塁をする時には，

普通のリードをとっているだけの時とは何か違うことをする。注意深く観察するだけでこうしたわずかな違いを拾える。

コーチと選手は相手を十分に調べなければならない。カーブを投げるカウントや外しにくいカウントで盗塁してくるチームや走者がいる。ある状況になると攻撃的になる走者もいる。うまく守りたい人はこうした傾向を学ぼうとするだろう。

走者に有利なカウントは，3-2，3-1，2-0，2-1である。これらのカウントでは外す投球を要求しにくい。これらはヒットエンドランやランエンドヒットにも都合が良い。走者に有利なので，投手と捕手は注意して全力で臨むべきである。

盗塁を試みるのに，変化球や緩球を読むのがうまい走者がいる。1-2，2-2は変化球カウントと考えられる。2-0，3-1はチェンジアップに理想的と考えられる。しかしながら，投手によっては別のカウントで変化球やチェンジアップを使う。

盗塁する走者が有利とならないためには，投手はパターンをつくってはならない。良い牽制の動き，賢い球種選択，外す投球，本塁へのすばやい動き，これらすべては盗塁の走者と対等になる方法である。走者を押さえ込もうとこれらの武器を使う時，同時に打者とも勝負していることを忘れてはならない。

## ❷―コーチの傾向

コーチはみな独自の走塁戦術を立てるし，それはきわめて保守的なものから非常に果敢なものまで傾向をもっている。直感に導かれるコーチもいれば，戦術書に固執するコーチもいる。予測できるコーチもいれば，そうでないコーチもいる。相手のコーチの傾向を知るほうが，走者の傾向を知るより価値があるだろう。

**Point** 以下のリストは，足を使った攻撃を止めるのに最も効果的な戦術をすばやく見られるようにしたものである。走者を止めるには全体のチームワークが必要となることを忘れないでほしい。すべての項目は一緒に使われると効果的になる。この章のはじめのほうで書いたように，ぐるぐる回る進塁を止めたいという強い気持ちが，攻撃的な走者を止めるのに最も大事なものである。

・試合をコントロールする
・本塁へすばやく投球する
・各走者に注意を払う
・状況を把握する
・相手の傾向を知る
・各塁でのいくつかの牽制プレイを練習し，できるようにする
・様々な方法で走者を見る
・セットポジションと投球開始のタイミングを変える
・大事な場面で滑らせるステップを使う
・外す投球を使う
・走者を，特に盗塁，バント，ヒットエンドラン場面では塁に引き付ける
・外野手は，必要な時だけリードしている走者を刺すために投げる
・2塁をオーバーランしている走者はそのままにする
・各ポジションに責任をもたせる
・十分に闘争する

意欲と正しい技術をもった，良くまとまった守備は，良い走塁チームを阻止できるものである。きちんとした守備陣は，攻撃側が集結することなく，ただ走っているだけのように見せる。こうなるには厳しい練習と正しい繰り返しを要する。厳しい練習や努力がなければ，守備陣は走るチームにしてやられるだろう。

守備陣の誰か1人でもミスをすれば走者有利になるだろう。守備陣の各選手は仕事にプライドをもたなければならない。チームワークがなければ，守備側はボールをコントロールしているという有利さを失う。

走者を完全に止められるという公式はないけれども，守備陣には戦って優位に立ってアウトにする術はある。この章のはじめに述べたが，ボールを持っているチームは自分でプレイを始められるので有利である。相手を見失わず，尊重する。相手も守備戦術に対抗して計画を立てて効果的に戦う手立て，プレイ，能力をもっているのである。良い走者は止めづらいが，良く練られたプラン，チームワーク，用心深さ，そしてうまく実行すれば，足を使った攻撃を緩められる。

# Part II──投球戦術

## 9 投手の守備

　1995年，私はペーパーダイン大学の投手コーチだった。われわれは，サンタクララ大学との試合で9回，1-0でリードしていて，カンファレンス選手権に進出するためには勝ちが必要だった。その折，先発投手，新人のランディ・ウルフは1番打者を歩かせた。ランディが疲れてはいないかと問うために私はマウンドへ歩み寄った。着く前に彼は尋ねるのだった。「私を降ろすつもりじゃないですよね？　次の打者はこれまで抑えているし，試合を終わらせるつもりですよ」。質問する前に私は答えがわかったので，次の打者はバントだぞと言い残してダグアウトへ戻った。次の打者は1塁線に完璧な犠牲バントを転がした。すぐに「1塁，1塁！」と投げる所を私は指示した。ランディはすでにボールに向かって突き進んでいた。回り込み，一連の動きでボールを拾い上げるや振り向いて2塁へ矢のような送球をした。2塁で走者を刺すや，私の声は「オーノー！」から「ヨッシャー！」へと変わった。私の30年間の選手・コーチ生活の中で，最高のフィールディングにその時お目にかかった。ペーパーダイン大学とランディ・ウルフは1-0で試合を制した。

*

　ランディは，自分ができると信じたプレイ以外をしたことがなかった。彼の心には，あのバントにはあのプレイをするということ以外なかった。自分で処理できるボールならバントで走者は2塁に進めないと彼は決めていたのである。どこへ投げるかの指示を捕手がするまで待つ必要はなかった。頭の中ではやるべきプレイがつくられていたし，ボールがどこへ転がるかに反応するだけでよかった。

　ランディのような投手は，すばらしいフィールディングを生み出す，すこぶる攻撃的な心構えにいかにして到達したのか？　投手が良い野手になりたいなら，思考プロセスから始めなければ

ならない。望むことはすべて練習する。望むすべてのドリルをこなす。望むすべての戦術を立てる。最終的に，プレイをつくる攻撃的な思考プロセスを得ることにつながる。ドリルで見なかったプレイをする選手，心に描いた戦術に反するプレイをする選手を何回見てきたことか！　すべてのことにはドリルがあると思うのに，すばらしいプレイを起こさせるそのドリル練習を忘れることがある。

*

　投手の守備で鍵になるのは，試合に勝ちにいくというすさまじい意志あるいは心構えを投手がもつことである。その意志あるいは心構えが投手のやることすべてに浸透するように繰り返しそのゴールを明確にしなければならない。「なぜあのマウンドにいないのか？」と投手に問う。それに対して投手がすべき答えは，「なんとしてもこの試合に勝つつもりだ」である。1ストライクを取ることから，各イニングの先頭打者を打ち取るまで，そして「こちらのチームが得点する前に3アウト取るつもりだ」と言うまで，その答えは続くのである。そうなってはじめて，投手の心にストライクを投げるのと同じように守ることが大きな場所を占めるだろう。ポジションを守ることは，相手が得点する前に3アウトを取ることと同じように重要である。1塁をカバーする，バントを処理する，塁をバックアップするなどについて話したり，ドリルをしたりすると，投手は守備が勝つための助けになるという心構えでそれにアプローチする。

　このことは初歩的に聞こえるかもしれないが，そうではない。今の選手は無意識のうちに別の考えを勝利の上に置く。いかに強く投げているか，今日の投げ方は良いか，カーブは正しく曲がっているか，スタンドにスカウトはいるか，良い印象を与えるには何をすべきか，今日，私に十分な評価をしてくれるか，チームは私を支えるプレイをしてくれるか？

　生まれながらの勝者でないなら，あるいはコーチが投手の気持ちになって助けてくれないなら，これらのことは，投手の心に大きな位置を占めることになる。

# 1　1塁カバー
Covering First

　どんな走者も1塁までに投手を追い越せない。左足より左側へ打たれたら，投手は1塁の前，約3mの1塁線に向かって，2～3歩スタートを切らなければならない（図9-1参照）。3つの理由により，1塁へまっすぐというよりは，1塁線へ走るべきである。

**ポイント**

1) 注意が捕球に集まっても，塁を踏む線上にいることになる。
2) 内側を触塁することで，クロスプレイで走者にスパイクされずに済む。
3) 1塁手からボールを受けやすい角度をつくれる。唯一外側を触塁するのは，1塁手がファウルエリアに入って捕球して投手に塁の外側へ出るように要求する時である。

　線上に着いたら，小刻みにステップして投手は自分のからだをコントロールする。1塁手がジャッグルしてボールを投手に送れない時に，この動きによって投手は1塁手のようにボールにからだを伸ばせる。他のすべての野手のように，投手は悪送球にいつも備えるべきである。好送球を期待

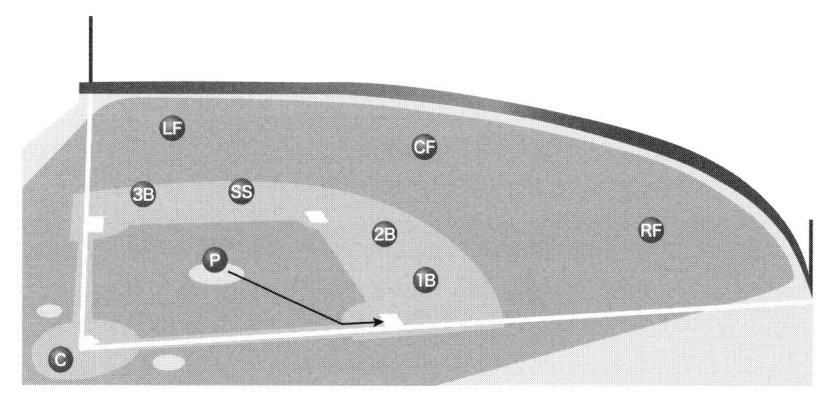

■図9-1　投手の1塁カバーの動き
投手の左への打球には，投手はまず1塁の約3m前へ，それからファウルラインに沿って1塁カバーに走る。

していると，悪送球には対応できない。しかし，悪送球にいつも備えていれば，悪送球にいつもと違うプレイができるし，好送球にも対応できる。

　何かの理由でマウンドを降りるのが遅れたり，走者1塁で併殺状況であったりすれば，投手はまっすぐ1塁へ進むべきである。1塁手へ打たれて併殺の場合，1塁へまっすぐ向かって，塁をカバーすることを1塁手に伝える。塁でからだをコントロールする余裕があれば，振り向いて1塁手のようにからだを伸ばす。1塁にたどり着く前に遊撃手からのボールが1塁へ送球されていることが多いので，左投手にはこのプレイが難しい。理想的には，塁に左足を着いて送球にからだを伸ばせるように左投手は振り向くべきである。左投手として，振り向く時間がない場合が多かったので，塁に右足を着いて左足を踏み出して送球にからだを伸ばすほうが効率的だと私は学んだ。

　ミネソタ・ツインズとカリフォルニア・エンジェルスで私の監督だったジーン・モウチは，右側へ打たれたボールに対する最良の戦術を使った。1塁手の心構えは，投手の「捕るぞ」という声がなければ，捕れるボールはすべて捕りに行くというものである。1塁手がすべて捕りに行くと投手は思っているから，1塁手はボールに対して声を発する必要はない。投手が1塁線にたどり着く前にボールを投手に渡せないなら，投手は走りを緩めて送球を受けるために1塁で止まる。理想的には，投手が塁を見つけて内側を触塁できるように，1塁手はボールを早く投手に渡す。

　投手の心構えは，1塁線へ向かう通り道で捕れる打球はすべて捕るである。確実に捕れると思った打球にのみ声を出す。捕れると思っただけぐらいなら，通り過ぎさせて1塁手に捕らせるべきである。1塁への途中で捕った打球や，声を出し遅れた打球の場合，1塁手が遠くまで捕球に来てしまうかもしれないので，走者を追い抜くようにしなければならない。ゴロで，投手が1塁線へのコースよりも2塁のほうへ離れなければならないなら，1塁手に捕球は任せるべきである。1塁手も投手も自分の責任範囲で積極的にプレイするし，ボールへの声に混乱がないのでこの戦術はうまくいく。また，右側へのプッシュバントにも対応できる。

　2塁に走者がいる場合，捕球して触塁した後に，投手は本塁送球に備えなければならない。1塁線の内側へ飛び出して本塁送球できるように手足を動かす。こうすることで，1塁での交錯から自分を守ることになる。送球できる体勢にすれば，捕手からの本塁送球の指示にも備えていることになる。

ミシガン大学で投手ドリルをした時，いつも2塁走者を想定したし，投手には本塁への送球もさせた。また，自分で捕るか1塁手に任せるかを判断しなければならないゴロも数多く打った。野手が連携する時には，私はグラウンドの誰もが聞こえる「大声」を使ってほしかった。こうした声を使うと，選手は声を出してボールを判断することに慣れるようになる。

## 2 バント処理
Fielding Bunts

どんなボールも処理して前の走者を刺すというのが投手の心構えである。犠牲バントやドラッグバントを成功させるには完璧に決めなければならないと攻撃側に思わせなければならない。2塁送球か安全に1塁かを選手が決めるのに，本塁やマウンド前のエリアを定めるコーチもいる。試合状況や投手の能力や態度によってどこへ投げるかは決まると私は思っている。通常，勝っているか，負けている状況なら，確実にアウトを取りにいくだろう。あるいは，8〜9回で2点リードしていれば，アウトを取りにいくだろう。荒れ模様の天候だったり，徐々に投手戦になる様相だったりして得点が難しくなりつつあると思うなら，たとえ試合の序盤であっても，攻撃的でありたいと思う。

やはり，どこへ送球するかには気持ちが大きな要素となる。前の走者を十分刺せるのに，いつも安全策をとるメジャーリーグの選手もいる。投手はそのプレイができると信じなければならない。選手の自信の分かれ目はコーチである。高校生の頃，バスケットボール練習で起こった出来事を私は決して忘れない。私は，バックボードをすごいスピードで高く越える無謀なジャンプ・フックショットを打った。私のコーチは笛を吹いて練習を中断した。こんな低い確率のショットを打った私を叱責するのだろうと思った。ところが，そのショットがうまくいくと思ったかどうかをコーチは私に尋ねたのである。うまくいくと思っていたが，コーチはノーと答えさせたいのだと私は思い，そう答えた。その後，うまくいくと思ったショットだけを打てと私を叱責した。入ると思ったショットなら何も悪いことはないとコーチは言った。コーチは私に価値ある教訓を残した。私の能力の範囲内で個性を認めてくれていたし，お決まりのプレイを打破する自由を与えてくれていた。マイケル・ジョーダンやマジック・ジョンソンが打った無謀なショットが初めて試みられたものと思うかどうかを私は選手に尋ねることにしている。もちろん答えはノーである。試合でたまたま起こったかのように，無謀なショットを彼らは繰り返し練習していたのである。こうした理由から，通常はやらないプレイをしたりその練習をしたりするためには，選手を伸ばす練習の中で激励すべきである。選手はそのことを楽しむし，試合でそれをやる自信がついたら，誉めてあげたい。

バントを処理する鍵はフットワークである。フットワークをできる限り使って，バントを処理する前に送球の体勢に入るべきである。攻撃的な投手は，前の走者を刺す体勢に足を運ぶだろう。前の塁に送れないなら，その後で1塁でアウトを取るように調整する。ボールを拾い上げる時には投げる塁へ向かってクローホップする体勢にすべきである。左投手がそれをやると，ボールの周りを回ってからグラブ側に回ることになる。投手は足を使わなければならない。「悪い送球をしているのではない。フットワークが悪いのだ」としばしば投手に言う。止まっているボールを素手で拾い

(a) (b)

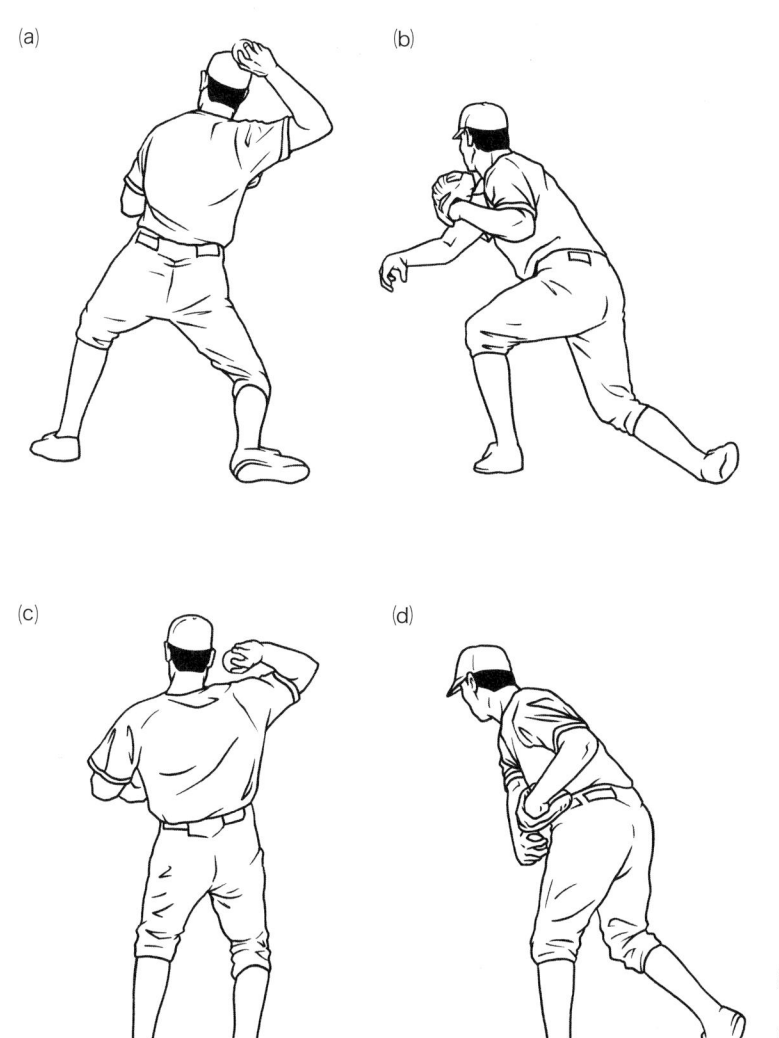

(c) (d)

■図9-2　バント処理での姿勢
　(a)(b)に示されているような低い姿勢からの送球は，(c)(d)のような上から投げるために立ち上がってする送球よりもずっと短い時間で済む。

上げる練習もするが，ボールを拾い上げる時には両手を使うべきである。どうしても立ち上がって投げなければならない場合を除いて，内野手のような送球も練習すべきである。実戦では上体起こしとクローホップをする時間がない場合がほとんどなので，この技術を習得しなければならない。ボールを拾い上げる前に体勢をつくり，低い野手のような姿勢から送球できればさらに効果的である。ボールの拾い上げから膝と背中を曲げた低い姿勢による送球を図9-2-(a)，(b)は示している。図9-2-(c)，(d)のような，ボールを拾い上げてから立ち上がる動作よりもすばやくできる。立ち上がって投げる間に，走者は1塁へ2〜3歩進める。塁へは手堅く送球すべきであり，動きのある直球を投げてはいけない。できれば，4シームの握りにすべきである。

## 3 併殺を予測する
Participating in a Double Play

2死未満で走者1塁なら，併殺を予測すべきである．球種サインを見るためにプレートに着く前に，投手へ打ち返されたらどちらが塁のカバーに入るかの確認で2遊間をチェックしなければならない．一般的には，自分を指差すか，2塁手を指差すかして知らせるのは遊撃手である．塁を横切りやすいので，遊撃手が入るのがベストと思う．2塁手が受けるほうが良いのは，ど引っ張りの右打者が打席にいて3遊間の穴を塞ぐ必要がある時だけである．

次に，2遊間にゴロを打たせて打ち取るにはこの状況では何の球種を投げるかを投手は考えなければならない．ゴロを打たせるためには，低めにあるいはボールをバットの下へと動かしたい．走者の後ろに打ちたい右打者なら，低めの直球か引っ掛けさせる低めの緩球で2遊間へ打たせる．内角チェンジアップや左投手のスローカーブは，遊撃深く引っ張れるのでこの状況ではベストではない．絶対ではなく，一般論を言っているのを忘れないでほしい．いつでも三振を取れる圧倒的なボールを持っているなら，それを投げるべきである．右の引っ張り打者なら，勢いのある外角低めの球種を投手は投げるべきである．

左打者なら，引っ張れる球種を狙っているとまずは想定すべきである．1塁手は走者を釘付けにし，2塁手が併殺のために2塁に近づくことで大きく空いた1，2塁間に打者は打ちたい．一般的には，勢いがある外角の球種を投げるべきである．

左投手が左打者と対戦したら，通常の直球あるいはカットボールを外角低めに投げることで2遊間に打たせることができる．ある年の春のトレーニング始めに，左投手の私が，打撃投手を務めるスケジュールになった．私の監督のジーン・モウチは，ロッド・カルー，レジー・ジャクソン，フレッド・リンといった左打者と私を対戦させた．私の後ろ，ネット越しに，外角低めに直球を投げろと彼は私に言ってきた．外角低めに直球を投げれば，打者は2遊間にゴロを打つと彼は訴えた．投げる前に，どこへ投げるのかを打者に言わせた．もちろん，外角低めへのボールはすべて2遊間のゴロとなった．強く打つ者もいたが，ジーンのセオリーは確かだった．左打者は左投手と数多く対戦していないので，本塁までボールを少し呼び込み，前の肩がわずかに早く開くので外角の投球には無防備になるというのが彼の理由であった．何が来るかわかっていても，後に殿堂入りするこの3人にその投球が通用するなら，それを試合で使えると思った．もちろん，ジーンはそれを使うつもりでいろとも言っていた．ジーンとはそれ以上の議論を必要としなかった．その後の野球人生，そのボールによって多くのアウトを稼いだ．

打者にどのように投げたいかというプランを投手がもったら，サインを見るためにプレートを踏む．投げたいボールのサインをもらったら，その球種を記憶に落とし込み，セットに入って，動きを読んで走者を留めることに集中すべきである．

左投手が本塁へ投げるために足を上げてから走者の動きを読むことを私は勧めない．このやり方は注意を分散させることになり，結局，投球のコントロールに影響を与える．その動きを練習している左投手に対しては，注意を削いで混乱を招くように走者に早めの偽スタートを切るようにさせる．すべてをシンプルにして，投手のやりやすいようにしたい．右投手が盗塁する走者を刺せる時間で捕手まで投げられるようにするのと同じように，左投手が本塁へすばやく投げられるようにす

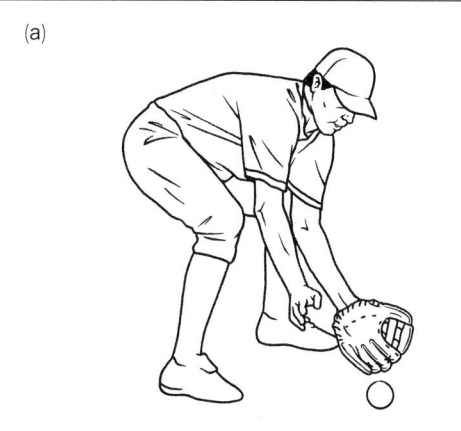

■図9-3　ゴロに対する捕球位置
　(a)投手はボールを捕る時には2塁に向かって回り込み，2塁をカバーする野手に送球する。(b)緩い打球を捕る時に本塁を向いてはいけない。フットワークによって狙う塁へ回り込む。そうしないと時間がかかって併殺のチャンスはなくなる。

るほうが良いと思っている。
　本塁へボールをリリースしたら，投手は野手になる。強く打ち返されたら，併殺には余裕があると思わなければならない。打球を捕って2塁へ足を向ける一方，塁に入る野手を目で捕らえておく。クローホップをして野手が捕球，触塁，1塁送球できるようにする。打球が緩かったり，少し横だったりしたら，少しコースを外したフットワークをして，捕球する前に2塁へまっすぐからだを向ける。捕球した時には2塁へ向かってからだが動いているようにする。野手を目で捕らえてから，塁に入る野手へすばやく送球する。このやり方のほうがずっと早いし，併殺のチャンスを大きくするし，少なくとも捕球した時に目の前に走者がいることのないように内野手へすばやくボールを送るチャンスを大きくする（図9-3参照）。
　ここでも，動きのある直球ではなく確実な送球を心がける。投球時に走者が動いているなら，投手は2塁へ，特に強い打球では2塁へ投げるつも

りでいるべきである。2塁へはすばやく投げるべきである。入ってくる走者をアウトにできないと野手がわかれば，投手側へ塁を離れて捕球し，打者走者をアウトにするために1塁へ送球する。しかし，野手が「1塁，1塁」と指示しているなら，動きを立て直して打者走者を打ち取りに1塁へ送球すべきである。
　1塁手へ打たれたら，野手からの送球を受けるために投手は1塁へ急ぐ。その時，1塁を自分がカバーすることを知らせるために1塁手と言葉を交わさなければならない。
　投手ドリルの中で，併殺場面ではよく1塁走者をつける。できるなら，走者にはスタートを切らせる。走者を留めてストライクを投げることを投手には要求しているので，こうしてドリルをより試合らしくする。時には，盗塁で，投球を見送らせて捕手に2塁へ送球させる。こうすれば，投手が十分に走者を留めているか，試合状況で捕手に2塁送球の時間を与えているか，がわかる。

# 4 1-2塁バント場面

First-and-Second Bunt Situation

競った試合の終盤，無死1-2塁ではバント場面となる。攻撃側は，2-3塁の得点圏に走者を送りたい。3塁線に強く転がして，3塁手に捕らせて3塁で走者とのプレイをさせないというのが一般的な攻撃戦術である。このプレイを止めるための守備を数多く見てきたが，ここではそのうちの1つだけを話題にする。

なぜ1つだけにするのか？ 私がドジャースで1軍に上がった時，数少ない守備だけ教えられていたからである。数多くのプレイをそこそこにできるよりは，いくつかをうまくできるほうが良いというのがドジャースの考えだった。マイナーリーグの間，相手に知られている4つのバント牽制プレイをわれわれは使った。われわれのやろうとするプレイを相手コーチは選手に警戒させるのだが，それでも数多くのアウトを稼いだ。何年にもわたり，最も成功してきたので，それを話題にしようと思う。

通常，声で1塁手が投手にプレイを伝える。「1番のバントプレイでいくぞ。3塁線を頼む」といったように1塁手が言う。そのプレイが始まると投手がわかると，投手はマウンドに登って球種のサインを捕手から受ける（多くの投手は投球に没頭してしまってバントプレイのサインを忘れるので，声で投手にプレイを伝えるのを私は選ぶ）。

ここで戦術の2つのポイントを述べておかなければならない。

### ポイント

1) 攻撃側がバントをするかどうか投手が知りたいなら，振り向いて牽制を2塁にしてみる。打者はバントなら，投手が踏み出し足を上げる時にはその構えに入らなければならない。バントの構えに入らなければ，コーチはバントプレイをやめにしたいだろう。

2) バントと薄々感じるなら，ストライクを1つ確実に取るべきである。加えて，3塁線に最もバントを転がし難いのは勢いのある外角低めのボールである。直球，カットボール，高速スライダーがその目的に適う。勢いのある外角低めで1ストライク取れたら，攻撃側はバントが難しくなる。

投手はサインを受けたら，セットに入り，2塁走者をチェックする。遊撃手が走者を留めて，そのために本来の守備位置を諦める。それほど大きなリードでない，本塁へ投げても3塁へスタートを切れない，と走者に思わせるのが投手の仕事である。このプレイのために守備位置を離れる遊撃手を心配する必要はない。2塁走者が3塁へ良いスタートを切れないと確かめることだけが投手には必要である。

走者は自分のコントロール下とわかったら，投手は投球に専念する。大きな第2リードをする時間を与えないために，頭を戻してからすばやく本塁に投球しなければならない。手からボールが離れるやいなや，投手は3塁線に向かってスタートしなければならない。この動きがこのプレイの鍵となる。投球が本塁に着く前に，3本間半分より少し手前の方向，3塁線へ向けて途中まで進んでいなければならない（図9-4参照）。マウンドの左側へバントされたボールはすべて処理する責任がある。マウンドから1塁線の範囲をカバーするのは1塁手である（バントされる前のバットの角度を読んで1塁手はボールを処理する）。3塁線にバントされたら，捕るか，投手に任せて3塁でアウトを取るかを3塁手は決めなければならない。この判断をするために，マウンドを下りてボール

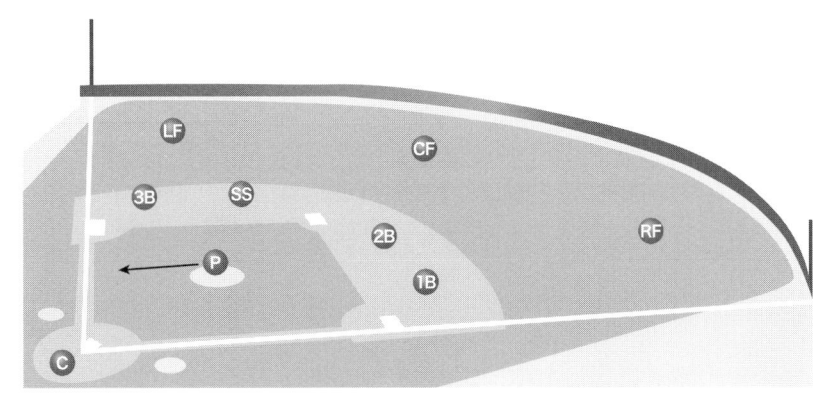

■図9-4　走者1-2塁，バントでの投手の動き
本塁への投球直後，3塁側へのバントをカバーをするために3本間，半分よりも少し前へ走る。

を捕って3塁へ送球する投手の能力を知っていることが求められる。

投手の能力を3塁手が知る助けとして，この練習で外野手にバントをして走者になってもらう。投手は試合と同じようにプレイをし，他の選手は試合状況でのバントと走塁をして，3塁手と投手は必要な連携とタイミングを磨く。

投手は3塁でアウトを取ると心に決める。自分がプレイを決めるつもりでマウンドを駆け下りなければならない。走者を進めるために完璧なバントを攻撃側に要求しなければならない。そう思っているが，以下の場合にのみ1塁へ送球する。

**ケース**

- ジャッグルして3塁が間に合わない。
- 「1塁，1塁」という捕手や3塁手の指示。
- 3塁手がボールを呼んでいる（3塁手がボールを呼んでいるのを聞いた時にボールを処理する準備ができていても，3塁手が処理するためにポジションを離れているので1塁しかありえないと知るべきである。3塁手がボールを呼ぶのを聞いたら，3塁手に任せるべきである。1塁方向へ動いているので，通常，3塁手のほうがやさしいプレイになる）。

どんなプレイでも，成功させるにはコミュニケーションが鍵になる。捕手は見ていて正しい塁へ送球するように指示するが，このプレイで投手とコミュニケーションするのは何といっても3塁手である。3塁手がいかに攻撃的にこのプレイに入り込むかは試合の状況による。試合の終盤で安全圏のリードなら，コーチは3塁手に「1つのアウトを確実に取れ」と言うだろう。投手が処理するかどうかについて何らか疑問があるバントなら，3塁手は自らボールを呼んで1塁でアウトを取るべきである。この状況では，攻撃側のビッグイニングから確実に逃れたいので，守備側はアウトの代わりに走者が進塁するのを喜んで諦めるだろう。これは投手のプレイへの攻撃性を何ら損なう戦術ではない。投手は3塁手の声にいつも耳を傾けている必要がある。

ボールを拾い上げてから3塁でのプレイのために足を運びやすいので，このプレイは左投手のほうがやさしい。右投手はボールの周りを回って，グラブハンド側に回ることで3塁へ投げるための足の位置をつくる（図9-5，9-6参照）。1塁への送球でもう1度向きを変える必要があるなら，良い送球にはすばやい足の運びが鍵になる。

(a)　　　　　　　　　　(b)　　　　　　　　　　(c)

⇦ 3塁方向

○

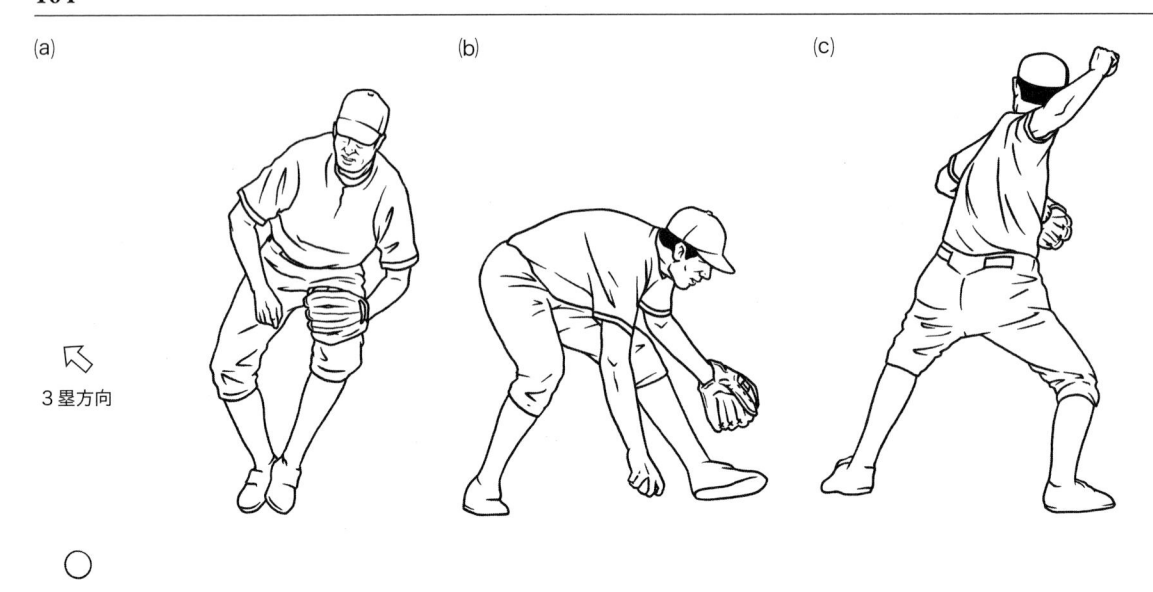

■図9-5　右投手によるバント処理（3塁への送球）
投手は(a)ボールに向かい，(b)投げる方向へ横向きになり，(c)その位置から送球する。図9-6よりもこの技術はずっと速く正確である。

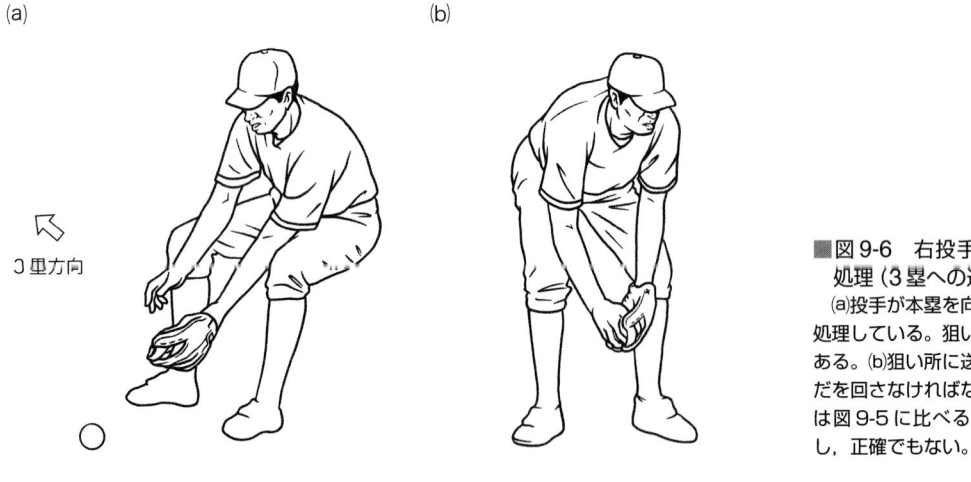

(a)　　　　　　　　　　(b)

⇦ 3塁方向

○

■図9-6　右投手によるバント処理（3塁への送球）の悪い例
(a)投手が本塁を向いたまま打球を処理している。狙い所は彼の背中にある。(b)狙い所に送球するにはからだを回さなければならない。これでは図9-5に比べると時間がかかるし，正確でもない。

## 5  Backing Up Bases
## 塁のカバー

投手にとって塁をカバーする鍵は，どこでプレイが終わりそうか，どこで最後方の安全弁の役を果たせるか，を予測することである。例えば左翼へのヒットでは，2塁送球の線上，走者のコースを外して1，2塁間にいるべきである。2塁への暴投や内野手の後逸に対する安全弁となる。投手

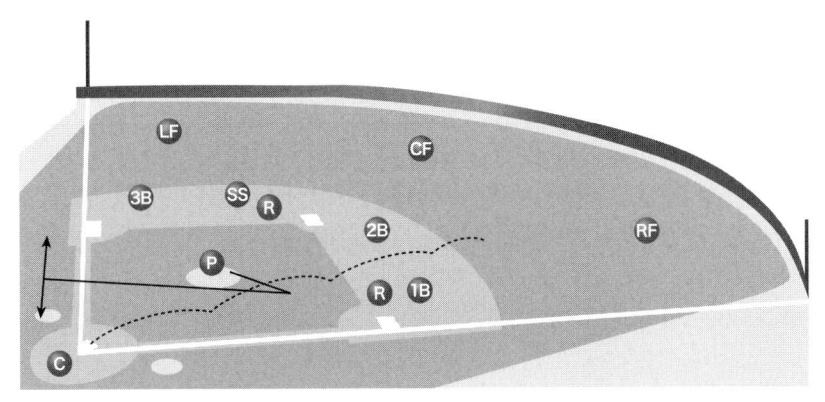

■図9-7 走者1-2塁，右側ゴロでの投手の動き
　走者1-2塁で内野の右側にゴロが打たれたら，投手は1塁カバーにスタートしなければならない。抜けたらバックアップのために3本間へ急いで戻らなければならない。適切にやろうと思ったら，最もハードな守備の1つである。

が塁をカバーする時に最後にファウルエリアに位置をとるなら，グラウンドの許す限り深く行くべきである。下がるよりは，向かっていくほうが送球を受けるのには常にやさしい。

　走者1塁で外野へヒットが打たれたら，最前の塁，この場合は3塁をカバーすべきである。この状況で，外野手の横へ行ったり，長打だったりしたら，投手は本塁をカバーし，プレイが3塁へと変わったら3塁への変更に備えるべきである。

　走者1-2塁で長打になったら，投手は3本間へ急ぎ，プレイの成り行きを見て，最終的な送球先へと調整する。この状況で右側へ打たれたら，内野手が止めた場合に備えて通常は1〜2歩1塁カバーへ走る。内野を抜けたら，どちらかの塁をカバーする準備のために3本間へ急ぐ（図9-7参照）。プレイが3塁を過ぎたら，左翼手が3塁をカバーに行けるので，投手にはこのプレイでは本塁カバーに行ってもらいたい。この状況で左側へ打たれたら，投手のプレイはずっとやさしい。外野手からの送球ライン上，本塁の後ろへ位置をとる。どんな悪送球にも対応できるように本塁をカバーすべきである。

　原則として，捕手はどちらの塁へ送球するかを指示するが，投手は盲目的にその塁をカバーしに行くべきではない。捕手はある塁をまず指示するが，プレイが進むにつれて指示を変える場合がある。したがって，調整できる場所へ行くべきである。

　牽制の間の送球をフォローし，その塁をカバーするように投手は一般的には教えられる。相手の戦術を考えて，それに従ってカバーするのは重要と思う。2死走者1-3塁では，3塁走者を迎え入れるようなプレイを投手は予測すべきである。この状況で，1塁走者を牽制すれば，相手は走者が誘い出されるのを望むのが通常である。相手は3塁から走者を迎え入れようとするので，プレイは最終的には本塁で終結する，本塁をカバーしなければならないと思っていなければならない。

**Point** コーチは，選手の守備技術を高めるために数多くの様々なドリルと方法を使えるけれども，選手が成功するのは彼らの攻撃的な態度によることが多い。ただ，完璧主義の選手は，すばらしい攻撃的なプレイを自由にできるまでには少し時間を要する。完璧主義者は，試合であるプレイを試みる前にその技術を磨くのに時間を要する。ミスなくできるというきわめて強い自信を得るまで，自分の型を変えたくはない。攻撃的になることに反対なのではなく，披露する前に動きを練習して完成させたいだけなのである。我慢と練習がそうした選手には鍵となる。型を変えて失敗しても大丈夫ということを繰り返し教え込まなければならない。時が経てば，完璧主義者はきわめて攻撃的な選手になり得る。

どんなタイプの人も，競争の楽しさの中で自分を変えるために前向きに動機づけられていなければならない。マイナーリーグとドジャースで私のコーチだったトミー・ラソーダは，かつて，そして今も偉大な動機づけに長けた監督である。攻撃的であれば２塁打になったはずの安打で１塁まで全力で走らない選手がいると，それは間違っていると選手にはっきりと知らせる。「気ままに暮らす選手ならあの打球で単打でもいい！ しかし真の野球選手なら２塁打のはずだ。われわれはそうした選手を目指しているのだ」と怒鳴るのである。それは，攻撃的なプレイがワールドシリーズでの勝ちにつながると言いたいがための彼なりのストレートな物言いなのであった。

選手ももっと試合を楽しみ，できることにはベストを尽くそうと思う。際立った攻撃的な守備をする選手になるのを是非とも手助けしてあげてほしい。

# Part II―投球戦術

## 10

# 試合をつくる戦術

　試合をつくる戦術は，各投手がどれだけ投げ続けられるか，それに関わるいくつかの要素に依存する。第1の要素は，これが最も重要であろうが，投手の個人としての才能，長所と短所，メンタルの強さとマウンド捌き，マウンド経験である。

　際立った投球能力をもち，マウンド捌きも良く，試合をつくる戦術を立てるだけのマウンド経験をもっている投手陣をもつ，そんな幸運なコーチなんてほとんどいない。コーチは個々の投手の能力に応じて試合をつくる戦術を立てなければならない。

　第2の要素は，投球動作である。各球種を完成させるために投手が望むものは優れた投球動作である。足を上げて，適切なバランスを保ち，決められた位置に終わるように投げればうまくいくと多くのピッチングコーチは強調する。投球動作に優れていれば，各投手は決められた役をうまく果たすチャンスが増える。

　第3の要素は，ストライクゾーンの上下，左右，一定のところに投げられる能力である。各球種を一定のところに投げられれば，試合をつくる戦術に大きく貢献する。

　もちろん，各球種を望むところに投げられることは，試合の計画調整にも影響する。調整には以下のことが含まれる。

　・球数に関連することすべて――投手の数，1試合の中での球数など。
　・打順をそのままにしたとして，個々の打者にどのように投げるかの戦術を立てること。
　・鍵となる打者にバットの先端を活用させないようにすること。

　制球力，その持続力は，試合をつくり，投球を変えるためのどんな戦術にも重要となる。

　第4の要素は，緩急をつける能力である。投手コーチは直球，変化球，チェンジアップをどう使うかを強調する。この種の能力をもてば，試合をつくる能力に長けた投手に成長する。

ペドロ・マルチネスは，同年代で最も優れた投手と考えられる。仲間の投手の中で最高の直球，変化球，そしてチェンジアップをもつとされている。そのことが試合をつくり，打者に勝る能力の多くをしっかりと説明している。おそらく，彼の最大の武器は緩急をつける能力だろう。グレッグ・マダックスは，ペドロよりも劣る直球，変化球，チェンジアップだが，各球種を正確に，緩急をつけられるので，同様に成功を収めている。

　第5の要素は，自尊心で，試合をつくる能力をもつための最高の要件である。自尊心は，いくつかの重要な側面をもつ。

・うまくいくとかベストを出せると投手が信じているものは何か？
・投手は何を得意としているのか？
・予想と逆のことが起こっても，それに打ち勝つための自信や平静を与えているものは何か？

　これらの資質は投手としての自尊心のすべての側面である。これなくして成功できないし，生き残れない。

＊

　これら5つの要素は，試合をつくるための土台として機能する。

# 1　強い基盤をつくる
*Establishing a Strong Foundation*

　高校，大学レベルにおける私のコーチ経験の中で，大事な試合に向けた6ステップのウォームアップあるいは試合前ルーティーンをつくった。この試合前の動きは，試合で成功するための5つの鍵となる要素を練習してつくりあげるようになっている。

**ポイント**

1) バランス局面からワインドアップ，ストレッチまで，適切な投球動作を習得する。
2) ストライクゾーンの上下，左右に制球力をつける。
3) 緩急をつける。
4) 得意球を少なくとも2種つくる。
5) 試合のための自尊心を植えつける。

　この6ステップルーティーンは，投手がウォームアップ段階で投げる距離をゆっくりと広げられるようになっている。各ステップは，ある投球技術，それによって球離れが一定になる技術に焦点を当てた新しいドリルになっている。ドリルはまた，持久力をつけるためのスタート地点としても役立つ。以下は6ステップルーティーンの目指す5つのゴールである。

**ポイント**

1) 安全に気をつけて，特定の技術に集中すること。
2) 適切にウォームアップする習慣をつけること。
3) 適切な投球動作を使う習慣をつけること。
4) 投球のある局面に焦点を当てたステップを5回繰り返すこと。
5) 15〜20分の間に，投捕間4mから始めて正規の18.44mまで徐々に下がっていっていくこと。

●ステップ1：両膝ドリル……………………
　投手は捕手から4m離れて正対し，両膝を着く。腕とボールを持ち上げながら，反対の肩，肘が捕手に向くように上体を捻る。

腕と手を持ち上げたら，上体を捻り戻して勢いを得る。それから腕を伸ばしながらハーフスピードでボールにスピンをかける。ボールを放つ時，適切なフォロースルーを使って腕や肩を守る。脇は膝の上，肘は膝のそば，指はしなやかに伸ばす。

ステップ1，2，3でのベストの投球位置は，右投手なら左打者といった逆利き打者の内角低めである。

● ステップ2：片膝ドリル……………………

投捕間は約6mとする。投手は，捕手に向かって踏み出し足を出して曲げ，軸足は膝を着く。踏み出し足（着地足）は，理想的な着地の位置とする。

腕と手を上げた位置で，投球位置に集中する。投げる時に，後ろ足で地面を蹴って前足へと体重を移す。立ち姿勢になり，腕，肘，肩，腰が勢い良く進むように上体を捻り戻す。ステップ1と同様に，ボールを放つ時に，脇は膝の上，肘は膝のそば，しなやかな指の伸び，腰の回転といった適切なフォロースルーを心がけなければならない。

● ステップ3：腰ドリル，椅子ドリル…………

〈腰ドリル〉

捕手からの距離を約10mとってマウンドに立つ。踏み出して，その線を先へ伸ばしてみる，それによってつま先と膝が捕手に向いているかを確認する。

腕と手を上げて，軸足から踏み出し足へと体重を移動すると同時に，捕手のほうへ腰を回し，適切な軌跡で腕と肩を運んで，正しいフォロースルーで終える。

このドリルではパワフルな腰の回転をつくる。フォロースルーで，軸足を前に運んではいけない。足首の外側が地面を向き，膝の内側が反対の膝に向くように，軸足の向きを変える。

〈椅子ドリル〉

椅子ドリルは腰ドリルと同じ考えだが，マウンドが使えない時に使う。マウンドの下り傾斜を模すために椅子を使う。腰ドリルの手続きに従う。椅子の上に軸足を置き，ドリルにしたがって椅子の上で回す。

軸足を椅子から離してはいけない。足の向きを変えて腰を回転させることに集中する。腕が上がるまでは体重を前へ移動させてはいけない。

● ステップ4：バランス姿勢ドリル……………

ステップ5，6と同様，このステップはマウンドで行う。捕手は投手から約14mの位置とする。踏み出しの着地位置にマークをつける，それで正しい着地位置を確認しやすくする。

全体重を軸足にかけて，踏み出し足を大腿が地面と平行になるまで挙げる。足の前半分で着地できるように，踏み出し足のつま先は下に向ける。グラブと利き手を腹の前にもってくる。捕手のミットに集中して，利き手を下ろしながらグラブから離し，すばやく上げる。同時に，本塁に向かって踏み込み，後ろ足から前足へ体重を移動し，腰を回し，適切な軌跡で腕と肩を動かす時に軸足を地面から離して前にもってくる。正しいフォロースルーで終える。

最も重要なステップであり，投球の勢いの前にバランスを保つことを強調すべきである。そのために「持ち上げてから投げろ」とか「上から下へと投げろ」といった表現をわれわれは使う。

● ステップ5：1，2，3ドリル…………………

このドリルの目的は，(a)ステップ1〜4をまとめることと，(b)投球を3つのステージに分けることである。そこでは姿勢を確認するために各ステージの後に動きを止める。ステージ1では，プレート上の足の位置と投球の開始に焦点を当てる。

ステージ2では，バランスをとった姿勢に焦点を当てる。ステージ3では，ボールリリースに集中する。

捕手は投手から約15mに位置する。このドリルのステージ1で，プレート上の足の位置を定め，踏み出し足を後ろにステップし，プレート前面で軸足を回して勢いをつける。手首とボールをグラブで完全に隠しておく。この位置で動きを止めて，位置をチェックする。

ステージ2では，バランスをとった姿勢とコックの位置に集中する。バランスをとる姿勢に入ったら，手首とボールを打者から見えないようにする。コーチはこの局面で，身体の中央から手が分かれていく適切なバランスになっているかをチェックするために動きを止める。

ステージ3は投球とフォロースルーのステージである。手は上げた位置にあり，体重は軸足にかけられていて，腰と前肩で標的を狙っている。軸足で勢いをつけてホームに踏み出す。踏み出し足の着地で，体重を後ろ足から前足に移して，利き手と反対の肩が利き手の肩に取って代わるように上体を回す。捕手に向かって腰を開いて，適切な軌跡で腕と肩を運んで，正しいフォロースルーで終える。

● ステップ6：ストレッチドリル……………

ストレッチドリルは正規の18.44mから行う。滑らせるステップを上達させる中で，適切な投球動作はできる限り変えずに，すばやく本塁に投げる。

ステップ6を終えたら，十分にウォームアップされ，ストレッチされている。後は，その日に長く投げるか，短く投げるかによる残りの準備である。この時点でカーブ，スライダー，チェンジアップといった直球に加える球種を徐々に増やしていく。球種に慣れたら，その日の投球を終える。球種を組み合わせて3セットあるいは「2-2-2」(直球2球，変化球2球，チェンジアップ2球)投げることでこれを確かめる。

この試合前ウォームアップは，試合をつくる基盤づくりに向けた長い道のりをもつ。ウォームアップは，試合をつくるどんな戦術にとっても，そのための調子を整える上で欠かせないものである。重要なのは，このウォームアップの間の監視である。大学レベルでは，ウォームアップを指導するのに投手コーチをつけられるだろう。しかし，その他のアマチュアレベルでは，コーチをつけられないだろう。その場合，投手と捕手が，ウォームアップでのステップと，各ステップで集中するための鍵について理解していなければならない。投手は自分を正すこともできなければならない。

コーチは，試合前のウォームアップの間，何かしらサポートする時間を見つけなければならない。伝説のルイジアナ州立大ヘッドコーチのスキップ・バートマンは，先発投手のウォームアップを観察し，相談に乗り，チェックするために，いつもブルペンに赴いた。アマチュアレベルでのヘッドコーチ時代を通して，私は同じ手続きを真似ようとした。ほとんどの大学では良い投手コーチがいるので，ウォームアップの様子を注意深くモニターしてもらいたい。

ウォームアップを見守る中で，コーチは自信や自尊心を高め，試合での適切な心構えを与えることで投手を元気にすべきである。

メイン大学の投手コーチをしばらくやって，最近は高校や地域のコーチとして成功しているジェイ・ケンブルは，この点について以下のように言っている。「私にとって，投手に自信をつけることが最重要点で，いつもよりも良いと投手に思わせるようにしなければならない」。試合に入っていく投手の心構えは非常に重要となる。「レベル

はどうあれ，投手には『2つの球種が納得いくまでブルペンを後にしてはいけない』と言うことにしている」ともケンブルコーチは言っている。

6ステップウォームアップの各ステップでは10球投げる。ストライクゾーンの中でのボール位置をつくる。内角5球と外角5球，あるいは高め5球と低め5球を練習する。同様に，緩急をつけて，5球直球，5球チェンジアップを投げる。ウォームアップでは，バランスをとった姿勢，ワインドアップ，ストレッチを強調すべきである。適切な投球ガイドラインに従って練習すべきである。

ウォームアップで6ステップ終わったら，直球，変化球，チェンジアップを練習して自分の得意とする球種に集中する。2球直球，2球変化球，2球チェンジアップという各2球セット（2-2-2）で練習するのが良いとわかってきた。通常，2-2-2を3セットで始める。その後，自分の最も得意とする2球種に焦点を当てて納得できたらブルペンを後にする。

長年コーチをしてきて，生まれながらにすばらしい才能をもつ選手はほとんどいないので，基盤づくりが重要となることがわかってきた。投手が試合に備えるために，監視のもとでのこの6ステップにたどり着いた。準備がうまくいけば，試合をつくるどんな戦術にも対応できるものである。

アマチュアレベルの野球の試合では，投手一捕手の関係もまた重要となる。この関係の鍵となる出発点は，できるだけ捕手が投手を操るようにすることである。この関係を育てるのにはウォームアップ，特に得意とする球を準備する最終局面は大切な時間となる。調子の良い球種は何か，投手はどの球種をうまく投げているか，といったそれぞれがもつ感覚は，試合をつくるために適切な出発点をつくる。少なくともウォームアップの最後には，投手と捕手は協力しなければならない。試合開始にどんな戦術を考えるにも，このことすべてが重要となる。

## 2 投手の長所を最大限に活かす
*Maximizing the Pitcher's Strengths*

長年にわたり，各投手の長所を最大限に活かすことに集中してきた。各投手が最も得意とするもの，自信と平静を保ってできるもの，いつも変わらずにできるもの，をわれわれは扱う。このアプローチは明らかに成功する最高の確率を与える。「3番目に得意なあるいは最弱の球種で打ち取ろうとするな」という古い諺は，アマチュアレベルの球種選択に適合しているだろう。最も得意とする球で勝負，最もコントロールできる球で勝負，自信あるボールで勝負すべきである。良い戦術であっても，うまく投げられない球種では成功は覚束ない。どんなものであれ，投手の長所を利用しなければならない。

試合経験を積むにつれて，長所は広がり育つ。投手は試合経験と適切な指導で成熟していく。良いコーチや捕手はこの成熟を見て取る。したがって，試合をつくり，戦術的な球種コンビネーションを当てはめる能力はこの成熟を助けるが，それに成功すると，試合ごとに調子のよい長所となる球で勝負することに逆戻りすることもある。

成功する鍵は，必要なストライク，必要なアウトを取れる投球を常に使うことに集約される。私のコーチング経験の中で，1つの位置へ投球することで，鍵となる試合，シーズン後のトーナメント，そして全米大学選手権さえ勝ったことがある。その日に一貫して，自信をもって投げられるもの

という理由で，わずか2つの球種をよく使った。投手の長所を利用する大切さを常にわれわれは感じている。

## ❶—初球ストライクを取る

初球ストライクを取ることですべての成功は始まる。ストライクを取れる2つの球種は何か，初球ストライクを取れる球種は何か，最も重要なのはその日に各打者に対して初球ストライクを取れる球種は何か，である。

殿堂入りコーチのチャーリー・グリーンは，プロ野球で長年の投手コーチ経験をもつ。初球ストライクを取る重要性について聞いたところ，「試合をつくる中で，どんな成功にも初球ストライクを取るのは鍵になる。ストライクを取るためにその投手が投げられる最良の球種でいくべきである」と彼は答えた。ストライクを取るにはスライダーが最もやさしくて，次が2シーム直球だろうとチャーリーは言う。

チャーリーはまた，「ストライクが取れない時にコーナーを狙うことはない。真ん中でいくべきで，それが動いて逸れると期待すべきだ」とも言う。各打者に初球ストライクが取れるように投手は練習しなければならない。チャーリーが強調する2つのアプローチを私はいつも好んで使っている。

▶ポイント
1) カウントが悪いなら，真ん中に近づけなさい。
2) カウントが良ければ，真ん中から遠ざけなさい。

これらはカウントをつくるのにすばらしいガイドラインである。しかしながら，投手はまず初球ストライクが取れる1つないし2つの球種を練習することになる。

メイン大学とアトランタ・ブレーブス傘下にいた，元投手マイク・ダンドレアは，高校や地域で非常に成功しているコーチである。このキャリアの中で，3年連続で州の高校チャンピオンと，2つの州地域のチャンピオンを獲得した。際立った投球と守備とが彼の成功の鍵だった。マイクは，「ストライクを投げなければいけない。ストライクを投げられないなら，私のチームでは投げられない。打者の50％以上に対して初球ストライクを取るように投手には要求している」という。

マイクは，アトランタ・ブレーブス傘下の投手の時，打者50％以上に初球ストライクを取れないなら，投手として認められなかったと言った。高校や地域の投手には以下のような目標を使う。

▶ポイント
- 試合で50％初球ストライクを取ることを狙いなさい。
- 試合でカウント3-2になるのは5回以下にしなさい。
- 相手の3，4，5番打者にはストライクゾーンの周りでボールを動かしなさい。
- 相手の7，8，9番打者を決して歩かせない。真ん中低めで攻めなさい。

若い投手に，50％以上の打者に初球ストライクを取らせるにはどうしたら良いか？　真ん中低めに投げられるようにすることから始めると良いとマイクは提案している。次に，本塁を半分に分けて，それぞれに投げられるようにする。最後に，内，外，中央の3つに分けてそれぞれに投げられるようにする。実質的には，先述した6ステップウォームアップのルーティーンがこの手順に従うには完璧である。

練習の初日から，50％以上の初球ストライク，歩かせない，3-2カウントにしないことを考えて，マイクは投手にストライクを投げるように仕向けている。初球ストライクを取るために欠かせない

ポイントは，ブルペンでの試合前ウォームアップの最後のところだと再び強調したい。

かつてのメイン大学投手，ビル・スウィフトは，4回連続大学選手権で先発，1984年のオリンピックアメリカチームで投げ，サンフランシスコ・ジャイアンツで20勝投手にまでなった。現在はアリゾナのアマチュアレベルでコーチをしている。どのレベルでも，ブルペンで最後の10〜12球は先発捕手に受けてほしいと彼は強調する。試合前に何がうまくいっているのかを投手，捕手ともに知っていなければならない。

初球ストライクを投げる能力に焦点を絞り，準備し，自信をもって投手は試合に入っていくべきである。成功するためには，ヘッドコーチ，投手コーチ，捕手，投手すべてが役割をもっている。初日から始まる皆の弛まぬ仕事が，始めの試合まで続き，試合ごと長いシーズンを通して続く。

ストライクを取るためには他にもいくつか要素がある。第1に，そのコースへ投げるために，投球動作に気をつけて投げ込むことが強調されるべきである。必要とされる投球の知識をもつスタッフの誰か（投手コーチに匹敵する）が，各投手を常に監視していなければならない。どう考えてどう集中しているか，握りは適切か，コントロールに影響する側面を注意深くモニターしなければならない。ヘッドコーチが適切に手助けできないなら，その仕事をする人を探し，一緒に仕事をする時間を見出さなければならない。

第2に，投手はターゲット，通常は相手のグラブであるが，それに集中しなければならない。バランスをとり，グラブから手を離す時に，ターゲットに目をこらすのは重要とわれわれはみなしてきた。

第3に，球種の選択はストライクを取れるものによる。もちろん，ここで重要なのは，ストライクを取れる球種が2つあることである。「ボール

必要なストライク，必要なアウトを取れる球を一貫して使うことに集中すれば成功する。鍵は投手の長所を引き出すことである。

をカットできるなら，ストライクを投げやすい」とチャーリー・グリーンは言う。カーブが最もストライクを取りにくいとも指摘する。戦術として，「ボールがばらついているならコーナーを狙えない。真ん中を狙ってボールが動いて外れることを期待するほうが良い」とチャーリーは言う。

マイクは投手に数多くの直球を投げさせたがる。直球を投げることで調整になり，高校レベルではコントロールしやすいと感じているのである。直球を投げる練習を数多くすることで，ストライクを取る球種になると思う。

高校レベルでの握りに関しては，右投手は本塁の右側に2シームの直球を投げ，左側に4シームの直球を使うべきである。左投手は2シームを左

側へ，4シームを右側へ投げるべきである。いつでも2シームを使えというコーチもいる。

ところで，マイクは，重要な示唆を与えている。それは，「握りを直すことで投手からボールの動きを奪ってはいけない」である。言い換えると，しっくりくる，うまくいくボールで勝負しろということである。

## ❷ 得 意 球

投手はいつもあるカウントで得意球を使うし，捕手と投手は試合の各ポイントで得意球は何かについて共通理解していなければならない。

2つの球種（ペドロ・マルチネスのように）を利用できるのなら，それは容易い。得意球を使うのは，1-1，2-2の2つのカウントである。チャーリーは「平行カウントで追い込むようにすべきである」と指摘する。得意球としてシンカーを好む。私の経験からすると，多くの場合，試合のそのポイントでベストである球種が得意球である。捕手と投手はいつもそのことに集中していなければならない。ビル・スウィフトは「その時点で自分にとってベストであろう球種にいつもすがっていた。良い成り行き，良いリズムであれば，自分の長所にすがることができるだろう」と言う。

私はそのアプローチを信じるし，こうした状況では投手は第3番目の得意球では決して打ち取れないということも加えたい。投手と捕手が同じ考えであることをヘッドコーチや投手コーチはいつも確認しておくべきである。

## ❸ アウトを取る球種

アウトを取る球種は，カウント3-2，あるいは1-2，0-2で投げられるもので，外すボール，打撃練習，緩急戦術では使われない。得意球であるべきだが，もっと適切には，その投手の最も効果的にアウトが取れる球種である。得意球はあるコースへの直球であることが多いが，アウトを取る球種は特別な変化球であったりチェンジアップであったりする。ここでも投手と捕手がこのことに意見が一致している中でアウトを取る球種を使うべきである。

「アウトを取る球種のコースとしては，カウントでずっと追い込んでいればそれだけ，本塁の真ん中から遠くになる。3-2となれば力一杯ではなく正確性が求められる」と言うチャーリー・グリーンの提案している考え方を私は好む。

## ❹ 緩急をつける

良い打者のバランスを崩すにはスピードを変えられなければならない。優れた投手は緩急をつけることに長けている。プロ野球の優れた投手には驚くばかりだが，彼らはスピード変化の戦術を使って成功しているのである。スキップ・バートンは長年，投手に打撃練習の投手をさせた。その際に，いつも真ん中からは外して，外角低めに位置させた。この戦術によって投手は以下の3つの武器を得た。ストライクを投げられるし，良いチェンジアップをもっているし，追い込んだら打撃練習の投球を効果的に位置づけられる，という力強い武器である。

先に述べたように，こうした練習ではチェンジアップを投げる時間をいつももつことにしている。投げやすい握りを習得するのが第1であるが，次には適切なリリースを覚え，最後には投球コースを改善する。

良い打者，熱い打者を手玉に取る戦術には緩急をつけることは価値がある。

### ❺──コースへの投げ分けを習得する

本塁の幅を使える能力は，試合をつくるどんな戦術にも助けとなる。アトランタ・ブレーブスのグレッグ・マダックスやトム・グラビンは，内外角に投球を投げ分けられることで成功を収めた投手の代表である。彼らのレベルに私は驚かされたし，望むコースに安定して投球できるために練習する投手と多くの時間を私は過ごした。力任せに打者を抑え込めない投手には制球が試合の勝利をもたらすし，才能ある投手をより効果的にするのは明らかである。集中力を高めて制球を練習すると，どんな球種の効果も改善できる。正確にボールを投げ分けられる投手は，試合をつくる中で投球のコースを活かした戦術を使うことができる。

## 3 先発投手のメンタルアプローチ
*Mental Approach of the Starter*

現在はアリゾナ州でアマチュア野球のコーチをしているビル・スウィフトは，「自信をもって試合に入っていかなければいけない。前向きに考えなければいけない。そして前向きな態度でいなければならない」それがベストと言っている。投手は偉大な自尊心を必要とするということを意味している。試合で登板する投手はストライクを投げられる球種を知っていなければならない。

ビルはこう続けている。「良い打者でも10打席で3本ヒットを打つが，7本はアウトになるとわかっている。頭の中では熱い打者がポップフライを打ち上げるといつも思っている」。ビルはさらに「どんなプレッシャーにも威嚇されない。ファン，新聞，目の前の観衆などなど数多くのプレッシャーがあるのだ。注目されるのに備えて，注目され続け，うまくやっていかなければいけない」と続く。

高校やアマチュアレベルでは，先発投手が試合に入っていくためのメンタルアプローチが鍵になるとジェイ・ケンブルは信じている。「それが最も重要なことだ。投手と1対1で話をして自信をもたせなければいけない」。

目標設定やそれを達成するための手段として，投手のメンタルアプローチの改善は，初日から準備して始める。注意深い観察や，投手コーチ，コーチ，捕手の間での1対1の会話は，投手に必要とされる自尊心や自信をつくりあげるための欠かせないステップである。

シーズンの準備として，試合形式の練習に勝るものはない。試合に似た経験は，投手が自信をつくりあげる最高の場である。

ローテーションをつくって各先発投手に試合形式の練習をすることは，1シーズンに備える，特に投手に持久力をつけたい時に，理想的な練習となる。試合形式の練習で目標を設定することは，自信をつける良い機会となる。

マイク・ダンドレアは，投手個別の目標を設定する。投手のメンタルアプローチを練習する中で，「前向きでいて，自分は調子が良いといつも思うためには自分と戦わなければならない」と彼は言う。

先発投手がベストの力を発揮できるように訓練する機会を，練習と試合状況の中で私はいつもつくろうとしてきた。自尊心よりも重要なものはない。うまくできる機会を与えることで，コーチは，投手がアウトを取る目標に到達できるようにする。

試合形式の練習は，投手にいつもうまくできること，すなわち前向きでいること，集中している

こと，挑戦することに目を向ける機会を与えるための優れた方法である。そのすべてに自尊心が鍵となる。

## 4　効果的な準備方法　Effective Preparation Methods

　試合での投球準備で鍵になるのは，先発するまでが練習とコーチも投手もみなしていることである。ビル・スウィフトは「準備は徐々に進めていく。試合のレベルが上がれば，それに応じて練習のレベルは上がっていく」という。マイク・ダンドレアは，プロとして，「球場で練習すればそれで準備ができたとは思わない。先発の準備として自分でやることがあるはずだ」と主張する。

　コンディショニング，特にランニングが重要だとビルもマイクも強調する。また，食事に気をつけなければいけないとも認めている。ビルにとっては，先発前には十分な休養をとり，食事を摂ったりビタミン剤を使ったりといった適切な栄養に注意を払うことも重要である。移動やナイトゲームがあるので，休養と食事はプロ選手には特に重要となる。

　コンディショニングの重要な部分としてランニングをいつもわれわれは強調してきた。望まれるコンディショニングを達成するために，最近は多くのアプローチが考案されてきた。先発する間に

試合でプレッシャーが続いても偉大な投手は集中を乱さない。

（写真：ゲッティ）

持久走とインターバル走が適切に組み合わせて計画される必要がある。先発の次の日をコンディショニングの日とし，例えばハードなランニングと気持ち良く，しかも適切な送球練習を各投手に課す。このコンディショニングの日に外野ノックを推奨するコーチは多い。

先発予定2日前には，われわれは好んで短い送球練習を課してきた。この練習は投球技術，制球と緩急，得意球，アウトを取る球種の調整のためになる。われわれの6ステップウォームアップの中にはストレッチのみの日があるが，6ステップを通してストレッチは実施する。この練習は，観察やコーチングには絶好の機会となる。繊細な調整の中で最も大きな収穫となるのはこれらの練習であり，準備の儀式として鍵となる。

試合日の6ステップウォームアップの儀式は，試合前の準備に鍵となる。何がしかのランニングと軽い錘によるストレッチングで始める（われわれはテニス缶に砂を入れる）。6ステップの前に外野ノックという儀式もある。理想的には，投手コーチがこのルーティーンを見守る。ジェイ・ケンブルは，「コーチがいないなら，自分たちでコーチをしあう。6ステップウォームアップで，準備していくガイドラインを知るようになる」と示唆している。

ビルは試合前のウォームアップの中で「リズムをつくり，試合に入っていく流れをつくり，すべてがシンクロするように仕向けなさい」と投手にアドバイスする。先に示したように，投手は少なくても2つの球種が準備できてからブルペンを出るようにすべきである。

## 5 相手に関する情報を得る
*Getting the Book on the Opponent*

プロレベルでは，相手打者の調査は非常に洗練されている。さらに，戦術的プランを実行するための能力，武器，球種に込める意図をプロの投手はもっている。大学レベルでも，同じ種類の情報を蓄積する洗練度合いはかなり高い。相手打者を打ち取るために注意深く計画された戦術的なアプローチを実行できる投手もいる。他のアマチュアレベルになると，相手打者の調査は包括的ではなく，望まれるプランを実行する能力はやや劣る。

プロの投手であれば，蓄積されたすべての情報を処理していくかなりの準備があるとビルとマイクは認めている。「私にとって最も重要なのは，誰がバットを持つと熱くなるのか，誰がヒットを稼ぐ役なのか，誰が走者を迎え入れる役なのか，誰には譲らないのか，誰には様子見で投げるのか，を知ることだった」とビルは懐述する。各打者の弱点はどこか，何をよく打っているのか，どのカウントでよく打っているのか，を知るために，自分のノートや登板前日に自分で書いた試合のチャートをマイクは利用した。そしてビルのように，打線を手玉に取ることについて捕手と話し合ったのである。

どんな方法であれ集められた情報は，戦術プランをつくるのに価値ある示唆を与えることになる。打者と対面している投手が，先発予定の投手と似ているところがあるなら，投手と打者のチャートは特に価値が高くなる。

打撃練習を観察して，チャートをつけながら試合を見るのは，次のことを発見するのに役立つ。

**ポイント**
- 積極的な打者は誰か？
- どこへ，どのくらい強く，良い打者はボールを打

っているか？
- どんな投手が強く打たれるか？
- どのカウントで打者はボールを強く打っているか？

ケンブルは「私のレベルでは調査を本当には利用できない。投手の長所のほうに私としてはもっと興味がある。投手が最も得意としているものを使わなければならない。もちろん，先発する投手が武器をもっているなら，それが助けになる」と注意を促す。

相手打者を調査するのは，相手のラインナップを手玉に取るという目標を達成する役に立つ。もちろん，投手の素質，能力，成功の可能性に応じて調査は使われなければならない。

# 6 投球カウントと投球数
Pitch Count and Number of Pitches

デューク大学時代の私のコーチ，ジャック・クームスから，投球カウントと投球数の重要性を私は学んだ。ジャックはメジャーリーグ，フィラデルフィア・アスレティックスの偉大な投手だった。1シーズンに31勝を，そして負けなしでワールドシリーズで5勝を挙げた。また，コーチ時代は，大学優秀投手コーチだったし，私の投球理論の背景の多くは，大学時代に彼から学んだものである。ジャックは自分でスコアーブックをつけて，すべての投球をメモしていた。これは私がコーチ時代にいつも使ってきた練習法である。次の先発予定の投手は，誰でもこの作業をしている。各打者への投球数と投球総数は，試合中に，コーチがしなければならない投手交代の決断にとって価値ある情報となる。

まず，先発投手が何とかできるおよその投球総数が前もってわかると，いつ投手を代えるかの判断ができるようになる。シーズンが始まると，100球がキーポイントである。

先発投手によって持久力は違うが，うまくコンディションを整え，経験を積んだ投手でも，試合での100球はいつ投手を代えるかを決める鍵となる。もっと少ない投球数が試合の前に限界となっていれば，その限界が決めるポイントとなる。

投球障害や腕の違和感があるのなら，特に投球数は重要となる。

アマチュアレベルでは，使い過ぎを避けることが特に重要である。投球過多は使い過ぎによる重篤な腕の問題につながる。試合で投球数が多くなりすぎると投手を傷つけることになるだろう。

イニングごとの投球数があれば，監督とコーチは試合での投球の成り行きをうまく思い描くことになる。初球ストライク回数，数多い投球(2-2, 3-1, 3-2)の回数，ストライクを取る球種とそうでない球種，そして強く打たれた球種を監督やコーチは知ることになる。これらを結びつけると投手交代の決断をする助けになる。

監督やコーチとして成功する鍵は，試合中，正しいところで投手交代についての決断をすることである。正しい投手交代の決断ができなかったためにメジャーリーグでの職を失った監督は多い。正しい決断をする能力は天性のものでもあり，また経験を通して獲得する感覚でもある。こうした決断をするのに，試合の中での投球数や試合ごとの投球数のグラフが最も役に立つ。

最後に，投球数は試合間にとるべき休息のガイドラインとなる。アマチュアレベルでは，60球かそれ以上投げれば，次の先発までに最低3日は

休息となるだろう。30～60球の試合では，次の試合まで少なくても2日休んだほうが良い。15～30球であれば，1日の休息が必要となる。

こうしたガイドラインを超えると，重篤なことになる腕の違和感をもたらすことを肝に銘じたい。

## 7 試合進行にともなった投手陣の分析
*Analyzing the Pitcher's Stuff As the Game Proceeds*

投手がストライクを取れる球種，試合の岐路で投げる得意球，こうした場面でアウトを取れる球種，それぞれうまくいく球種を知っておくことは，どんな試合でも成功の鍵である。試合が進むにつれてどれにするかを決める時，投手，捕手，投手コーチの協力関係は欠かせない。

試合前，打線を牛耳る投球プランは予め集めて研究した情報にもとづいてつくる。大学・高校レベルでは，打撃練習を観察すると以下の要素を分析するのにとても役立つ。

**ポイント**
- 打撃に対する姿勢
- バットの握りの位置
- 集中力
- ストライドの広さ
- 腕の動きのすばやさ（バットスピード）
- 腰や前肩の開き具合
- 狙い球

試合前のミーティングで，打線を牛耳るために考えた試合プランは，各打者の長所・短所と先発投手の長所・短所とをもとにしていなければならない。

試合前のウォームアップは，どの球種がうまくいって，ストライクを取るためにどの球種が使えるなどを分析する最初の機会となる。投手コーチはこの分析を助けてあげるべきだし，自然に現れる投手の仕草に注意すべきである。試合に出る捕手は，ウォームアップを観察して，試合の始めにどの球種が使えるかに集中する。

自分で観察するか，投手コーチからか，いずれでも構わないが，通じそうな球種，ストライクを取るための球種，投手の長所がどう使えるか，を私はいつも知りたかった。この情報を得ることで，すでにできている戦術に調整を加えることもある。

イニングの合間は，投手の持ち球を分析するのに重要な時間である。試合戦術に適合させるために，予定した試合の流れ，投手の長所と短所への打者の反応，どの球種が通用していてどの球種が通用していないかのイニングごとの分析，をコーチたちは調べられる。

長所を利用してもうまくいかない日もあるだろう。そうした場合でも，その投手を先発に仕立てた球種で押し通すのが賢い。相手打者の能力には差があることをコーチや監督は忘れてはいけない。試合が進むにつれて投手と打者の相性を分析すれば，打者を抑え込む術を見出せる。

良い捕手に投手陣を操らせるようにしたい。捕手は気持ちの高ぶりをもっていなければいけないし，各投手の長所を引き出し，通用する球種を知り，どの球種で投手有利なカウントにもっていけるかを知っていなければならない。どんな勝利チームでもいつも鍵となるのは捕手である。投手の持ち球と，試合が進むにつれて相対する打者とを分析することで優れた捕手は投手から多くのものを引き出す。

イニングの合間かマウンドへ歩み寄りかどちらでも良いが，コミュニケーションの機会をもって，

コーチは試合中の問題を検討しなければならない。歩み寄りでの検討では，どの球種が通じて，どの球種が通じないかの調整に終始すべきである。この責任を担うのが投手コーチである。

打者に挑む，攻めるのが難しい，あるいは様子を見るといった特定の投球場面でマウンドへ歩み寄ることがある。ヘッドコーチとしての私の経験からすると，そうした投球場面で，投球を変えさせるためにマウンドへ歩み寄ったものである。

投手の持ち球と相手打者が強打している球種を分析していくと，打者に挑むか，打者を攻めるのが難しいか，あるいは打者の様子を見るのかのプランが決められる。この特別な状況において，どのように選択するかによって勝敗が決まる。

以下のような選択になる。

**ポイント**
- 打者に挑むことで気合の入った打者に打ちのめされる可能性をとるか？
- チェンジアップやカーブを混ぜて，あるいは本塁を外して投げて，攻めるのが難しいとしたいか？
- バットの芯でボールを捉えられないように，様子を見るように投げたいのか？

気合の入った打者を先発投手が自分の長所でまだ打ち取れると決めたら，2つのベストな球種あるいは1つかもしれないが，それで打者に挑むのである。投手の長所が通用しているなら，この選択はまだ先だろう。良い捕手はこのための良い感覚をもっていて，この選択の鍵となる場合が多い。

# 8 捕手とのコミュニケーション
Communication With the Catcher

試合において，捕手ほど重要な選手はいない。誰を使うか，いつも最初に決めるポジションである。多くのことを投手から引き出せる人が必要となる。覇権を握ったチームには，各投手の長所をうまく使う捕手がいる。投手を操って多くのことを引き出すように捕手を鍛えて育てるのがコーチの役目と私はいつも感じている。

このことをもっと広げて，何を投げるか，どこへ投げるかまですべて指示しようとするコーチが，特に高校・大学レベルで最近は多い。プロレベルだと，ベンチは，走者に気を配らせたり，塁へ送球や牽制させたりという指示に集中することのほうが多い。捕手に投球を指示するためには，きめ細かく取り決められたコミュニケーション方法を捕手がもたなければならない。すばやく，わかりやすく，相手に悟られない方法である。そして球種とコースを明確に示すものでなければならない，

また，走者2塁では，投手と捕手が交わすサインには必要な指示を隠すものを使わなければならない。

試合を指示するために様々な考え方をコーチは使う。覇権を握ったルイジアナ州立大学のスキップ・バートマンや南カリフォルニア大学のマイク・ギレスピーのような伝説のコーチは，試合で捕手に関する部分の指示を完璧にコントロールした。最近，2度覇権を握ったマイアミ大学のジム・モリスコーチは，投手コーチにそれを操作させた。

高校と地域レベルコーチのマイク・ダンドレアは，両方法をミックスさせて使った。育ったと思うまでは新しい捕手に対してすべてを指示した。そして育ったら，助けを求めてきた時だけ球種を捕手に指示した。

マイクはこんなふうにそれを表した。「そのカウントで自分が望むボールを投手が投げていると

思わなければならない。その時に投球を学ぶ時間は投手にはない」。すべての状況で，投手に投げてもらいたいボールを捕手は学んでいくとマイクは思っている。そうなれば捕手に試合を指示させられるとマイクは思っている。

ダグアウトから試合の指示を出すのは不愉快と感じる人は私を含めて数多い。カーブの切れ，直球の揺れ，各球種のスピンに対して捕手が抱く気持ちと同じ気持ちを私が抱くとはとても思えない。それゆえ，投手への試合指示を捕手が操れるようにトレーニングすることは私にとっては大切である。重要な場面での指示，鍵となる投球，あるいは投手交代の判断のために私の出番は残しておくことにしている。

捕手が指示を出すなら，投手と捕手のコミュニケーションは疑いなく要求される。どのように試合を運ぶか，どのように各打者に投げるかの大筋は試合前のミーティングで決める。明確な戦術が立てられて同意されるのをコーチはそこに入って確かめるべきである。

投手と捕手の間のコミュニケーションは続くのだが，試合の展開にともなって捕手が指示するのを私はいつも好みとしている。経験を積んだ投手は，自分の長所については自分の感覚を優先したがるものである。時には指示に首を振ったり，大事な場面ではタイムをとって態度に表したり，あ

投手のもっている能力を多く引き出せる捕手が良い捕手である。
（写真：ゲッティ）

るいはイニングの合間にコーチや捕手と話したりして自分の意見を述べるのをためらう必要はない。試合経験，適切な励まし合い，コーチからの観察を通して良いバッテリーはコミュニケーションで学ぶものである。

　試合を指示させるのをコーチは心地良く感じなければならない。各人がコーチの役割を理解しているかを確かめなければならない。以下の明確なガイドラインをコーチはつくらなければならない。

### ポイント

- 誰が指示を出すか？
- どのようにそれを伝達するか？
- 指示を変える投手の特権を認めるか？
- 誰が最終的な指示を決めるか？

　すべての指示をコントロールしたがるコーチは，このガイドラインよりもバッテリーのコミュニケーションが優先することを確認しなければならない。捕手に指示させたがるコーチは，指示がいかにコントロールされ，調整されるかを選手が明確に理解していることを確認しなければならない。投手と捕手との間には効率的な関係が存在しなければならない。

## 9 リズムを育む
Developing a Rhythm

　長年にわたってコーチをしてきた中で，いつもリズムをもって投げる投手の最たる者はビル・スウィフトだった。コーチになって「投手がうまく投げられるように仕事をしている。様々なことの調和を感じて，リズムの中で投げさせなければならない」とビル自身が指摘している。

　「投手に真ん中低め，続いて本塁の半分，そして1/3へ直球を投げさせる」ことでこの流れをつかむのをマイク・ダンドレアは好む。「高校生にコントロールのある投手なんてそう多くいないので，ただ投げさせるだけでなく，制球をつけさせるためにもこの方法を使っている。1/3に投げ込めたら勲章になる」とマイクは説明する。

　長い間使ってきた6ステップウォームアップ，それは試合でのリズムを育む助けとなるものだが，それをジェイ・ケンブルは利用している。リズムをつかむことは，「自分を支える2つの球種を準備して試合に臨むという目標をつくり，それを適えていく」ために強調される点である。

　投球のリズムは，自信，適切な集中，そしてスムーズな投球動作を反映する。リズムをつくっていなければ，投手は計画通りに試合を運べないし，望むところにボールを投げられない。

　リズムができているかどうかを見極めるテストは，打者がそれを粉砕できるかである。自信があってマウンド捌きが良い，そして熟練した投手はバランス姿勢から適切な戦略を駆使して打者に対抗する。「バランス姿勢にもっていったら，ボールを持ち上げて投げ込め！」と投手たちに教えている。このような状況を経験することで投手はバランスと流れを保てるようになる。

## 10 救援投手の心構え

*Mental Approach of Relievers*

先発と同様に，救援投手もポジティブな心構えでなければならない。ポジティブに考えて，そして試合状況や強烈な打者のプレッシャーに影響されないで試合に入り込まなければならない。鍵はポジティブでいることである。

イニングの始めから救援投手が出てくるのなら，「初回のように，3つアウトを取るつもりでイニングに入る」とビルは示唆する。「最悪のプレッシャーは走者ありと思って入ってくることである。準備していなければならない。結局，自分が出て行く役割を知ることだ」とも加えている。

もう1度，投手にとっての鍵は，自分にとってうまくいくもの，ストライクを投げるための長所を整えて試合に臨むことである。先発と比べて救援で準備することの大きな違いは，「すばやく肩をつくる，すばやく強く投げられるよう，おそらく5分以内に」とビルは述べている。さらに，「すばやく持ち球を準備して，得意球をもってそこに行かなければならない」とも強調している。

ある投手がもう準備できているとどうやったらわかるだろうか？ ブルペンコーチ，投手コーチでさえ，もうできていると言うのは難しい。できてもいないのに，できていると言ってきた投手を数多く見てきたとビルは言っている。そうした投手はもっと早くリズムをつくる方法を身に付けなければいけないし，もっと早くすべてがシンクロしているようにしなければいけない。経験によってどうやったら良いかを身に付けるだろう。少なくても得意球を投げられるようになったら準備できたと私はいつも思ってきた。

アマチュアレベルでは，おそらく，ブルペンで得意球さえ投げられれば試合で役に立つだろう。理想は2つの球種が投げられるようになるまでだろう。

### Point

投球戦術は，特にアマチュアレベルでは，最高にできるプレイ，一貫してできるプレイ，それができる才能，といった数多くの要素によっている。これらを考えることで戦術が決まってくる。

武器，才能，一貫してそれをするための自信が大きければ，それだけ戦術は数多くなる。得意球と自信で勝負しなければならないし，そのおかげで勝利できるためにできることを多くしなければならない。

どんな試合状況でも「先発でも救援でも，できるだけ準備させる。うまくいかないことで乱されてはならない。うまくいっていること，うまくいくであろうことで勝負する」という哲学でわれわれは野球をやってきた。

# Part II ― 投球戦術

## 11 投手の起用法

### 1 投手の肩のモニター
*Monitoring Pitchers' Arms*

　投球のシステム，プログラム，構造化された練習，計画について，あれやこれやと私は聞いたり，見たり，本で読んだりしてきた。試合で投げて，次の日にはこれをやり，2日目にはこれを，そして3日目には数多く投げる。あるいは，投げて，投げて，投げまくる。しかし，どんな投手にも通じる確固としたシステムを見たことがない。

　肩はそれぞれ異なる。投手はそれぞれ異なる。からだはそれぞれ異なるのである。うまく機能することが別の人には必ずしも機能しない，あるいは同じようには機能しない。打者を打ち取る戦略からすると，肩やからだの健常さや回復具合はすこぶる重要と思える。肩やからだをうまく保つには，各人のメンタルアプローチが求められる。投手というポジションに必須の逆境を，いとも容易く操れるほどに投手はメンタル的にタフでなければならない。

　からだや肩について学ぶように投手には教えるべきである。回答すべき疑問には以下のようなものがある。

#### ポイント
- 最良の回復方法はどういうものか？
- 何日休みが必要か？
- 肩のアイシングをすべきか？
- どういったコンディショニングをすべきか？

　事前のストレッチング，コンディショニングを通した血液循環の調整，筋力や筋の緊張状態のアップだけでなく長期シーズンを通した筋力維持も加えた筋力プログラム，事後のストレッチング，

といった総合的なからだのケアをすべての投手と投手コーチは探し求め，学び，研究し，精錬してたどり着くべきである。

　自分の投手たちには肩を完璧に調整してほしいと私は望んでいる。肩の状態の判断もしてほしい。肩の感じがわかるのは本人だけなので毎日評価もしてほしい。自分のからだを自分でわかるようにと，評価システムをわれわれはつくった。投手に「調子はどうだい？」と尋ねたり，「上々ですよ」との返事を聞いたりするのには飽き飽きしている。投手と投手コーチとの間で行われるこうしたコミュニケーションは正確ではない。どのような調子なのかを正確に知りたいのである。さらに，自分の肩の調子が日ごとにどうなのかを評価し，測る方法を投手が理解して，身に付けてもらいたい。そうなってはじめて，自分の肩の状態を投手は定量的に判断できるし，各投手の能力を調整するために十分な情報をコーチは得られる。

　このようにしてわれわれの評価システムは機能する。毎日，練習の始めに，調子がわかるまで投手陣がキャッチボールをしたら，投手コーチのクリス・シーハンは，1から10までのスケールでその日の肩の調子をひとりひとりの投手に尋ねる（調子とは，痛み，不快，あるいは疲労の程度感とともに，肩をほぐしたり，ウォームアップしたりしたその人の感覚を指す）。1から10までのスケールで，1は意識なく倒れていることを指し，すぐに119番の状況で，10は痛みなく，筋力が最高で，シーズン半ばのコンディションという肩が完璧な状態を指す。投手はまあまあの調子であれば7〜8.5を出す。その場合，シーハンコーチは何も言わない。6.5以下が続けば，コーチは理由を問うて調整がなされる。野球が肩をいかに酷使しているかを学び，モニターできるように，各投手の名前とともにこれらの評価を毎日シートに記す。

　長い期間にわたってのこのデータによって，誰が，何ができるのかを把握できる。それによって投手の肩に対して質の高い，健全な判断をすることができる。われわれスタッフで役割分担をする時，このデータは本当に手助けとなる。この評価システムで，各投手は2つの約束を守らなければならない。1つは正直であること。2つめは一貫していること。ある投手の8が別の投手の8と違うかもしれないが，大事なのは各投手の肩の状態を知ることであり，賢く管理することである。日ごとの評価が，それぞれの投手がある日にどの程度投げるのかを決めることになる。

## 2　球速コンプレックスに打ち勝つ
*Overcoming the Velocity Complex*

　打者を打ち取る投球術に取り組ませるようにしている。若い投手は球速や三振が投球の素質を表すものだと見なしがちである。そして，懸命に投げようとすれば悪くなるだけという状況なのにもっと強く投げようとするという球速コンプレックスになっている若い投手によく出くわす。評価と練習を通じて，自分のテンポを各投手には見つけさせるようにしている。そのテンポは投球動作を助け，動作の繰り返しをスムーズにして，おかげで投球の心持ちを良くする。

　練習やブルペンで投げている時，試合で疲れている時，試合でプレッシャーがかかっている時，この3つの時に，投手は同じテンポを保たなければならない。この3つの時に自分のテンポを見出せれば，マウンド上でバランスのとれた身のこなしと適切な考えを生み出す。この投球と球速の兼

ね合いを理解するためにコーチと選手は良く話し合うべきであり，その感覚を身に付けるように投手は毎日練習すべきである。

## 3 ローテーションを決める
*Determining Rotation*

先発投手を選び，ローテーションを決めるために以下の話は参考になる。

### ❶ 先発投手の特性

性格をみる前に，適切なからだづくりをして，できるだけ多くの試合，多くのイニングを投げる時間をコーチはとらなければならない。それによってコーチは先発を誰にするかを決められるはずである。この決定で重要なのは，打者を打ち取るパターンを投手が何種類もっているかである。当てるのがうまい打者，理論的な打者，パワフルな打者，流す打者，拙い打者，うまい打者に出会うし，左右の打者と対戦する。その多様さに対応して先発投手として成功し続けるためには，球種を使いこなす力をもち，ストライクを投げなければならない。以下の3つの球種をもっていなければならない。

**ポイント**
1) 正確に投げ分けられる直球
2) 本塁上に投げられる変化球
3) チェンジアップ

これら3つを組み合わせられなければ，試合の5〜7イニング，様々な打者を打ち取るのは難しいだろう。他に先発投手としては，気持ちのコントロール，厳しい状況で厳しく投げる能力，投球を持続する能力，そして競い合う能力が求められる。

### ❷ エースを使って先行する

投手陣の中に，少なくても3球種もち，使いこなせる力をもっていて，競い合う気持ちとその気持ちをコントロールできる投手が幸運にもいるなら，真のエースを抱えている。連戦の初戦はエースを使って先行するつもりで私はやってきた。このことは，チームの大きな助けになる。

まず，エースがマウンドにいる時には，チーム

第1試合にエースでリードすれば，シリーズへの勢いがつく。
（写真：ゲッティ）

のメンバーすべてがより自信をもってプレイをする。初戦に自信をもってプレイすれば，その連戦を通して勢いをつけられる。さらに，初戦を勝つと連戦に勝つチャンスも大きくなり，覇権へとつながりやすい。エースで先行できないと，投手陣やチームの皆に厄介なネガティブなメッセージを送るリスクを背負うことになる。

### ❸ 先発ローテーションを多彩にする

　先発ローテーションを決める時，多彩にしておくべきと感じている。剛球，緩球の左腕，中速のスプリットを投げる投手といたら，相手に多彩さを示せる。例えば，初戦は，最良の，おそらく剛球のエースで先行する。2戦目は，緩球を巧みに操る左腕といったそれとは対照的な能力をもつ投手で挑む。そして第3戦目は，高速の右腕で再び多彩さを示す。この順とすれば相手打者のタイミングを崩し，間違いなく優位に試合を進められるだろう。

### ❹ 役割を定める

　投手として，いつ投げにいくのかをいつも知りたいものである。自分がそうだったので，投手陣にはそれぞれの試合で自分の仕事は何かを知らせることにしていたが，状況によっては変わり得るとも知らせていた。それぞれの日，自分の役割を知ることは精神的な助けになる。知っていたことは幸いだったと投手たちはいつも私に言っていた。役割に関しての隠し立ては何もなかった。自分の投手陣とこうしたコミュニケーションをとることが重要と思う。

　役割を定めることは，投手陣を育てるためにきわめて重要な部分である。先発，ロングリリーフ，中継ぎ，抑えなど，自分の役割は何かを投手は知る必要がある。役割ごとに必要とされる技術とそのレベルが違う。役割を定めると，節制をし，まっとうするための一貫した練習姿勢を投手陣はつくり出す。役割によって，毎日の練習の中で重みづけが違う。投手陣は強い気持ちでこうした役割に取り組まなければならない。先発でないからといって落ち込む必要はない。王者のチームには，優れた先発，優れたロングリリーフ，優れた中継ぎ，そして優れた抑え投手がいることを良く理解して，自分の能力に最適な役割を演じなければならない。投手陣が個々の役割を受け入れて現実のものにすることが，成功には欠かせない。

## 4　ラインナップに関するアドバイス
*Advice on the Lineup*

　以下は，先発ラインナップを決める時の簡単なディスカッションである。先発ローテーションの判断，したがってブルペンの動きと一緒にして以下の情報を考えなければいけない。

### ❶ 知っていることを使う

　自分そして試合が変わる機微，些細な特徴，そして小さな道筋を選手が学んでいくようにラインナップを組みたい。選手にはこれらのことを学んでもらいたい。1つのチームの中で様々にラインナップをつくることは難しいと私は思っている。そして現有戦力でラインナップをつくらなければならない。足が速く当てるのがうまい打者のチームか，パワーあふれるチームか，先発や攻撃のタイプはその状況で選ぶことになる。

「知っていることがすべて」というフレーズを使いたい．打者としては当てるのがうまいと知っているのである．足が速いかどうかを知っているのである．最高の打者と知っているのである．パワーあふれると知っているのである．当てるのはうまくない，よく三振すると知っているのである．できないあるいはできなかったことを求めてはいけない．できるとわかっていることでいくべきである．知っていることを使うのである．

誰が，いつプレイするかの判断を助けるのは，3拍子揃った選手を配置して試合をスタートし，リードしたら守備要員に置き換え，リードされたら攻撃要員に置き換える原則である．先発ラインナップを組む時には，以下の3つの考え方から1つを選ぶ．

**ポイント**

1) 投手陣からの考え方──優れた投手陣がいるなら，最高の守備ラインナップでスタートすると良い．多く失点をしそうな投手陣なら，多く得点を生むラインナップでスタートする．
2) 守備あるいは攻撃からの考え方──攻撃志向と守備志向のラインナップを備えておく．あとは自分の選択である．
3) 「野球選手」からの考え方──走れて，打てて，守れるという3拍子揃った選手を選ぶ．

成功するはずの状況に選手を置きなさい．できる技術のみをするように指示しなさい．選手の技術の多様性によって攻撃のスタイルを決め，技術に一致した判断をしなさい．繰り返しになるが，選手には得意なことをさせるようにしなさい．

## ❷ ─ 1～9番打者の特性

1番打者は，攻撃を促す選手である．最も足の速い選手である必要は必ずしもないが，最も塁に出る選手であるべきである．こうした選手を見出して，最も得意とすることをさせられたらチームにとっては貢献大である．敵であれば見たくない選手である．

私にとっては，2番打者は第2の1番打者である．1番打者が出られなかったら，もう1度やり直しなので，同じ特性をもっているべきである．

3番打者は最高の攻撃要員である．真の打者で，試合の大事な場面で登場させたい選手である．最もアウトを取りにくい打者である．大事な場面で期待に応えてくれる打者，チャンスに強い打者である．

4番は，大きく，強く，威圧する選手であってほしい．打席に入ると「こりゃ参った，注意しよう」と投手と捕手が言うようであってほしい．投手と捕手がそんなふうに考える時，それで良いことが生じるとは私にはとても思えないからである．2番目に良い万能攻撃要員であって，攻撃的にスイングする打者であってほしい．

5番目の打者も威圧して大きなスイングをする打者である．相手が4番打者に投げるようにあふれるパワーの持ち主であってほしい．走れれば助けとなろう．通常，4番打者はそれほど足は速くないので，走れない選手をあまり集めたくはない．そこで，足のある威圧的な選手がいれば5番を打たせなさい．

6，7番は，うまい走者にしたい．どうしたわけか繋ぎの場面にしばしば打順が回ってくるので，良い打者を1人，7番に残しておきたい．

投手は，次のイニングを9番から始めたいために，特に2死ではアウトを取りにくるので，直球を打てる打者を8番に置きたい．それなので8番打者は挑まれる場面によく出くわす．そして投手と捕手は直球で挑んでくると私は思う．直球をうまく打てると8番打者は役に立つと思う．

9番には最速の選手を置きたい．ドラッグバン

ト，盗塁，そして待てて選べる直球打ちである。先頭で9番打者が四球を選んで始まった最高のイニングを思い出す。

　先発に起用すべきか，打順のどこを打たせるかを決めるのに，別の考えも重要となる。

### ポイント

- 当てるのがうまい打者
- 足が速い選手
- 2ストライクから調節できる打者
- パワーのある打者
- メンタルの強い選手
- 塁に走者がいると強い選手
- バントの名手（ドラッグあるいは犠牲）

　1つのポジションに交替で選手を用いることも考えられる。右投手にめっぽう強い左打者，左投手にめっぽう強い右打者は，逆の状況では苦戦するだろう。しかし，これら2つを組み合わせると1つの良い先発ラインナップを生み出せる。

# 5　相手を偵察してデータを使う
Scouting Your Opponent and Implementing Data

　試合でチームを優位に導くには，相手を偵察したデータを集めて効果的に使う必要がある。

## ❶——プレイを予測し，情報をリレーする

　レポートを集めて相手を知るのは良いことと思う。全体の傾向，足の速さ，パワー，走るために使いたがるプレイ，走塁の仕方，バントをするか否かといった相手のデータを集めるためにかなりの時間を使う。これらのデータは相手のプレイを予測する助けになる。相手打者の傾向，特定の投手に打者はどう対処するのか，こちらは打者に対してどうプレイするのか，打者にどう投げるのか，ミーティングで各選手に手渡す偵察レポートの中にはこうしたことがすべて含まれる。その上でプランを実行しようとする。試合が進むにつれて，試合ごとあるいは打席ごとにプランを修正するかもしれない。しかし，野手，投手，チーム，そしてコーチはパターンに従う傾向にあるので，数試合で集めた情報は繰り返されがちである。同じ場所に打ち返すし，同じ球種に苦しむし，同じ球種をうまく打つし，同じ状況では同じプレイを求めるだろう。試合で生じるこうした情報を知っておくことは欠かすことができない。その場での対応よりも1歩先んじることができる。

　図11-1，11-2は，相手の偵察レポートの例である。特定の相手について価値ある情報を得られるように，こうしたレポートは注意深く保管され，しっかりとモニターされる。似たような状況でのこうした情報が積み重ねられることで選手は対応を考えるようになるし，相手が何をしてくるか予測するようにもなる。このデータを選手配置や状況判断に組み込んできたおかげで，長年にわたり多くの試合でわれわれは勝ちを収めてきた。

　図11-1は登板予定のない投手の1人によって記される。「相手の攻撃プレイ」というシートの入ったノートを持っている。相手の攻撃プレイを注意深く観察し，正確に記録し，リスト化されたカテゴリーすべてを埋めなければならない。同じ選手を使って同じ状況では同じことをする傾向がコーチにはある。コーチはある状況のあるカウントでは盗塁をしたがる。

　図11-2は対戦する打者の総括である。わかるように，少なくても16打席と多くの球数をミラ

## ゴンザガ大学野球部
## 相手の攻撃プレイ

相手　フレスノ州立大学
日付　1-14-02

| | 打　者 | 走　者 | カウント | アウト | 得　点 | イニング | 打球方向 |
|---|---|---|---|---|---|---|---|
| ヒットエンドラン | ジョーンズ | スミス 1B | 0-0 | 0 | 1-0 | 2 | 右側 |
| | ビショップ | ハーパー 1B<br>エバンス 3B | 2-1 | 1 | 2-0 | 4 | 左側 |

| | 走　者 | 塁 | カウント | アウト | 得　点 | イニング | 盗塁タイプ |
|---|---|---|---|---|---|---|---|
| 盗　塁 | スミス | 1B | 1-0 | 2 | 2-0 | 3 | ストレート |
| | ロリンズ | 1B | 2-2 | 2 | 3-2 | 6 | ディレード |

| | 打　者 | 走　者 | カウント | アウト | 得　点 | イニング | 場　所 |
|---|---|---|---|---|---|---|---|
| バント | ハーパー | ビショップ 1B | 0-0 | 0 | 4-2 | 5 | 犠牲. 右側 |
| | ビショップ | なし | 1-0 | 0 | 4-3 | 7 | ドラッグ. 左側 |
| | エドワード | なし | 2-1 | 1 | 5-3 | 8 | ドラッグ. 左側 |
| | ジョーンズ | ロリンズ 2B | 2-0 | 0 | 5-3 | 8 | プッシュ. 左側 |

| | 1塁走者と盗塁 | 3塁走者と盗塁 | カウント | アウト | 得　点 | イニング | 結　果 |
|---|---|---|---|---|---|---|---|
| 1-3塁 | スミス-ディレード | エバンス送球時 | 2-2 | 2 | 3-2 | 6 | 悪送球で得点 |
| | ビショップ-3/4 | ジョーンズ捕手送球時 | 1-2 | 2 | 5-3 | 8 | 遊撃→捕手で本塁死 |

■図 11-1　相手の攻撃を記録するチャート——このデータは相手の偵察レポートになる

## 相手の偵察レポート―打者―

チーム　カリフォルニア大アーバイン校　　　日付　1-28-02
背番号　14　　　　　　　　　　　　　　選手　ミラー

打　：R /(L)/ S　　　走　力：A- / A /(A+)/ A++　　　盗　塁：(Yes)/ No
傾向：PM-5　　　　　パワー：平均　　　　　　　　　ミート：良
犠牲バント：(Yes)/ No　プッシュバント：Yes /(No)　ドラッグバント：(Yes)/ No　ヒットエンドラン：(Yes)/ No

### 打者の特徴

長　所　　　　　　　　　　　　　　　　短　所

強い球種：　直球　　　　　　　　　　　弱い球種：　左投手の変化球, チェンジアップ
強いコース：真ん中から内　　　　　　　　弱いコース：外角高め
初球打ち：(Yes)/ No　　6/16　　　　　　空振り球種：左の変化球, 右のチェンジアップ
2ストライクからの調節：(Yes)/ No　　　追いかける球種：直球, 左の変化球, 右のチェンジアップ
死　球：(Yes)/ No　　　　　　　　　　　追いかけるコース：高め, 低めの逃げる球
打席位置：投手寄り前

対右投手 打席：
1. 1B　　カウント：0-0　FB in
2. 2B　　　　　　1-0　FB mid
3. K　　　　　　 3-2　FB up
4. F-8　　　　　 1-2　BB mid
5. 3U　　　　　　0-0　CH mid
6. HR　　　　　　0-0　FB mid
7. 4-3　　　　　 2-0　CH away
8. 1B　　　　　　0-0　FB in
9. 1B　　　　　　3-1　FB mid
10. F-6　　　　　1-0　CH away
11. HBP　　　　　1-1　FB in
12. F-8　　　　　0-0　CH mid

対左投手
13. 5-3 drag　　 0-0　CH away
14. 4-3　　　　　2-2　BB away
15. K　　　　　　1-2　BB away
16. BB　　　　　 3-2　FB up

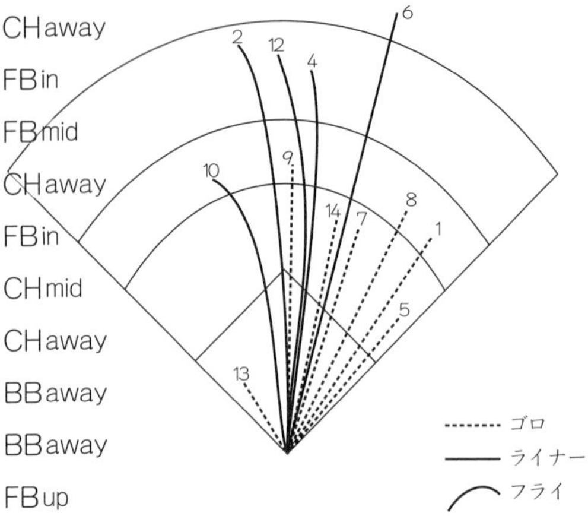

凡例：------ ゴロ　―― ライナー　⌒ フライ

■図 11-2　相手打者の偵察レポート例

一選手について見てきた。彼を見て，そしてシートに記録されたもの中に彼と対決するためのデータが数多く含まれている。

集められた情報は，それをリレーするシステムがなければ役に立たないだろう。以下は，各打者の情報を共有するために，中堅手，遊撃手，2塁手，捕手と何をしているかの例である。1～9番までの偵察情報を記したテープを4選手それぞれがグラブに貼り付けている。打者が打席に入ると，グラブに貼ってある，どう投げるかについての偵察レポートを捕手は参照できる。2塁手と遊撃手は適切な情報（傾向と足の速さ）を1，3塁手にリレーする。中堅手は両翼に同じようにする。以下はこうした情報を共有するためにわれわれが使っていたシステムである。

| P | 引っ張り | |
| M | センター返し | |
| O | 流し | |
| 1 | 右打者 | 平均以下のパワー |
| 2 | | 平均的なパワー |
| 3 | | 平均以上のパワー |
| 4 | 左打者 | 平均以下のパワー |
| 5 | | 平均的なパワー |
| 6 | | 平均以上のパワー |

ある選手がP-3であれば，すべて平均以上のパワーで引っ張る。PM-2であれば，平均的なパワーで引っ張るとゴロか，センターに打ち上げる。

硬い土の内野のプレイでは問題になってくる足の速さの情報も共有したい。以下のように共有する。

| A++ | すばらしく速い |
| A+ | 速い |
| A | 平均的な速さ |
| A- | 遅い |

各打者について共有しておくべき最後の要素は，どのように彼に投げるか？　彼はどこが苦手か？である。

| Reg. | この打者には「通常」で投げる（追い込んで投手の長所で攻める） |
| Chal. | 挑む（ほとんど直球で真っ向勝負） |
| Back | 通常の逆をいく（追い込んだら直球，ボールが先行したら他の球種） |
| Jam | 苦手は内角 |
| Away | 苦手は外角 |
| Up | 苦手は高めのストライク |

この情報をすべてまとめて，例えば背番号が書かれた相手の先頭打者について，野手のグラブに貼られたテープが示すのはこのようである。

> # MO-5A ++ Reg.Away

これは，打者はゴロでセンター返し，流すと打ち上げる，平均的なパワーの左打者で，すばらしく足が速い，ということである。こちらは通常で投げ，苦手なのは外角である。

自分の手元に偵察レポートがあると，打者はある球種が好きで，苦手なコースがあり，別のコースは得意で，ある球種を追いかけ，別の球種をうまく打つといった投球を要求することになる。そうしたデータがあると非常に有利だが，危険でもある。

投手は2種類のミスを犯す。動作のミスは単に狙ったコースに投げ損なうことである。判断のミスは間違ったコースに間違った球種を投げることである。われわれコーチは，判断ミスを減らすために，球種とコースを要求したがる。しかし，この要求をすると，試合中の最も自然な交流と仕事の1つ，投捕関係を奪い取ることになる。最近の2打席を振り返り，その打者の長所と短所についての偵察レポートを思い出して，どのように打ち取るかという捕手の感性と理解を蔑ろにする。

しかし，ある状況で，打者を打ち取る自分の感

性と投手の長所とを結びつけたことがない捕手がチームにいることは多い。そうした状況では，鍵となる球種あるいはすべての球種をわれわれコーチが要求する。

われわれには打者を打ち取るすばらしい感性をもったベテラン捕手がいた。その場合，試合前やイニングの合間には偵察レポートで投手と捕手にあれこれ言いたい。その後に，彼らにレポートを持って行かせたり，判断をさせたりする。

## ❷─球種が漏れないように注意する

捕手へ伝えるコーチ，投手へ伝える捕手，投球前や投球時に動きを変える投手，それぞれから球種やサインを盗むのがコーチたちはどんどんうまくなっている。コーチ，捕手，あるいは投手が球種やコースを漏らしたおかげで私のチームはいくつも試合を落とした。

相手が球種やコースを知っているかどうかはどうしたらわかるのか？ 1塁コーチ，3塁コーチ，次打者からの声，あるいはダグアウトからいつも聞こえてくる名前，数字，苗字，名前，フレーズに耳を傾けるのが1つの方法である。捕手が最もその種の声のサインを見抜けるはずである。わかってくると，漏らしているところをよく見るようになるが，一方でサインを変えるようになる。

サインを見抜いているかを知るもう1つの方法は，打者がある球種にどうスイングしているかを観察することである。直球すべてに力一杯スイングしているか？ スイングに全力を傾けられていたら問題である。緩球，変化球に全力を傾けているか？ 何が来るかわかっているかのように見事なバランスで打ちにいっているか？ スイングがどのように見えるか？ これらを総合すれば，球種やサインを知っているかどうかがわかるだろう。

したがって，球種をこちらで要求するか，鍵となる球種だけを要求するかを決める時には，盗まれずにサインを出せるかをテストしなければならない。誰かにあなたのサインを盗ませなさい。打者が何が来るか正確にわかっているとしたら，投手はどんなに打ちのめされるか想像してみよう。

投手が球種を漏らさないようになるのを助けるために，試合に出ていない選手に自チーム投手から球種を盗ませなさい。チームメートは，マウンドで球種を漏らさないために修正するポイントを指摘してくれるだろう。

相手は捕手からも球種を盗もうとする。サインを出す時に捕手は両側から見えることを忘れてはいけない。腕を動かさないようにしなさい。また，走者2塁で使える2〜3の球種の出し方をつくっておきなさい。捕手からの漏れがないことを確かめるために，サインを盗もうとする内部のメンバーを使いなさい。

ダグアウトから球種を要求する時には，同時に少なくとも2人がサインを出して，こちらのサインを盗もうとする人に2倍の負担をかけたい。相手方をもう少し混乱させるために，捕手にさえも球種を出させるだろう。

混乱を招いて，投手，捕手，コーチに，当然の考え方を逸らせ，投球のテンポを狂わせ，妄想を抱かせるように，いかにも球種がわかっているかのごとく振舞うチームもある。打者を打ち取るために投手，捕手，コーチがしようとしていることを崩すにはこうした駆け引きが効を奏すはずである。

## ❸─ボール球をうまく使う

どんな試合でも，投手が意図していなかったボール球を投げることはある。それはよくあることだと投手はわかっていなければならない。意図していなかったボール球をうまく利用するまで，投

手は投球を洗練するとわれわれは強く信じている。これができないと勝敗に大きく関わるだろう。

　良いボール球，コントロールされたボール球に集中するために，投球ごとや一連の投球の前に，捕手が「どこか」に触れる方法をわれわれは使っている。この方法は，状況ごとに，もっと言えばカウントごとに決められる。例えば，ある打者の初球に捕手がマスクの前を触る。これは，捕手が構えたミットを外すなら，本塁中央へ投げ損なうように投手に指示している。投手は本塁の外角半分か内角半分へと投げようとするが，外したとしても本塁の中央へ外すことになるだろう。それによってカウントは有利になる。初球を外角へ投げたくないし，カウント1-0になることも避けたいのである。

　本塁の中央への投げ損ないは，カウントが0-2，1-2になるまでは大丈夫だろう。そのカウントになったら捕手は外へ外すように変えるだろう。外へ投げ損なうようにと投手に指示するために，捕手はマスクの横を触る。狙いは，本塁より広くコースを使って打者を追い込むことである。ブルペンで練習してから試合でこの技術を使う。ストライクとボール球の両方を指令する1つの方法である。ボール球をうまく使う投手は狙いを外してもダメージを少なく抑えられる。

## ❹　打者を打ち取る3つのプラン

　投手は打者を打ち取るプランをもっていなければならない。以下のようなプランに焦点を絞るように投手には要求する。

### ポイント

1) 追い込んだら本塁をより広く使う。
2) カウントを悪くしたらセオリーとは逆に投げる。
3) 打者に挑み，真っ向勝負で，打たせる。

　前に述べたように，これらプランのどれを使うかは状況によるだろう。しかし，プランなく向かっていくのは危険である。得てして投手のプランは，初球ストライクで追い込んで打ち取るものになりがちである。そうしたプランがうまくいかず，カウントを悪くした時に効果的な方法は，直球のカウントで別の球種の投球である。

　投手はゾーンを外して投げられるし，打者はカウントを気にしてその投球に対応しなければいけないので，追い込むのは打ち取る確率を高くする。打者に挑んで，真っ向勝負も他の2つと同じぐらい打ち取れる確率は高い。ストライクを投げられる投手であれば，相手は打ち返して多くのアウトを生み出す。好都合な状況，得点であれば，打者に挑むのはとても良いプランなのである。

## ❺　どんな投手でも知っておくべき3つのこと

　以前，アトランタで開かれたアメリカ野球指導者協会（ABCA）の会議で，私は，たまたまケビン・ブラウンのすばらしいクリニックを聞く機会に恵まれ，称賛せざるを得なかった。相手に立ち向かう前にどんな投手でも3つのことを知っておかなければいけないと彼は言った。

### ポイント

1) 他の打者とは少し変えて投げられるように，相手チームの中で，誰が攻撃的で，バットをうまくスイングするのかを知っておきなさい。
2) 誰が足が速く，盗塁するかを知っておきなさい。知っていれば，セットポジションの時にゆとりができるし，走者を塁に留めておける。誰を塁に留めておくべきか，誰をあまり気にしなくていいか，知っておくべきである。
3) 誰が初球から振ってくるかを知っておきなさい。初球のストライクをスイングして存在を示す打者

に投手は打ちのめされる。打者がまさにその球に狙いをつけているのに，投手が単純に追い込もうとしていれば，結果は悲惨である。それゆえ，誰が初球打ちかを投手は知っておくべきである。

# 6 才能を最大限有効に使う
### Maximizing the Stuff Available

打者を打ち取るプランとして，自分の才能を最も活かすことを投手は取り入れるべきである。偉大な投手は誰でもそうしていると思う。

## ❶ ― 2対1での精神状態

2人でチームを組めるチームスポーツ，バスケットボールで2人の選手がボールを持っている1人の選手をガードする時には，身体的にも精神的にも明らかに有利である。アメリカンフットボールで2人の選手が組んでラインマンをあるいはレシーバーをカバーすれば，やはり身体的にも精神的にも有利になる。打者を打ち取る投手と捕手に2対1の精神状態を持ち込みたい。そうすれば同じ精神的，身体的な有利さが生まれる。打者を打ち取るために捕手と連携して，投手にその精神的な有利さを使わせたいのである。

どんな投球にするかは捕手と投手で決める。どのコースに投げるかも2人で決める。スピード，球種，フォームを変えて騙すことを決められる。そして投手の成功を捕手が自分のものにできれば，どんな打者にも正しく2対1の有利さをもてる。この有利さを投手と捕手が理解しなければならない。そうできれば，投手優位の試合ができる。この有利さを投手陣と捕手にもたせられないなら，コーチとして怠慢である。

## ❷ ― 自信をつけるために打撃練習のチャートをつける

自信のない投手はいるものである。自信をもって投手が投げれば，良いボールがいく。全体がうまくいくだろう。打撃においては，自信が最も欠かせない要素であろう。そのくらい安打を放つのは難しいし，後ろには守ってくれる8人の選手がいると投手はわかっている必要がある。

たとえすばらしい才能がなくても，投手には大きな有利さがある。打たせれば，多くの打者を打ち取れるチャンスがある。安打を放つのが難しいと自分の投手がわかっているかどうかを確かめるために，打撃練習のチャートを彼らにつけさせる。クリップボードを渡して，彼らに打席，打ち返した数，安打数とアウト数をつけさせる。時速110〜120km程度の打ち頃の直球で，プレッシャーがない打撃練習でさえも50〜60％はアウトになることが彼らにはわかる。変化球と緩球を混ぜて，打者の弱点がわかっていれば，アウトになる割合はたちどころに上昇する。それに気づくと，投手は失っていた自信を取り戻せる。私の投手コーチは，苦しい場面でマウンドに行っても，打撃練習ですら安打を放つのがいかに難しいのかを投手に思い出させるだけである。

## ❸ ― カウントのもつパワー

打者を打ち取るのにカウントの影響は大きい。カウントで打者の自信を打ち砕ける。カウント

2-0と0-2では打者の考えることはまったく違う。カウントが打者にいかに影響するかという研究によると，1-0，2-0，2-1，3-1と比べて，0-1，0-2，1-2では，そして2-2ですら，打率は圧倒的に低い。投手は，打者を生き延びさせたり，打者がアウトになるのを待ったりしてはいけない。カウントのもつパワーを使う投手は，成功する可能性が高い。

### ❹──初球ストライク

聡明な投手コーチは「最高のボールって何だろう？」と尋ねて，「ストライクさ」と自ら答える。もう1歩先へ行って，打者を打ち取る最高のボールは初球ストライクだと言いたいのである。初球ストライクを取ることによって，打者を打ち取る道筋が数多くなる。望むようにカウントをつくれるし，打者を窮地に追い込めるようになる。

投球をとことん突き詰めていったら，勝つためには初球ストライクを取って打者をアウトにする能力に行き着くと思う。しかし，コーチが教えたり，要求したりしてもこの技術を簡単には身に付けられない。コーチがしつこく言って，毎日の練習の中でいつもそれを練習させなければならない。普通のキャッチボール，投手のキャッチボール，ブルペン，それぞれで初球ストライクを取るチャートをわれわれはつくった。初球ストライクを取るのは身体的な技術でもあり精神的な技術でもある。われわれは毎日それを練習する。初球ストライクに気持ちを込めるために，球種サインを出す前にそれを伝える捕手サインもつくっている。

この練習をする時，投手は窮屈に感じることがよくある。窮屈さから逃れたいので，しばしプレートから後ろに下がる。この「しばし」を認めてあげるべきと私は信じている。徐々にこの技術を学んで投球を改善していくだろう。初球ストライクの確率は，防御率や勝率と直結すると私は信じている。

### ❺──鍵となる3つの状況での気持ち

数年前，ルイジアナ州立大のスキップ・バートンコーチの話を聞く機会に恵まれた。その中で，捕手が投手に要求するパターンの話がすばらしいと私は思った。そこで，それを少し修正してわれわれのプログラムに採用した。簡単にからだのどこかに触ることで捕手が3つのパターンを投手に伝える。

第1のパターンは，イニングで最も大事な打者は先頭打者だと投手に知らせることである。この打者を退けることに全力を傾けなければならない。先頭打者をアウトにする能力は，相手の走塁を食い止める鍵になる。1死走者なしになれば攻撃側は得点するのが難しくなる。毎日の練習の中で先頭打者に集中する精神を養うものである。そうして集中もなくイニングを始めてしまう投手の怠慢や消極性を除くようにしている。

走者が塁上にいたり，事がうまく運ばなかったりした時に第2のパターンを使う。この状況でいかに投球するかが成功する鍵の1つである。1つや2つのジャッジミス，エラー，あるいはやむを得ない安打や得点はあるものなので，投手はこうした時に，気持ちを立て直して，集中し，解決する必要がある。それができないと，試合はすぐにだめになり，流れは離れていく。しかし，窮地で最高の投球ができれば，難しい場面を任せられる投手ができる。

第3のパターンは2死からとどめを刺すというものである。このパターンでは，イニングの扉を無理やり閉じるようにする。投手がこの手の精神的な集中を身に付ければ，パワフルな道具となる。2死を取ると，得てして投手は怠慢になり，集中

1番打者を打ち取れるかは，相手の足を封じる鍵になる。
（写真：ゲッティ）

を失い，イニングが長引くものである。そうではなく，イニングの扉を閉めるイメージを描かなければいけない。

### ❻―セットポジションから75％練習する

ブルペンで投げる時，75％はセットポジションから投げさせる。試合で最も重要な投球はセットポジションからのことが多いからである。イニングの始めはワインドアップのため，多くの投手はセットポジションよりワインドアップを多く練習する。イニングの始め，ワインドアップから1球は投げられるが，走者が出たらイニングの残りはセットポジションから投げることになる。それなので練習やブルペンだけでなく，イニングの合間も75％セットポジション練習をわれわれは使う。そうすれば，塁に走者を背負った厳しい場面に対する準備となり，投手は自信をもてる。

### ❼―もてる力を十分に発揮する

投手に最も頻繁に起こる困った状況の1つは，一時的に制球が定まらなくなることである。こうした状況になったら，マウンドを外して，気持ちを整え，ストライクを投げる能力に任せる。コントロールに問題が生じた時，最初に投手がよく見せる反応は，ボールの行方を定めようとか，そこへ導こうとかすることである。腕の振りが自信なさそうになり，指令をまとめられなくなり，もっている能力を見失う。その成り行きから逃れて，自然に，楽に，力を抜いて，からだがわかっていることに身を任せれば良いと思う。

### ❽―3ボール

2-0，3-0，3-1，3-2とカウントを悪くした後に，何球ストライクを投手が投げるかに気をつけたことがあるだろうか？　どんな3ボールカウントでも，かなりの数のストライクを投げる。初めに焦点を絞っておかないからこうしたことが生じてしまう。そして，カウントを悪くすると，「ねばならぬ」モードに入ってしまう。しかし，3-1，3-2となってストライクをファウルにされ始めると，余裕がなくなって，ただ我慢してストライクを投げる。そのおかげで打者はすこぶる優位に立つこ

とになる．さらに，結果として，ぎりぎりのボール球で四球ということにもなる．

なかには，0-0から「ねばならぬ」モードに入る投手もいる．打席に真っ向勝負でベストを尽くし，ほとんどの打者を追い込む．しかし，数試合しただけでだめになった選手に出会ったことがあった．カウントを悪くして3ボールになると，おびただしい数のストライクを投げる．それは異常だったので，私は彼のすぐ傍に座って「あのなあ，3ボールでも変わらなく投げられる技術を使えれば，そしてどんな打者にも3ボールになることを想定しておけば，投球を完璧に変えられるのさ」と言った．そして8連続で完璧な試合を続け，この若い投手は運命を変えたのだった．それ以来，3ボールでの精神力を投手に提案して大きな成功を収めた．

# 7 ブルペンを使う
*Using the Bullpen*

大学レベル以上の場合，効果的にブルペンを使えないチームはほとんど成功していない．手堅い中継ぎ，終盤への中継ぎ，優れた抑えが，覇権チームとなるための3要素であると私は感じている．これら3つの役割は3人の先発投手よりも試合結果に影響すると唱える人もいる．その多くはブルペンでの取り組みで成し遂げられるし，試合になったらリリーフ陣がいかに効果的に投げるかが勝利への鍵となる．

## ❶ーー力を入れるものが得意なものになる

リリーフが試合にどう入っていくかが効果を決めるだろう．最初の打者が鍵と見ている．中継ぎ，抑え投手，誰であれ，リリーフが最初の打者を退ければしめたものである．それゆえ，そのことをわれわれは練習する．

繰り返し，力を入れて練習するものが得意なものになると信じている．試合によっては投球を変えるポイントが重要となる．それゆえ，最初の打者をアウトにするブルペン練習をつくらなければならない．先発投手になりたい投手が多いのはわかっているが，そうもいかないので，それぞれが役割を楽しむ環境をつくらなければならない．告げられればいつでもどこでも投げる，そんな環境をつくらなければならない．

## ❷ーー重要なポジション

計画を立てて練習して，目標に近づけるために，ブルペンに投手コーチを常駐させている．ブルペン練習で最も重要なのは，おそらく捕手だろう．レベルの高いブルペン捕手をつくることにしている．その捕手は，人望があり，エネルギーがあり，意欲的で，かつ各投手に対する細心の気配りをもっていなければならないし，最初の打者に備えるにはどうしたら良いかわかっていなければならない．そんなレベルの高いブルペン捕手がいれば，通年，良い投球ができるはずである．

## ❸ーー投手を知って統制する

ヘッドコーチとしては投手交替に気を配るが，投手のことは投手コーチが最もわかっているから，最終的な判断は任せることにしている．毎日一緒に練習して，身体的，精神的，ともに長所や短所がわかっている．彼がボスであって，投手にはそのことをわかってほしい．そうなっていれば，投

手陣に影響を及ぼすパワーをもつ。

### ❹──集中するための12球と定められた2球

最初の打者，先発であれば大きな影響をもつ初回，私は手堅く進める。投手には十分準備して，一息入れるなら入れてから，「集中するための12球」と呼んでいるボールを投げさせる。投手にはブルペンで初回を投げてほしいのである。打席に，先頭の打者3人に相当する打者（例えば，左，右，右）を立たせる。先発投手は，各打者に持ち球の4球を投げる。75％ルールを守って，先頭打者にはワインドアップから，次の2人にはセットポジションから投げる。そして，先頭打者にワインドアップからもう1度2球投げて終える。それは先頭の最も重要な打者に投げる「定められた2球」である。

> **Point**　投球は作品であって，投手を扱うという意味でコーチは製作者である。探し出して，研究して，学んで，調整して，修正する。それぞれの投手に対して懸命に働きかけ，個々人によってそれぞれ異なることを忘れない。いかに投手を操るか，いかに統制をとるか，が投手の改善と成功の最も重要な鍵になる。
> 　最後に1つアドバイスをする。成功へたどり着くまでの過程の大切さとプライドを見失ってはいけない。ブルペンで毎日練習して改善する，それは製作する中での真の楽しみである。夢が叶うかどうか，若い投手と汗を流すのは美しいし，そのことが試合での真の喜びかもしれない。プロセスを見失ってはいけない。価値を感じてプロセスを歩み，結果はついてくるもの。そう思って投手に投げさせよう。

## Part III—守備戦術

## 12

# ラインナップの設定：野手

　適切なラインナップを組む背景となる私の考え方をこの章では記す。2～9のポジションに守備的なラインナップを組むには，各イニングで最も確率高く3アウトを取ってくれる選手たちを集めれば良い。そうすれば，得点にトライできるように，すばやくダグアウトに戻ることになるだろう。それが試合に勝てる唯一の策である。

　うまく守れる内野手がいなければならない。驚くようなプレイをする，すばやく華麗な内野手がいることも大事だが，当たり前のプレイが当たり前にできる内野手がいるほうがもっと大事である。そうした選手は，状況に応じた正しいポジションをとるし，ボールが打たれたら何をするかもわきまえている。

　攻守に紛れもなく影響する1つの要素はスピードとすばやさである。スピードは決してスランプに陥らないと言われている。スピードは守備でのミスをカバーもできる。いつも思うことだが，中央ラインの強化に最も重点を置くべきと私は感じている。

＊

　内野手，特に1，3塁手から攻撃をつくる必要があることは覚えておいてほしい。守備力が良いに越したことはないが，1，3塁手は打って走者を返す役である。試合の終盤で守備を交代すれば良いので，攻撃力がない選手は先発にはなれない。ボルチモア・オリオールズの偉大な監督だったアル・ウィーバーは，強打者をできるだけ多くラインナップに配置することを強く唱え，この考えで幾度も覇権を得た。「ボルチモアのアル」は，守備の良い選手を信用しなかったのではないが，守備力のために攻撃力をあまりにも犠牲にしていると感じていたのである。「1試合の中で，守備では1，2度難しいプレイがあるだけだが，4度は必ず打席に立つのだ」とアルは言った。もちろん，8つすべてのポジションで堅い守備力と強い攻撃力をもてればもちたいので

ある。

　　　　　　　　　　　　　　＊

　厳しい練習を通して良い内野手は育てられる。内野手には，毎日100本ゴロを捕ってほしいし，100回送球してほしいと思っている。このプランを実行する内野手はほとんどいないが，それが彼らの目標と私は思いたい。たくさんの送球で肩が疲れたり，1塁までの送球が遠いと感じたりしたら，2塁へ送球すれば良いし，緩いゴロを捕ったりすれば良いだろう。必要な技術を身に付けるために，厳しい練習は欠かせないけれども，厳しいだけでは十分ではない。特定の技術について厳しく練習すべきである。練習で多くのゴロを処理している内野手をしばしば目にするが，注意深くその動きを観察してみると，ただ捕りにいっているだけで実質を伴っていないことがわかる。優れた内野手は，守備や練習の考え方にプライドをもっているものである。

　厳しく練習している選手をコーチは折に触れて話すし，確かにそれが技術を育むには主たる要因なのだろう。しかし，厳しい練習だけでは技術を身に付けられない。2時間も3時間も厳しい練習をしているのに一向に技術が向上しない選手はたくさんいる。汗にまみれ，疲れてうなだれた選手が練習後にやってくるかもしれないが，そんな場合，練習で何をやり遂げたか尋ねてみると，「厳しい練習をしました。ご覧のとおり，こんなに疲れています！」と肩をすぼめて言うだろう。これは，厳しい練習をしたが，特定の技術を身に付ける練習をしなかった選手の例である！

　例えば，2塁でのステップに時間がかかって送球が遅れてしまい，併殺に持ち込めない内野手がいたら，併殺練習に時間をかけるが，特別にステップの練習をしなければその選手の技術は改善しない。また別の例として，グラブの位置が高いおかげでゴロを捕るのに問題があるという選手がいたとする。グラブを低くする特別な矯正練習をしなければ，1か月練習しても技術は改善しないだろう。

# 1　内野の守備位置
*Positioning Infielders*

　状況によってどこを守るのか，すべての内野手がわかっていなければならない。通常は，引っ張りの打者，流す打者，いずれの場合も内野手はグループとなって動くべきである。内野手の1人（あるいはもっと多く）がダグアウトに守備位置サインを要求したら，すべての内野手がそれに注意を払っているかを確かめるべきである。守備の良い選手は，様々な状況において守備位置に関して，お互いに，常に話し合っているものである。

　内野の守備位置を決める上で，コーチが最初に考えるべきことの1つに，その試合に送り込んでいる投手のタイプがある。球の力で勝負する投手であれば，それほどスピードのない投手に比べて反対側に打たれる率が高い。コーチは通常よりも反対側に内（外）野手を寄せることになる。

　守備位置に影響を与える別の要因としては，グラウンドコンディションが挙げられる。内野が湿っていくぶん柔らかい，あるいは芝生丈が高いなら，打球が遅くなるので内野手はいくぶん浅めにする必要がある。逆に乾いて硬いなら，打球が速くなり，守備範囲に影響するので，いくぶん深めにすべきである。

　打者，投手，グラウンドコンディション，試合状況に応じて，選手に守備位置を変えさせるシス

テムをコーチはつくらなければならない。試合で起こる様々なことと選手の能力によって内野手には4つの守備位置の深さがある。ダグアウトにいるコーチは，内野手の守備位置をコントロールする必要があるし，選手はダグアウトの守備位置のサインをいつも覗き込んでいなければならない。守備位置に責任をもつコーチは，ある状況で要求されている守備位置を，一連のサインで選手に伝えなければならない。直接伝えるために，仕草や動きをコーチは使う。相手にわかりにくいサインよりも，打者ごと，投球ごとに変える守備位置が自分たちの選手にわかりやすいことを優先して，単純なシステムにしなければならない。

位置の変化はすべてここからなので，この位置をすべての内野手は確かめる必要がある。

**ポイント**
- 1塁手と3塁手は，2塁方向へ各塁から5歩離れ，9歩下がる。
- 遊撃手は，3塁方向へ2塁から6歩離れ，14歩下がる。
- 2塁手は，1塁方向へ2塁から6歩離れ，14歩下がる。
- 左打者なら，内野手は2歩左へ，右打者なら2歩右へ動く。この2歩の移動は第1～4の深さで共通となる。

## ❶―第1の深さの内野守備位置

以下は，走者なしで内野手が下がっている時，「第1の深さの内野守備位置」と呼んでいるものの実施手順である（図12-1）。これは，標準とか初期位置とか言われる内野守備位置である。守備

## ❷―第2の深さの内野守備位置

第2の深さ（図12-2）は併殺の深さなので，内野手全員，特に2塁手，遊撃手でいくらか距離を狭める必要があろう。併殺状況で2塁手，遊撃手は，すばやくそして送球位置に応じたピボットができるように，すばやくスタートを切らなけれ

■ 図 12-1　内野守備位置①
　RHは左打者，LHは右打者を表す。

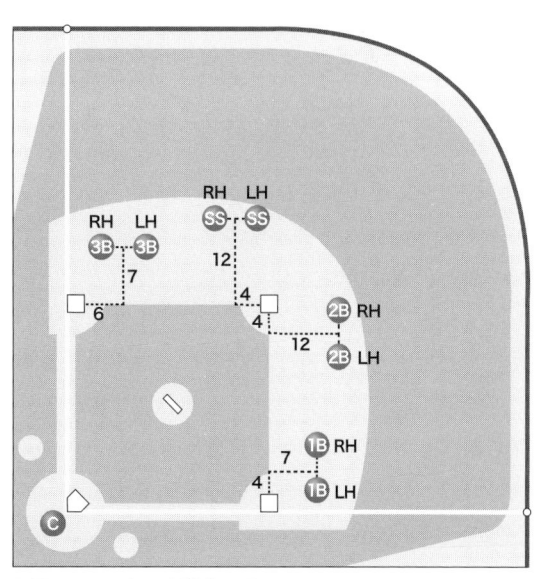

■ 図 12-2　内野守備位置②

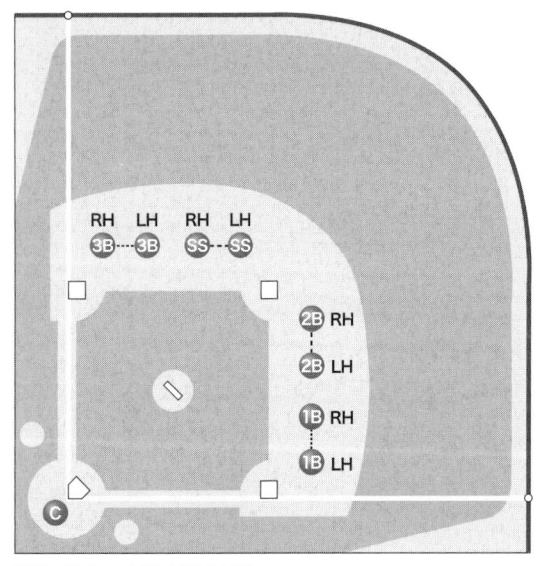

■図 12-3　内野守備位置③

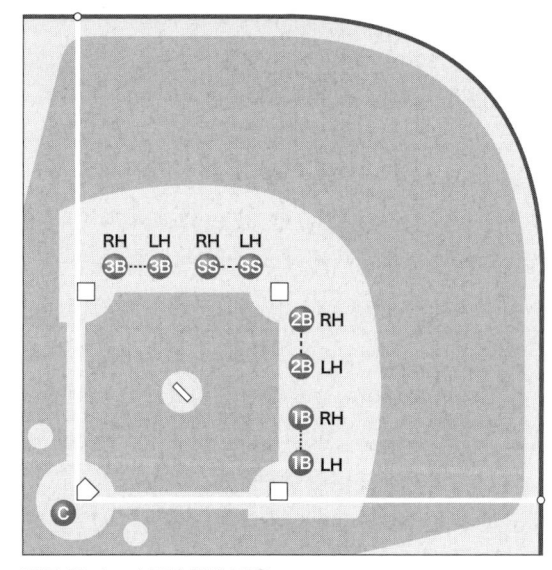

■図 12-4　内野守備位置④

ばならない。そうするために塁に近づいておくべきである。

**ポイント**
- 1，3塁手の併殺のための深さは，第1の深さより2歩前，1歩塁に近づく。
- 2塁手，遊撃手は，2歩前，2歩2塁方向へ近づく。

## ❸――第3の深さの内野守備位置

　無死走者3塁，内野ゴロには手堅くプレイするだろうと守備側コーチが信じている時（「イニングの最初のアウトを本塁で取られてはいけない」という暗黙の野球戦術に従うと），3塁走者がゴロで本塁に走らない程度に守備は前に出る。同時に，前に出ればそれだけゴロを捕れる範囲が狭くなることも理解していなければいけない。この状況では，ゴロで得点されないし，ある程度のゴロも捕れるように，塁を結んだ線より2～3歩下がったところで守る。これが第3の深さとされる（図12-3）。

## ❹――第4の深さの内野守備位置

　1死走者3塁，どんな内野ゴロでも走者が本塁へ走りそうな試合状況の時，本塁で走者をアウトにできるように内野手はすべて塁を結んだ線上で守る。第1の深さから前に出る（図12-4）。

　第4の深さに修正を加えたがるコーチがいる。標準となる第4の深さからそうかけ離れていないなら構わないだろう。この方法では，各内野手は塁を結んだ線まで出てくるが，いつも同じ深さでプレイしなくても良い。肩の強さによって自分で位置を決める。例えば，2塁手と1塁手の肩がほどほどなら，塁を結んだ線の位置で守る。3塁手の肩が強いなら1歩下がるし，遊撃手が強肩なら1歩半から2歩下がっても良い。第4の深さを使えば，誰でも普通のゴロで本塁アウトにできるし，肩が強ければグラウンドのもう少し広い範囲をカバーできる。しかし，内野手が自分の思うように位置を決めるべきではない。選手によっては自分の肩を過信して助言よりも深く守りたがる。それ

ゆえコーチが内野の守備位置をコントロールしていかねばならない。

コーチは第1，2，3，4の深さを単純なサインにできるし，内野手はそれによってどこで守るべきかがわかる。また，コーチは，ベンチからのサインで引っ張りから流しまで内野手を動かすこともできる。

> ポイント
- 初期の位置より，やや引っ張りなら2歩，強烈な引っ張りなら4歩である。すべての内野手はグループで動く。
- すべての内野手について，やや流しなら2歩，強烈な流しなら4歩である。右打者と左打者とで初期位置は異なることを内野手は忘れてはいけない。

相手を研究して打球の行方傾向がわかっていれば，どんな野球チームにとってもこんなに助かることはない。旅費と試合を観察するコーチの数によるが，多かれ少なかれ相手の研究はほとんどの野球チームでやっているだろう。しかし，どんなに良い研究，相手の情報も，適切な守備力があってはじめて有益であろう。相手チームの打者のタイプがわかれば，守備位置の助けになるし，相手ラインナップの各打者の情報は守備の計画に欠かせないものである。相手情報は，内外野に加えて先発投手，捕手も交えた試合前のミーティングで使える。この情報は，試合の中で打者が登場した時に簡単に思い出せるようにカタログ化されるべきである。

選手と一緒に相手情報を検討するのは価値あることだろうが，守備位置はダグアウトのコーチのコントロール下である。偶然やある選手の気まぐれで良い守備位置がとれるはずはないし，コーチングスタッフからの指導や注意なしに何をすべきか選手がわかっていると思い込むこともできない。守備が様々な状況の中で選手のもっている技術を

投球前に内野手は動くべきではない。さもないと打者に投球のヒントを与えてしまう。

最もうまく使うことだとすれば，内野手（外野手も含め）は一貫して適切な守備位置をとれるはずである。ダグアウトから内野手へ情報を伝達するために，コーチは様々な動きや仕草を使える。相手が容易く解読できるほど明白でなければ，選手からメッセージを受けられて，打者ごと，投球ごとに変えられるように，サインはシンプルにすべきである。

### ❺──2塁カバー

　捕手が球種とコースのサインを出したら，2塁手と遊撃手はそれを見る。この情報は，打球がどこに飛んできそうかを内野手に教えてくれる。打球方向の可能性を内野手は気をつけるが，投球前にからだを動かさない。早く動くと打者に球種を知らせることになる。

　球種と打者の能力がわかれば，盗塁やエンドランで誰が2塁カバーに入るかを決めるのにも役立つ。遊撃手と2塁手の間で，どちらが2塁カバーに入るかを示すのに口の開閉のシンプルなサインが長年使われてきた。投球，打者，状況によって必要とあらばこのカバーのサインは投球ごとに変えられる。2塁カバーを変える状況は，1塁走者が特別な走者の時に生じる。ほとんど成功のチャンスがないなら，相手コーチはヒットエンドランに持ち込みたいと思うだろう。この時が2塁カバーを変えるタイミングである。誰がカバーに入ってほしいかという，ベンチのコーチから2塁手，遊撃手へのシンプルなサインが機能するだろう。

## 2　外野の守備位置
*Positioning Outfielders*

　外野の守備位置は，内野の守備位置の原則に沿う。外野の3人は，試合中，打席ごと，投球ごとに守備位置を移動することの重要性に気づかなければならない。距離があるので，担当のコーチは，位置を正すのにタオルやそれに似た物を振ることが多い。中堅手をリーダーにすることも多い。中堅手は，他の外野手がコーチの指示通りに動いているかを確かめる。

　左右それぞれの打者に対して，外野手の標準あるいは初期位置を示すサイン，深さ，引っ張りか流しかを示すサイン，をそれぞれコーチはつくる。システムは，この章のはじめに検討した内野守備位置のそれと似ている。

　打者の傾向，風の強さと向き，投球スタイル，球種，ボールカウント，試合状況といった多くの要素で外野守備位置は決まる。バランスのとれた並びを示すために，3人はグループで移動する。例えば，中堅手と右翼手が右翼線に数歩寄って左翼手がそのままなら，左中間が大きく空いてしまい，チームとしては弱みとなる。外野の守備位置を決めるのに考えておく要因をいくつか眺めてみよう。

### ■ポイント

- 打者──アマチュアの外野手は打者の傾向をすべて学ぶほどには相手チームを見ないけれども，チーム分析レポート，ある詳細な観察，そして少しの常識を交えると，外野手が打者と適切にプレイする大きな助けになる。例えば，右打者が直球を右翼外野席にファウルするなら，「何だよ，あの球うまく打てなかったじゃないか」と外野手は思い，そのままやり過ごす。しかし，いつも直球に遅れているなら，うまく打てるようになるまで外野手は右へ移動すべきである。

- カウント──ボールカウントによる打者の傾向に外野手は気をつけて，それにしたがって試合中に移動しなければならない。ボールカウントによって打者がどこへ打つかは，長年，研究し尽くされていて，リトルリーグからメジャーリーグまですべて同じで，打者有利なカウントでは引っ張り傾向で強く打ち，カウントが悪ければやや力を抑えて流しにかかる。各投球の後に，外野手を2歩左右へ，2歩前後へ動かすコーチは多い。例えば，

ある打者の打席のはじめに，中堅手が標準的な初期位置にいたとする。初球ボールなら左翼（引っ張り側）へ2歩，後ろ（力強さに備えて）へ2歩動く。初球ストライクなら右翼（流し側）へ2歩，前（力を抑えることに備えて）へ2歩動く。投球ごとにこれが続く（図12-5）。

- 投球ごとに，まるでダンスのステップのように，外野手があちこちへと2歩ずつ動くのは好ましくないが，ボールカウントの変化に合わせて適切な方向へ動いてほしい。9イニング同じ位置にいる外野手は，試合の中で起こるであろうことに無頓着である。
- 風——外野手は，試合の間中，風の向きと強さに気を使うべきである。風は，外野の守備位置に大きな変化を生み出さないが，フライが上がりそうな時には風に合わせる準備をすべきである。風が強いなら，フライボール軌道への影響を大きく調整すべきである。

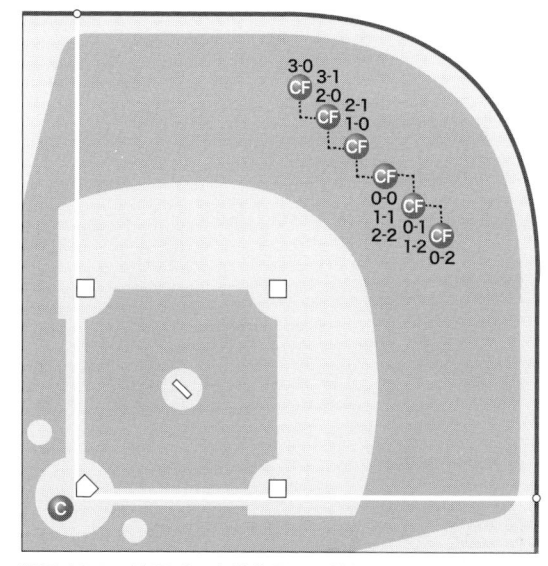

■図12-5　外野手の守備位置の調整
ボールカウントによって調節するために，外野手に2歩動けと言うコーチは多い。

# 3 フライに対する優先システムをつくる
Developing a Priority System for Fly Balls

　フライに対するコミュニケーションを良くしておくのは，チームの守備にとってきわめて重要であり，この習得にチームとしては多くの時間を割くべきである。衝突を防ぎ，見失いや譲り合いを最小限にするために，このコミュニケーションを良くしておくべきで，最も技術があってボールを捕る角度の良い選手が，コミュニケーションをリードする。凡フライを譲り合って落とすとチームには不満が渦巻く。コミュニケーションが不足したり，なかったりすることが大多数なので，選手が理解して自信をもてるフライに対する優先システムを，コーチはつくってチームに取り込むべきである。

　フライに対するコミュニケーションでは，単純な言葉が常に望まれる。例えば，捕りたい時には「オーライ，オーライ，オーライ」と言わせている。周りの選手は，捕りに行っている，優先権のある選手に任せるために「任せた，任せた，任せた」と言う。歓声が邪魔をしたり，2人（あるいはそれ以上）が同時に声を出したりすることもあるので，声を出している選手は，さらに3度大声を出すべきである。同様に，混乱のないように，周りの選手も3度「任せた」と大声で言うべきである。

　以下の優先システムが定められるべきである。

### ポイント

1) 投手よりも野手に優先権がある。
2) 捕手よりは1，3塁手に優先権がある。
3) 1，3塁手よりも2塁手，遊撃手に優先権がある。

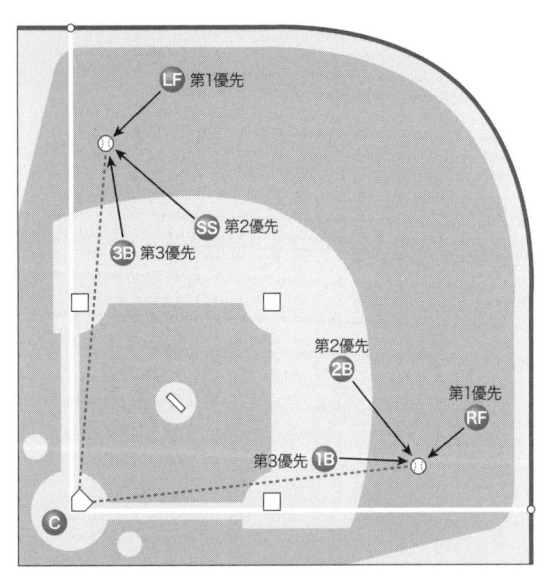

■図12-6 右翼，左翼のファウルライン近く，浅いフライを捕る優先システム

2塁手にある。フライを捕るより送球を受けたり，走り込んだりすることの多い1塁手は第3優先権となる。真後ろへ走って肩越しに捕らなければならないので3人の中では最も角度が悪い（図12-6）。

同様の優先システムの原理が，ファウルライン近くの浅い左翼へのフライ，1塁手，捕手，投手の間のファウルフライ，さらには野球場のどこに上がったフライにも適用される！

フライに対する優先システムを実行するにあたって，以下のもう3つのことに気をつけることで，見失いや譲り合いを最低限にあるいはなくせるだろう。

●優先権

1) 声を出す人を制限するのが第1である。右翼手は，遊撃手と3塁手の間に上がったフライにアドバイスする必要はない。

2) ボールが落ち始めるまで黙っているというのが第2である。バットから離れてすぐや上昇中に声を出すと，「俺が捕るから任せろ」ということになり，混乱やミスを招く。最もミスを誘うのが，早すぎる声かけだろう。特にトラブルをよく引き起こす野手の間のフライには，チームとしてこの傾向を修正すべきである。

3) 中途半端に言わないのが第3である。待って，待って，待ってから大きくそして威厳を持った声を出す。はじめの2つのことを練習して身に付けていたら，フライに対して積極的に大きくそして威厳を持って声をかけるようになる。

4) 2塁手よりも遊撃手に優先権がある。
5) 内野手よりも外野手に優先権があり，右翼手，左翼手よりも中堅手に優先権がある。

フライを捕るのがうまく，ボールを捕る角度が良い選手に優先権が与えられているので，この優先システムはうまく機能する。例えば，右翼の，浅いファウルライン近くの三角地帯に，低いにフライが上がったとする。フライを捕る技術に優れていると考えられるし，前進してくるので角度も良いので第1優先権は右翼手にある。一般的にはグラブさばきに優れ，やや下がってファウルラインに向かっていくので横からボールが捕れるということでこの場合角度が良いので，第2優先権は

# 4 試合状況による選手交代
**Game-Situation Substitutions**

先発ラインナップの1人としてか，あるいは守備要員，代打，代走の1人としてかによらず，各自がチームの成功のために仕事をするという態度を，コーチは選手の中に築かなければならない。

攻撃力に優れた選手，守備力に優れた選手が含まれた集団を抱えているなら，コーチは試合状況によって賢く交代を使うことで，選手の才能を活かせる。先発ラインナップには可能な限り攻撃力に優れた選手を使い，チームがリードした試合の終盤，守備力に優れた選手を投入する。このやり方は，リードした試合の終盤，守備に優れたチームにできるばかりでなく，シーズンの中で，大事な場面を多くの選手が経験できることにもなる。試合に勝つには大きな効果があるし，チームにモラルを形成できる。

一方，鍵となるポジションには強打者ではないが，有能な守備者を先発ラインナップには据えるというチームもある。このタイプでは，チームが負けているか同点の終盤でしかこの選手に代打を送れない。この交代では，先発と代打，そのポジションを十分に守れる2人の選手を用意しておかなければならない。場合によっては，先発，代打（守れない），代打の後の守り，と3人が必要になる。代打に足がなければ出塁で代走となり，4人が必要になる。様々な状況で，様々な選手を可能な限り使うために，コーチは考えを巡らせて，必要な交代に備えておくことになる。「こうなったら」で使われる選手には，前もってコーチはそのことを知らせておくべきで，それによって選手は試合に入っていくための精神やからだの準備ができる。

先発ラインナップで打てない打者に代わって，あるいは投手と打者の相性の良さを求めて代打を使う。レギュラーではないが打撃の良い選手（アマチュアではあまり見られない）がいれば，相手投手との相性によらず，その選手を代打で使う。さらにコーチは，特定の状況で起用する代打がほしいし，相手投手に強い打者を選びたい。左投手には右打者あるいはその逆，直球投手には直球に強い打者（同様に，緩球や変化球投手にはそれに強い打者），あるいは低め勝負の投手には低めに強い打者を送り込みたいとコーチは考えるはずである。また，余裕があるなら，状況に応じたタイプの代打も必要になる。例えば，イニングの先頭で代打が必要なら，目が良く，当てるのがうまくて，走れる打者がほしい。他方で，2死未満で走者3塁であれば，走者を迎え入れるフライを打てる打者を使いたい。

> **Point** 選手の様々な技術や能力をうまく使うためのチーム人事は，野球の試合をマネージメントするために欠かせない。選手を最もうまく使い，チームがその能力を遺憾なく発揮するために，コーチは選手を注意深く研究しなければならない。チームを賢く使うコーチは，試合で勝つだけでなく，チームの成功を重視する，高い技術の選手を集めるのにも成功する。

# Part III—守備戦術

## 13 守備位置

　野球の試合を発明したアブナー・ダブルデイは，かなり時代を先取りしていた。1世紀以上も試合がほとんど変わっていないことに私は魅力を感じている。マウンドの高さが変わり，フェンスが前後し，バットとボールが変わったのに，野球のダイヤモンドはそのままである。その大きさが時の流れに抗してきたのには驚きである。野球のダイヤモンドは，すべてのスポーツという王冠の中の宝石と言えよう。

　コーチと選手は守備位置を様々に変える試みをしてきた。私の経験でも，4人の外野，5人の内野という布陣を見てきた。また，内外野の守備位置の深さは，プランごと，考え方ごとに変動するのを見てきた。しかし，多くのチームは，ほんのわずかな調整だけで基本の位置を使い続けている。ずっとそのままのダイヤモンドの大きさにするために，アブナーは試合のスピードとタイミングに対して信じられない洞察力をもっていたに違いない。

　位置はシンプルだが，全体の守備陣形となると複雑になる。まず，選手がその陣形を受け入れるように納得させなければならないし，チームでの守備が重要であると強調しなければならない。議論とからだを動かすことで，私はこれを納得させる。毎年，始めに私はこの試みをしている。長い時間かけて議論をし，からだを動かして練習する。試合におけるこの部分の重要性を皆に強調する。私がチーム守備に多くの時間と努力を費やすと，そのことこそ重要と選手は認識する。長年にわたり，このやり方で成功を収めてきた。それが選手には強烈なメッセージとなり，逆に選手の献身を私は得ている。選手は一緒になって懸命に練習する。

　選手の運動能力は守備のカバーで質の違いを生む。すばやい選手がいれば，そうでないチームより多くのボールを捕れる。この章では，チームの運動能力によらず，守備のカバーを最大限にする考え方を扱う。毎年，チームの能力を最大限引き出さなければならないけれども，優れた選手を抱えられれば，チーム守備はより効力を発揮するようになる。

# 1 チーム守備の考え方
Team Defensive Philosophy

私が好んで使うチーム守備の考え方が以下に詳述されている。26年間のコーチ生活の中で，何度も何度もこの考え方は調整，修正されてきた。相手チームの分析情報と，最も高い確率でグラウンドをカバーする守備位置計画を組み合わせて使う。長年にわたってそれが最も効果的なチーム守備の考え方だと思っている。

## ❶―ゾーンディフェンスでのプレイ

ゾーンディフェンスの方法をまず学ぶ。他のスポーツと同じように，マンツーマンディフェンスの選手とゾーンディフェンスの選手がいたら守備としては効率的ではない。バスケットボール，アメリカンフットボールのある局面では，混合する考え方が効果的と思う。しかし，野球では，できるだけ広くフェア地域をカバーすることが目標となる。グラウンドの中央にボールが集まることを私は選手に強調する。ライン上でプレイし過ぎないように，グラウンドの中央の重要性を選手にはわかってもらいたい。内野の間，あるいは左中間，右中間に打たれたボールを何とかしてもらいたい。この章の後半では，この考え方に対する例外を検討する。究極はボールが打たれる地域に守備の良い選手を置きたいのである。その範囲は1人の選手で，フェアボールのみ守る必要ありというのがここでは鍵となる。選手間で適切に調和をとれば，オーバーラップやファウル地域のカバーを最小限にできるだろう。

守備の良い選手をどう配置するかが重要となる。どこにボールが打たれるかを正確に予測することはきわめて難しい。おそらく，少しでも正確になるように相手の分析情報を得ることになるが，それとてもいつでも正しいわけではない。守備位置がいつも正確というわけにはいかないので，フェア地域のカバーをできるだけ広くするように適切な配置を使いたい。周囲の選手と連携がとれる時間があって，自分の範囲の責任を負えるように，ダグアウトから情報が伝わるシステムを私はとりたい。コーチ任せのロボットになってほしくない。選手が自分たちで位置を調節し，アイデアを活かせるように，われわれは早く情報を伝えるようにする。正確な情報を得ることに拘りすぎると，試合に対する選手の本能や感覚を犠牲にすることになる。自分のやり方に従わせようとすると，逆効果になる。自分の考えをコーチと検討できるようにしたい。選手の本能や情報はチームにとって価値あるものであることが多い。

## ❷―すばやいテンポをつくる

すばやいテンポをつくることが守備側に求められることの1つである。投球の間にかかる時間が短ければ守りやすいと思う。守備側の選手は踵を上げて守るようになるだろう。イニングの間にはマウンドへ走っていく投手を好む。質を犠牲にすることなくすばやくウォームアップ投球をしてもらいたい。むやみにプレートを外してほしくない。ストライクを投げているうちはこの考え方がうまくいくが，相手が勢いづいてきたら，ことはゆっくり運ぶべきである。

## ❸―一貫したアプローチを使う

守備位置をどうするか，チームやコーチによって様々である。コンピュータは情報の収集や分析

を可能にする。この情報は，強調する部分に応じてカスタマイズできる。また，守備計画を立てる手助けとなるソフトウェアも数多く市販されている。打者が最もよく打つ場所に野手を配置するコーチもいる。一方で，各打者にどう投げるかを強調するコーチもいる。個別の投手に対して打者がどこへ打つかのみを見るというセオリーもある。野球に関わる人々は，これまでのプレイについてこれらの優先度を議論してきたし，この先も議論し続けるだろう。どんなものであれ優先したものについては固執すべきと思う。一貫したアプローチを使うことで，シーズンにわたって正しい確率と正しくない確率とが見分けられる。途中で変えたり，その場の感覚に流されたりすると，予測は一貫したものではなくなる。われわれのシステムは2つの点を強調している。それは，特定の打者にこちらの投手がどう投げているかと，個々の投手をどう打っているかという相手打者のチャートである（図13-1，13-2）。以下2つのことが叶う時のみこのシステムは有効である。

### ▶ポイント

1) 投手が一貫したコントロールをもっている，すなわち要求した位置にボールが一貫して到達するレベルでコーチングしていなければならない。
2) ダグアウトから実行するか，あるいは投手の試合プランを守備位置のプランで調整するかのシステム，そして投手，野手ともがプランに執着するシステムをもっていなくてはならない。

長年にわたり，これが守備位置を定めるのに有効なシステムであった。試合のイニングや得点にもとづいた状況や優先度があるのでシステムに変動があるのは当然である。状況や調整については，この章の後半で議論する。

## ❹─シンプルに保つ

システムはシンプルに保ちたい。練習帳に多くのことを盛り込みすぎるコーチが多いと思う。このことが試合を難しくして，気持ちの上でのふとした間違いを生じやすくする。考えることが多すぎると，選手は捕球の基礎をいい加減にしがちになる。システムの中できちんと捕球してこそシステムは有効なのである。やることを少なくして，それをきちんとやったほうが良いと私は思う。この考え方はどんな守備にも当てはまる。牽制，バント処理，1-3塁での守備をつくりすぎてはいけない。基本的なプレイを繰り返し練習させるべきと思う。このアプローチが選手の自信につながり，役割をこなし，選手の気持ちに落ち着きをもたらすだろう。

ダグアウトからコーチが球種を要求するかどうかがもう1つの論点である。ダグアウトから球種を要求し，守備を実行することが良いと私は常々信じてきた。このアプローチに多くのコーチやアナリストは反対してきた。大学の試合では，経験も，知識も，情報もコーチが最も有している。しかし，このことはわれわれがいつも正しいと言っているのではない。試合をコントロールするために，ダグアウトから全体の守備を実行することもあり得る。選手が自分で情報を得て考えることを妨げるためにこの方法を使うのではない。情報を得たり，見たり拾い上げたりしたことを議論できるように選手にはなってほしい。

このアプローチへのもう1つの非難は，ダグアウトからでは打者の微調整を見ることができないということにある。この問題を解決するには，グラウンドにいる捕手からの調整サインである。この捕手のサインは，結果をわれわれが予測するために重要な情報となる。われわれのシステムでは，ダグアウトから要求した球種に投手が首を横に振

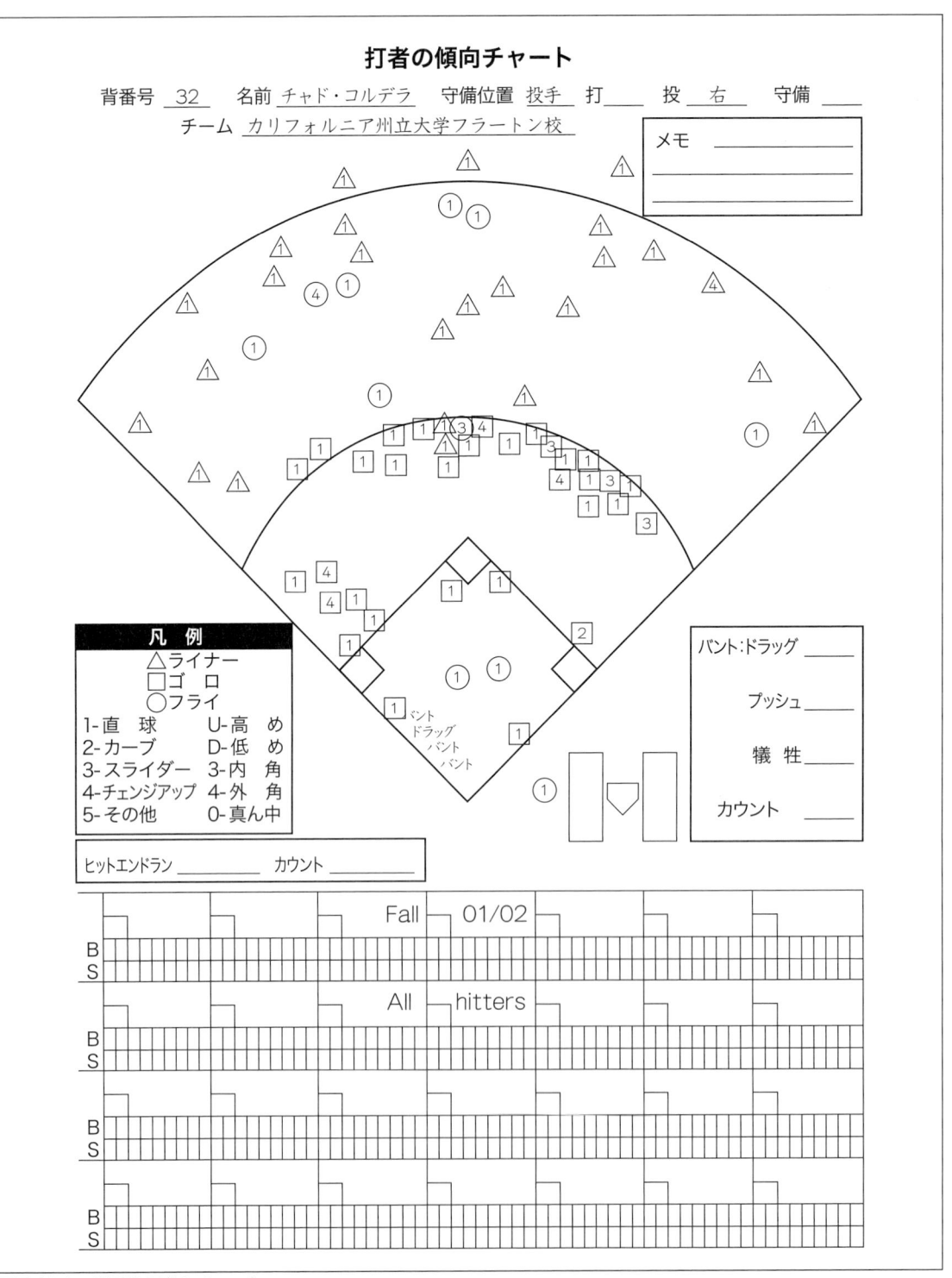

■図 13-1　相手各打者のチャート
右・左ともすべての打者のチャートがあり，打球を記している。

## 打者の傾向チャート

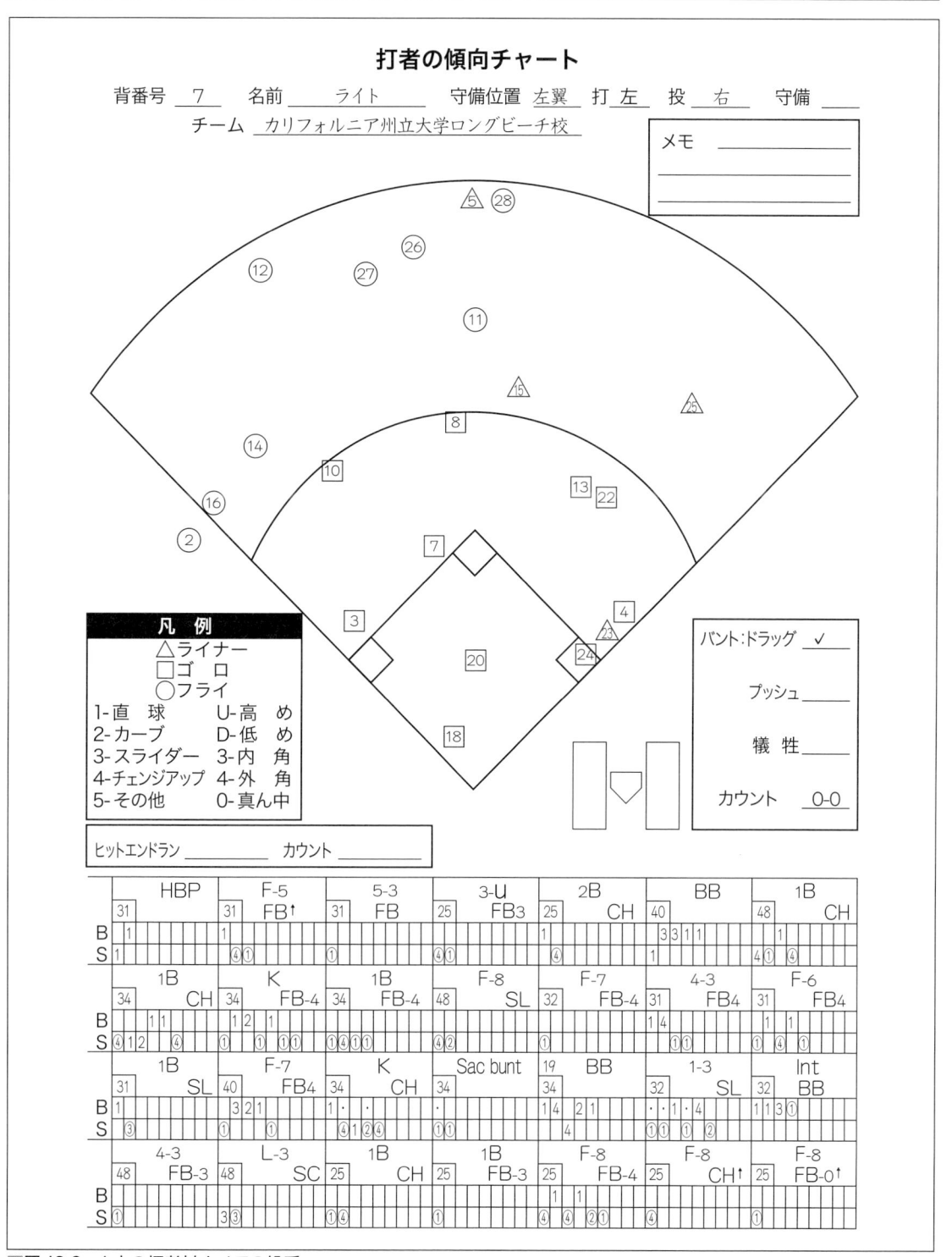

背番号 __7__  名前 __ライト__  守備位置 __左翼__  打 __左__  投 __右__  守備 ____

チーム __カリフォルニア州立大学ロングビーチ校__

メモ ____

**凡例**
- △ ライナー
- □ ゴロ
- ○ フライ

1- 直 球　　U- 高 め
2- カーブ　　D- 低 め
3- スライダー　3- 内 角
4- チェンジアップ　4- 外 角
5- その他　　0- 真ん中

バント:ドラッグ ✓
プッシュ ____
犠 牲 ____
カウント __0-0__

ヒットエンドラン ____　カウント ____

■図 13-2　1人の打者対すべての投手

質の高い守備であれば，
相手に自由にさせない。

れるようにしている。

　選択した球種に投手は納得しなければならない。コーチがすべてをコントロールしたのでは指導にならないと主張する人もいる。やることすべての理由について選手と話し合い，説明することに私は時間を割いている。守備のポイントをより明確に指導していることになるし，自分で要求する時のための準備になっている。長年にわたり，このシステムが私にとってはきわめて有効なものになっているのである。

## 2　効果的な守備のゴール
*Goals of an Effective Defense*

　有効な守備であれば多くのことを成し遂げられる。前述したように，守備ではグラウンドの中央を優先するシステムを使う。質の高い守備であれば空いた塁はないし，自由になっている走者もいない，そして相手にはエラーでは得点できないとわからせることになる。イニングやプレイの中で取れるアウトはすべて取るようにする。気持ちを緩めることはしないが，からだは休ませるようにする場合がある。勢いは試合の流れの中にあるので，守備側からその勢いをつかむようにする。守備側の勢いをつけるために重大なものが3つあって，それは併殺，長打での連携，バント処理である。これらがきっちりできれば攻撃側にはかなりの脅威になる。逆に失敗すればかなり打ちのめされることになる。

　守備の考え方を学ぶ上でのゴールは，守備の中にある複雑さを学ぶことにあって，そのことは同時にどう攻撃するのかを学ぶことでもある。ある

攻撃のプレイを封じ込める難しさを説いて聞かせられれば，選手はその攻撃をしようという気になると思う。あるプレイがうまくできると選手がわかれば，そのプレイを実行するチャンスは広がる。選手は物事を自分でやろうとするようになる。シンプルに言えば，守備が攻撃を指導し，攻撃が守備を指導するのである。

守備をしっかりやらせることがもう1つの大きな目的である。攻撃に優れた選手を起用するおかげで，これを成し遂げるのは難しい時がある。攻撃で最高の選手を称えて，守備型の選手の努力を何一つ称えないメディアも問題である。年度末に贈られる賞や名誉はほとんど攻撃に対してである。

守備への貢献はあまり称えられない。試合の勝利や覇権は守備で勝ち取られると私は信じている。1つの試合の中で，1人の選手にとってみれば打つことよりも守ることのほうがずっと多いはずである。守備がいかに重要かを選手にわかってもらうことが私の役割である。打席で失敗したら，すぐに守備で取り戻すことを多くの選手には挑んでもらいたい。うまくいかなかった打席は忘れて，身も心も守備に打ち込んでもらいたい。辛抱強く，攻撃の失敗を解消する次の機会を待たなければならない。守備中に攻撃について考えてもらいたくはない。そのことはダグアウトで考えてもらいたい。

## 3 練習様式 (Practice Format)

私の腕の見せ所は，チームの守備が向上するために正しく学べる環境をつくることである。私は，全体—部分—全体システムを使ってこのことを達成しようとしている。言葉を換えれば，どんな守備の中にもチームとして成し遂げようとしているものがある，と教えようとしているのである。コンセプトを説明した後，システムを成し遂げるために必要な個々の基本に目を向けさせる。その後，再び，チームの相互作用に戻り，個々の部分が集まることを期待する。通常，この考え方は，私の守備の目標である。個々の守備の基本を身に付けていなければ，チームの守備コンセプトが効果的であるはずはない。また，チームメートとの相互作用を総合的に理解していなければ，基本を身に付けた選手であってもチームの中で効果的であるはずがない。個人とチームの両方で有能であることが，一貫してシステムが機能するためには重要なのである。この練習計画でやると，自信に満ちた選手になるとわかった。

時間の許す限り，個々の守備位置の基本をまず練習するように，私は練習をデザインする。特定の守備位置での動きを，からだで覚えられるようにつくられたルーティーンやセッションに各選手が取り組むようにしたい。選手が取り組むルーティーンは，守備位置ごとである。その後のセッションで全体をまとめたい。通常，その日の基本はその後のチームセッションと一致している。こうすることで，選手は全体像を習得することになる。このシステムを用いると，チーム相互作用の中で，自分が受け持つパートを調整する機会を増やすことになる。このシステムは，積極的な練習セッションをもたらすことになり，自信にもつながる。最も重要なのは，できることの中で自信をもってチームが戦う方法を地固めすることである。

## 4 タイミングとサイン
*Timing and Signals*

サインを使う時に，すばやい守備のテンポをつくるという目標をいつも忘れないようにしている。システムはシンプルで効率的であってほしい。効果的にコミュニケーションをとるのに手のサインに頼るしかないような騒がしい場面であっても，システムは機能してほしい。守備にサインを送るコーチは3人いる。外野へ1人，内野へ1人，そして投手コーチが捕手，投手へサインを送る。1人では3ヶ所すべてに効果的にサインは送れない。このシステムだと与えられた時間内に最大限4人まで統率あるコミュニケーションをとれる。コミュニケーションをとり，お互いに守備位置を調節して，さらに投球前に気持ちを整えられるように，早く情報を選手に伝える。

先頭打者あるいは新しい打者が本塁まわりの土の部分に到達するまでには，すべての守備選手に自分の目で担当のコーチを見つけ出させる。投球後，捕手からの返球が投手のグラブに納まるまでには，守備選手は担当コーチと目配せをするように教える。このタイミングであれば，選手は必要な調節をするし，コミュニケーションをとれる。このルーティーンを練習しなければならない。

以前に指摘したように，それが毎年行う最初のレッスンプランである。このサインを出すシステムに選手が違和感なくなるまで練習する。違和感なく野球に入り込めるように，この方法に対する緊張や注意散漫を取り除きたい。

## 5 守備位置の基本
*Positioning Basics*

まず指導しなければならないことの1つは，適切な場所に守ることである。走者なしでセンター返しの右打者の時，どこを初期位置とするかを示すことから始めたい。この位置だと示したら，その位置は塁からどれだけ離れているかを選手に尋ねる。

遊撃手と2塁手の位置が好例となろう。走者なしでセンター返しの右打者では，遊撃手であれば2塁からおよそ7歩3塁寄り，塁を結ぶ線からおよそ15歩後ろである。同じ打者で，2塁手であれば，2塁からおよそ5歩1塁寄り，15歩後ろである。気づいたかもしれないが，違いは横方向に2歩である。この違いは打者の左右による。この2歩の違いは章の後半で説明する。

ある地点からの歩数は，芝生の刈り方が違うグラウンドへ出かけた時に役立つ。塁間は常に同じ距離である。この歩数システムを使えば，内野の芝生が通常と違う刈り方になっていたり，外野フェンスが非対称であったり，ポーチがあったりするといったことによって守備位置が惑わされることはない。内野の土の後端を守備位置にする内野手は多い。しかし，土を目印にすると，深すぎたり浅すぎたりする。フェンスからの距離を深さの基準にする外野手がいるが，外野フェンスは外野手の望まれる深さを惑わすことになる。一貫性を保つために，すべての選手が各塁からの距離で深さを判断すべきである。

## ❶—異なるタイプの打者に対応するサインプレイ

センター返しの右打者に対する適切な位置がすべてのポジションでできたら，異なるサインと異なるタイプの打者に合わせることを選手には練習させる。合わせる時に適切なスペースを保つことを確かめるルールを使う。引っ張り気味，流し気味の打者に対して，内野手は適切な方向へ2歩動くのが基本ルールである。例外は，1，3塁手で，ファウルラインと重ならないようにその方向へは1歩だけ動かすことである。引っ張り打者には，引っ張り側のグラウンドにいる1，3塁手を除いた内野手は，引っ張り方向へ4歩動く。1，3塁手は2歩とする。このシステムによって特定のサインで内野手を動かすことができる。加えてこのシステムでは，こちらでサインを出さなければ，内野手が動きを調整する。このシステムは，センター返しの右打者に対する例での遊撃手と2塁手の間の横方向2歩違いも説明している。当然，左打者であれば，2塁手は塁から7歩，遊撃手は5歩となる。

外野で，引っ張り気味，流し気味の打者への調節ルールは，3歩適切な横方向に動くことにしている。センター返しから引っ張りへの調節であれば，外野手は6歩横へ動く。同様に，外野手に動きとスペースの調整をさせることができる。外野手3人とも動いてほしくない時がしばしばある。サインを使ってこの特別な配置を完成させる。

この全体システムによれば，1人のコーチが1つのサインを出すことで済むし，特定の守備位置へ動く選手を定めることもできる。守備の目的の中には数限りない要素があって，それがこの基本的な守備位置システムにわずかな調節を要求する。各選手用の特別なサインによって個々人は動かされることになる。内野手は打者に対してある方法

で対し，外野手は同じ打者に別の方法で対するかもしれない。場合によっては，グラウンドの片側がある方法で対するのに，反対側は別の方法ということもある。守備位置サインを2人のコーチが出していることも原因である。大事な点は，このシステムではグラウンドの誰とも正確にコミュニケーションできることである。手のサインによってどこを守るべきかを選手は正確に理解すべきである。

内野手の基本的な守備位置を例にこのことを見ていこう。

(a)普通の足の速さでバントしない右打者

普通の足の速さで，バントしてこない右打者に対して守ると想定しよう。走者はなく，試合の序盤。このセンター返しの打者に対してプレイをする。内野手にはどうセットアップしてほしいかをここでは記す（図13-3）。

①1塁手——1塁から9歩離れて，塁間を結ぶ線から12歩下がる

②2塁手——2塁から5歩離れて，塁間を結ぶ線

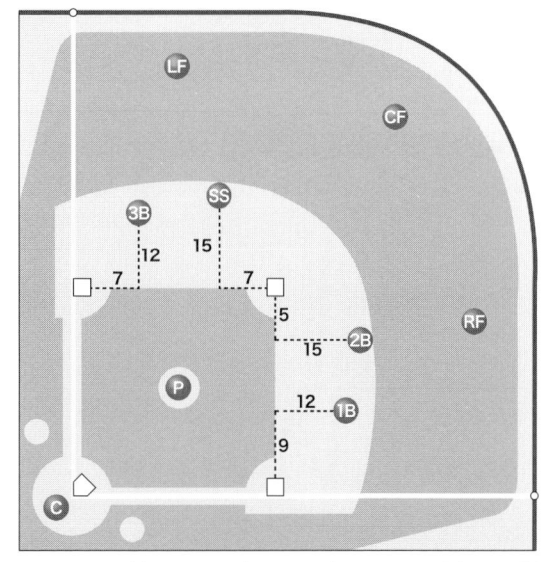

■図13-3 普通の足の速さで，バントしない右打者に対しての守備位置

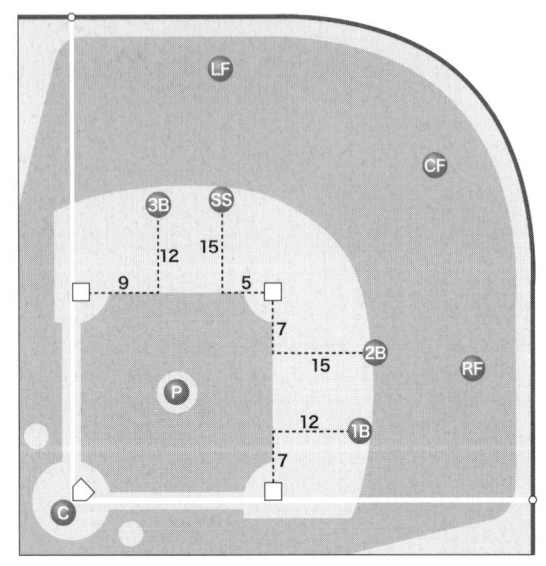

■図13-4 普通の足の速さで，バントしない左打者に対しての守備位置

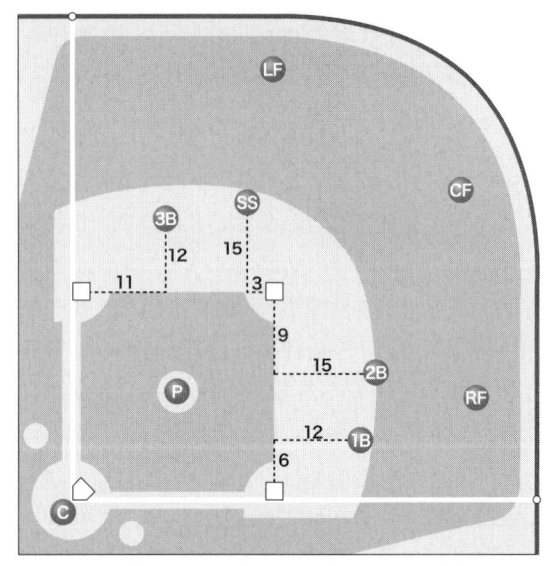

■図13-5 普通の足の速さで，バントしない左打者，やや引っ張りに対しての守備位置

から15歩下がる
③遊撃手——2塁から7歩離れて，塁間を結ぶ線から15歩下がる
④3塁手——3塁から7歩離れて，塁間を結ぶ線から12歩下がる

(b)普通の足の速さでバントしない左打者

　同じ試合状況で打席に左打者としよう。この打者もセンター返しとみなす。右打者とどう違うか，調節のルールが含まれているかをみよう（図13-4）。
①1塁手——1塁から7歩離れて，塁間を結ぶ線から12歩下がる
②2塁手——2塁から7歩離れて，塁間を結ぶ線から15歩下がる
③遊撃手——2塁から5歩離れて，塁間を結ぶ線から15歩下がる
④3塁手——3塁から9歩離れて，塁間を結ぶ線から12歩下がる

(c)普通の足の速さでバントしない左打者，やや引っ張り

　同じ左打者に調節するとしたら，そして引っ張り気味の打者に対する守備とすれば，動きはここで示したようになる（図13-5）
①1塁手——1塁から6歩離れて，塁間を結ぶ線から12歩下がる
②2塁手——2塁から9歩離れて，塁間を結ぶ線から15歩下がる
③遊撃手——2塁から3歩離れて，塁間を結ぶ線から15歩下がる
④3塁手——3塁から11歩離れて，塁間を結ぶ線から12歩下がる

　こうして例示すると使っているシステムを理解してもらえると思う。もちろん，試合状況や特定の打者に対しての守備位置に関するすべての要因をこのシステムが説明しているわけではないが，必要な時により良く調節するためには役に立つシステムである。

さて次には，ある状況で，ある打者に対していかに守るかという時に問題となる，判断をするプロセスについて話そう。以前にも示したように，蓄えてきたスカウティング情報の中で何を重視するかを選択することができる。プランをプレイに落とし込む時に，どんな時もどこに打たれるかを正確に予測はできないということをいつも心に留めている。情報がどうであれ，打者はどこにでも打つことができる。それなので，ある場所に重きを置き過ぎてはいけないし，ありそうもない場所を弱め過ぎてもいけない。ある打者の最もありそうもない場所を完全には否定することなく，総じてはスカウティング情報に従ってプレイする。言い換えれば，極端な守備シフトはとらないということである。

守備位置をどうするか決める時に最も強調する2つの側面は，
1）打者にどう投げるか
2）その打者が自軍投手からどこに打っているか，その打者と似た打者が自軍投手からどこに打っているか
である。

長年の経験で，これらが守備プランを立てるのにベストの基準だとわかってきた。100％正確と言っているわけではないが，手堅いプランで正しさの確率を押し上げようとしている。どんなシステムであれ，一貫して使わなければならない。

## ❷—優先順位をつくる

守備位置を定めるにあたって，優先順位をつくっておかなければならないと若い選手に教えることはとても重要なことと思う。併殺，盗塁カバー，走者1-2塁でのバント守備，1-3塁での守備，走者3塁での守備，長打防ぎのように，たくさんの特別な状況があって，それぞれで自分の位置を良く理解しておかなければならない。若い選手はたくさんのことをやろうとしすぎる傾向にある。併殺では深くなりがちである。2遊間は，1，3塁手との間の穴を埋めようとして2塁から離れすぎてしまう。盗塁のカバーでは，スタートを遅らせようとしすぎて捕手からの送球に間に合わなくなる。ゴロで3塁走者を本塁アウトにしようとする時，中途半端になって誰もいない所に投げる。バント処理では，多くをこなそうとしすぎて結局役を十分に果たせない。ライン寄りを守るにも，離れすぎていて抜かれてしまう。

どんな位置をとってもすべてのことはできないとコーチは選手に教えなければならない。多くの場合，責任を果たすには通常の守備範囲を犠牲にせざるを得ない。コーチとしては，3，4番目の優先順位の範囲に打たれたボールは仕方ないと容認しなければならない。塁をカバーするために空けた穴にボールが行ったら仕方ないと容認しなければならない。そうした打者への貸しをつくることもあると選手は理解しなければならない。「何かを得るには犠牲にするものもある」という言葉を言いたい。こう考えると，打者が打つ時，バントの時，どこへ捕りにいくかという守備がもっと効率的になる。

優先順位システムは，守備について選手が判断する時に役立つ。若い選手は攻撃の選手を騙してやろうとしているので，定石に反してうまくやろうとする。もっとも可能性のあるプレイの定石を忘れて，特別なプレイ，トリッキーなプレイに走りやすい。知的な選手ほど難しさがあると私は経験してきた。この方法に走ったら，そうした選手になぜ私がその方法をとりたくないのかを理解してもらうようにしている。私としては，自分の中で試合をシンプルに受け止めてほしいのである。

## ❸ ─ 併殺の深さ

内野手にとって優先順位が高いのは併殺プレイである。守備位置を決める時，併殺を取るためにはある範囲を犠牲にしなければならないと内野手は承知していなければならない。1, 2塁間，3遊間の穴を埋めようとしている2塁手，遊撃手にあてはまる。引っ張りの打者の時，引っ張り側の2塁手あるいは遊撃手は，塁から離れすぎると2塁への送球を捕れないだろう。それゆえ，塁を優先して間の穴のカバーは2番目とする。

われわれの内野手に対して使っているルールをここではいくつか示す。

### ポイント

- 走者の後ろでプレイするなら，1塁手は塁間を結ぶ線より7歩以上深くしない（図13-6）。走者1-2塁あるいは満塁では，いつもこのルールがあてはまる。走者なしあるいは2死での守備位置よりも，この場合は5歩前である。打者と投手の関係で横方向の位置は決まる。
- 併殺があり得る時には，3塁手は塁間を結ぶ線より4歩以上深くしない（図13-6）。走者なしあるいは2死よりも，この場合は8歩前である。打者と投手の関係で横方向の位置は決まる。
- 併殺があり得る時には，遊撃手，2塁手は塁間を結ぶ線より12歩以上深くしない（図13-6）。走

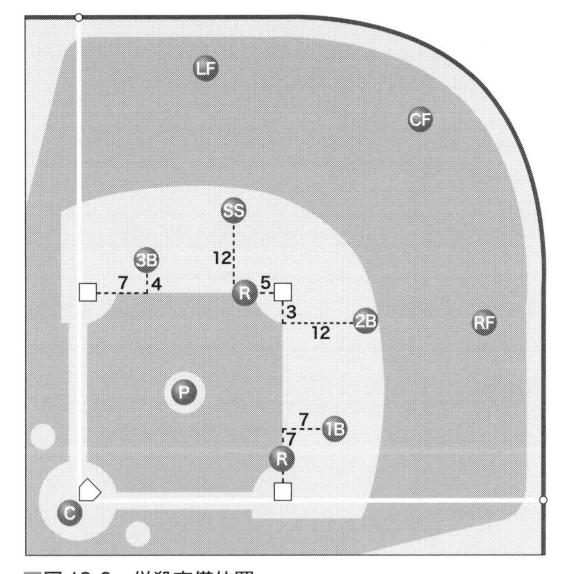

■図13-6　併殺守備位置
走者1-2塁，右打者の位置，普通の足の速さで，バントや犠牲バントなし。

者なしあるいは2死よりもこの場合は3歩前である。打者と投手の関係で横方向の位置は決まる。併殺にいけないほど横方向へ動くのは好ましくない。特別な守備をこちらが指示した時は例外になる。2塁手，遊撃手の1人だけが併殺に入れるという特別な選択である。めったにはこれをしないし，極端な守備は避けたい。

2塁手あるいは遊撃手にゴロを打たせる。そうできれば，練習している併殺に持ち込めるだろう。

## 6 　Special Coverage
## 特別なカバー

特別な守備位置になる状況が3つある。

### ポイント

1) 長打に対する守備
2) 3塁走者を送球アウトにする内野守備
3) 打球による守備

1点を争う試合の8回から，2塁打にしない守備が通常は始まる。いつ長打に対する守備を始めるかというタイミングにはいくつかの要因がからむ。鍵は，相手が長打を得ると試合の勝ち負けにどのくらい影響するのかということである。

長打に対する守備では，外野手と1, 3塁手の

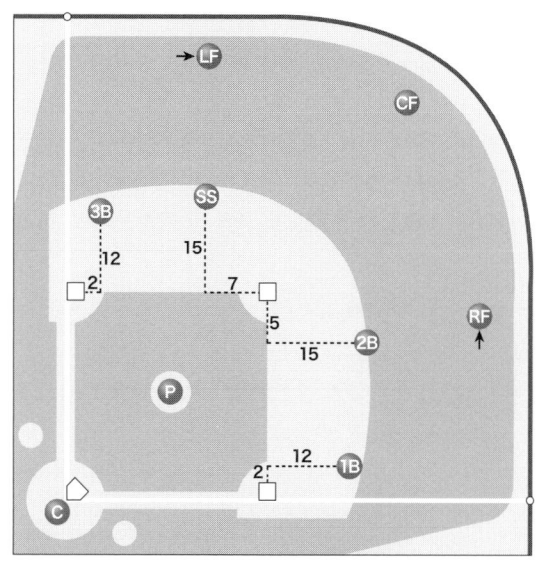

■図13-7　長打に対応した併殺なし守備
　中央へ打ち返す右打者の位置，普通の足の速さで，バントをしない打者に対しての守備。

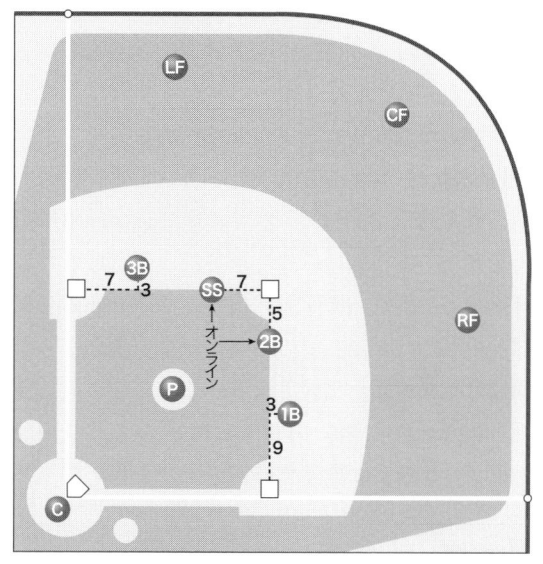

■図13-8　内野前進守備
　右打者，中央へ打ち返すタイプ，バントの恐れなし。

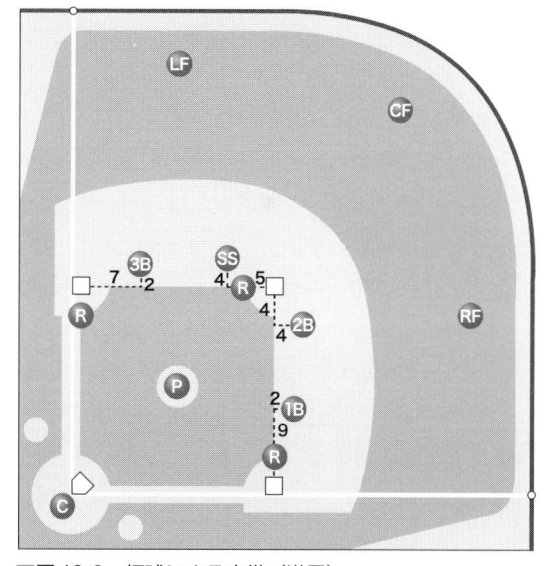

■図13-9　打球による守備（満塁）
　右打者，中央に打ち返すタイプ，普通の足の速さで，バントの恐れなし。

守備位置を調節する。一般には外野手を4歩深く守らせる。4歩下がらせないのは外野フェンスがある時のみである。4歩下がるとフェンスに近づきすぎるようなら，ホームランボールと重ならないように戻る。外野手3人とも4歩下がると，お互いの距離が変わってくることは心しておく。したがって，両翼は中堅手方向へ2歩寄って間を詰めるべきである（図13-7）。2塁打を防ぐ時には，捕れるあるいは前に落とせると100%確実でなければ打球に飛び込まない。打たれる前にこのことを話しておかなければならない。

　1，3塁手の調節は，ファウルラインと自分の間を抜かれないようにラインに近づくことである。深い位置でプレイすればラインから離れられるということである。浅いと，ラインに近づかなければならない。走者を塁に引き付けているならば，投手が本塁に投げるまで1塁手はラインからそれほど離れるべきではない。

　得点しようとする3塁走者を本塁で送球アウトにしようと内野手を守らせる時には，以下のように深さの調節をする。1塁手と3塁手は塁間を結ぶ線から3歩後ろに守らせる（図13-8）。例外はバントがありそうな時ととび抜けて足の速い3塁走者の時である。横への動きはその打者にどう対

するかによる。2塁手と遊撃手の深さは，塁間を結ぶ線とする。とび抜けて足の速い3塁走者であれば，2歩前に出る。横への動きはその打者にどう対するかによる。

打球による守備をする時がある。1死で併殺が望まれる状況である。3塁走者は決勝か同点になる走者である。強い打球なら併殺，そうでなければ本塁アウトが内野手の目指すところである。投球前の判断では，打者の足が大きな要因となるが，同様に守備位置が重要となる。この打球による守備（図13-9）では，内野手は以下のような調節をする。3塁手は塁間を結ぶ線より2歩下がって，打球の強さによってどこへ投げるかを決める。1塁手は，1-3塁であれば1塁走者を引き付けるか，塁間を結ぶ線より2歩後ろでプレイする。われわれの取り決めでは，1塁手は打球を捕ったら必ず本塁へ送球することにしている。競った試合で3-6-3や3-6-1の併殺は難しすぎると感じている。2塁手と遊撃手は塁間を結ぶ線より4歩以上下がらない。打球の強さで送球するところを決める。横への調節は打者にどう対するかで決める。併殺の深さのところで検討したように，併殺が取れるように2塁には近づいておく。

# 7 遅く位置を調整する
*Late Adjustments*

次の投球に応じて内野手は，時には外野手も含めて，守備位置を調整すべきと教えているプログラムは多い。2塁手，遊撃手の言葉や手振りでリレーさせて調整する。これを使うと守備の選手がどちらかに動き，球種を教えてしまうことになるので，このシステムをわれわれは使わないことにした。投球の情報を内野手にリレーするのであって，内野手をどちらかに動かすのではない。その代わり，適切な方向を予測させるようにしている。このシステムであれば賢いチームや選手も次の投球をわかることはない。

遅く調整するもう1つの形式は「猫と鼠」と呼んでいるものである。この調整では，投球時に内野手が前後に1歩動く。われわれは3つの状況でこれを用いる。

**ポイント**

1) 打者にはバントに警戒しているように1，3塁手が見せるが，実は広い範囲を守れるように深く守る。
2) 打者がその方向へ楽にバントできると思わせておいて，1，3塁手はバントされても楽にアウトにできるように前に出る。
3) 2死未満で走者3塁の時，3塁走者の判断を惑わすために，最後にとるのとは逆の1歩を見せる。はじめ後ろで最後に前なら，ゴロを打たれても本塁でアウトを取れる。はじめ前で後から下がるなら，ゴロを打たれても3塁走者を留められる。

# 8 ダグアウトとのコミュニケーションシステム
*Dugout Communication System*

この章の初めに検討したように，グラウンドにいる守備選手とコミュニケーションをとるのにわれわれは2つの方式を使う。からだと言葉を使う方式で，機に応じて効果的であるほうを使う。し

守備の選手に情報を伝えるサインの例

かし，ここぞという試合では，選手がダグアウトからの声を聞き取れないので言葉のサインはまず役立たない。それゆえ，守備へのほとんどのコミュニケーションはからだを使ってのサインとなる。地域や大学の試合では，この方式が役立つ。

守備位置についてであるが，バント守備，1-3塁の守備，塁カバー，牽制，打者に近い投球，敬遠，試合を勝ち切る状況を含めて，すべての守備システムのからだと言葉，両方のサインを備えている。捕手と投手コーチが情報を交換したり，共同で打者を打ち取ったりする稀なサインもある。

守備選手に必要と思われる情報のいくつかをこ

こでは示す。

**ポイント**

- 守備陣形
- 個々の選手の守備位置調整
- 打者のパワーの有無
- スライス打球の打者
- ピンチでの対応
- 2ストライク後の調整
- 長打封じ
- 本塁への中継
- 安打で2塁へ直接送球（対外野手）
- 頭を越されるな
- ライン沿いを抜かれるな
- ライン寄りを固めろ
- 1塁手は走者の後ろで守れ
- ある内野手や捕手に送球するなのサイン
- フルカウントでのゴロに内野手は追いつけ
- 重盗での後ろの走者
- 1，3塁手「猫と鼠」あるいはバントヒット封じ
- 内野の深さ
- 打者の足
- 盗塁の恐れ
- 2塁手，遊撃手の盗塁カバー
- 時間稼ぎ
- 打者への明確な意図のある投球
- 1-3塁守備（最速走者の見極め）
- バント守備

見てわかる通り，重要な情報の多くをコミュニケーションする能力をわれわれは有している。この章のはじめに示したように，効果的であるためにはこのシステムを適切に使うことが肝要なのである。適切なタイミングで情報がリレーされなければならない。適切なタイミングで選手同士アイコンタクトもできなければならない。チームメートで分かち合う時間も必要だし，個々の任務に気持ちを整えることもできなければならない。

**Point**　異なる多くのシステムを使ってそれぞれのチームは成功を収めてきたが，長い年月にわたり多くのことが変わったわけではない。ある状況やある打者に対して，誇張した守備陣形をとることで騙してきた場合もあるが，昔から使われてきたものと実質的には同じ陣形に戻っている。試合が現代の技術を使って進歩しても，変わらないものもある。最も能力の高い守備選手は中央の内野手に集まるようである。そして守備が負担になる選手は外野の両翼に集まるようである。肩は強いが，足が遅くて体重のある選手は本塁の後ろに集まるようである。DHが埋まっていても，打てる選手ならばコーチはその選手をラインナップに置くだろう。アブナー・ダブルデイは，自分のしていることをわかっていたに違いない。

# Part III―守備戦術

# 14

# 守備の戦術

　野球の試合は奪い取られるものではなく，失われるものである。チームの守備が落ちると相手に得点のチャンスを与えることになる。守備が良ければ相手が奪い取る分だけで済む。

　守備は頭を働かせて，注意深いものでなければならない。どんな時もすべての選手が試合に没頭していなければならない。守備選手のすべてのプレイには役割がある。守備は，賢くて手堅い野球チームへの鍵になる。フィールディングや送球でのエラーやミスが最少のチームが通常は試合に勝つチームとなる。守備としては，平均的あるいはルーティーンのプレイに焦点が当てられるべきである。守備での失敗は，送球を焦る，バランスを崩して送球する，守備位置を間違えるなど，やるべきことがわかっていないことに原因がある。ルーティーンのプレイができるようにコーチは選手に教える必要がある。一貫して平均的なプレイができる守備チームは，効率的であり，試合に勝つチャンスに恵まれる。

## 1　走者1-3塁の守備
*First-and-Third Defense*

　走者1-3塁の守備で最も大事なのは試合状況を理解していることである。アウト数，得点，走者の足，関わる選手の肩の強さ，これらが投球する前にコーチが評価しておくべき要素である。守備側が適切に振舞えば，攻撃側はめったに得点できない。コーチからの守備サインを受けた後，捕手はそれに応じた1-3塁の守備に入る。

　遊撃手は肩が強いので通常2塁をカバーする。

肩が強ければ，状況によっては２塁手が２塁をカバーする．

## ❶ 中継者としての２塁手

図14-1に描かれた1-3塁の守備の中では，遊撃手が２塁をカバーし，２塁手が中継者になっている（塁の3m前）．1塁走者がスタートしたら，捕手は3塁手が両手を挙げているか3塁方向をチェックする．3塁手は，走者が塁を離れすぎているとわかったら，捕手が3塁へボールを投げるサインとして塁に入りながら両手を頭上に挙げる．3塁からの走者の距離を捕手が正確には判断できないので，このサインを3塁手は使う．3塁手が両手を挙げなかったら，捕手は2塁へ送球する．

２塁手は3塁走者を読まなければならない．走者がスタートを切ったら，送球をカットして本塁に投げる．ボールが中継の位置に来るまでにスタートを切らなかったら，3塁走者を釘付けにするために拳でグラブを叩くことでカットの真似をする．遊撃手は2塁をカバーし，ボールが来たら走者にタッチする用意をしておく．3塁走者が遅らせてスタートを切ったら，遊撃手が本塁へ送球する．

3塁走者を惑わすために，投手は捕手の2塁送球に対してカットの真似をする．カットを真似たら，投手は1塁ラインに向かって本塁のカバーに走る．左翼手は捕手から3塁への送球をカバーし，中堅手は捕手から2塁への送球をカバーし，右翼手は1，2塁間の挟殺をカバーする．1塁手は2塁へ向かって走者を追いかける．

## ❷ ２塁への送球

この守備では，3塁手が両手を挙げているかどうかをチェックすることで，捕手は3塁走者を釘付けにしようと試みる．挙げていたら，3塁へ送球する．そうでなければ2塁に入っている遊撃手に送球する．遊撃手は本塁に対して横向きになって塁の1歩前にいる（図14-2）．2塁手は2塁をカバーする．3塁走者が本塁へ走ったら，遊撃手は送球をカットするために勢い良くまっすぐ本塁へ向かう．バランスを保つために2～3歩ステップして捕球し，捕手へ投げる．スタートを切らなければ，その場にいて1塁走者にタッチする．1塁走者が盗塁してくるようなら，滑り込んでくる走者と交錯しないように遊撃手は前に出てボールをカットする．

捕手の2塁送球に対して，投手は3塁走者を留めるためにカットする真似をする．カットの真似をしたら，1塁線に向かって本塁カバーに走る．左翼手は捕手からの3塁送球をカバーし，中堅手は捕手からの2塁送球をカバーし，右翼手は1，2塁間の挟殺をカバーする．1塁手は2塁へ走者を追いかける．

## ❸ 遊撃手への送球

この守備は，投球が打者を通過した後，3塁走者を得点させないようにつくられている．遊撃手は2塁へ勢いよく2歩進んで，それから本塁へまっすぐ進む（図14-3）．捕手は3塁へ戻る走者を見ずに遊撃手へまっすぐ送球する．投球が打者を通過したら，2塁手は2塁に入り，1塁手は1，2塁間の真ん中まで1塁からの走者を追いかける．3塁手は3塁に入り，走者が本塁へ走ったら遊撃手と捕手に「4,4！（本塁，本塁！）」と言ってこれを知らせる．

遊撃手は捕球したら本塁へ戻すか，3塁へ戻す．投手は，本塁へ投げたら1塁線へ向かい，その後本塁のカバーに走る．左翼手は捕手からの3塁送球をカバーし，中堅手は捕手から遊撃手への送球

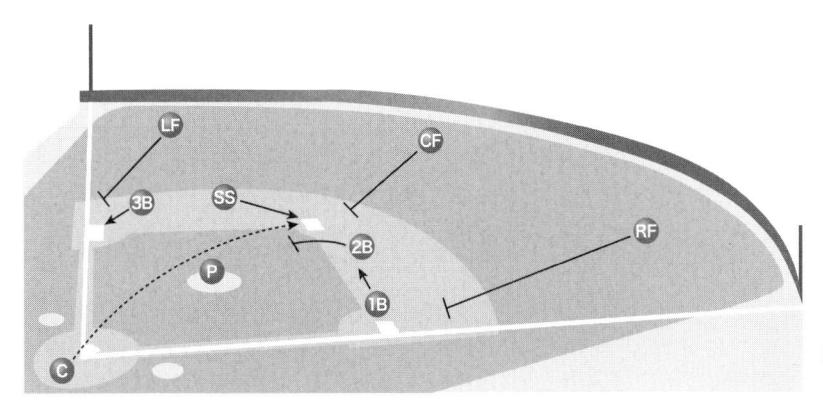

■図14-1　1-3塁守備——2塁手が中継者

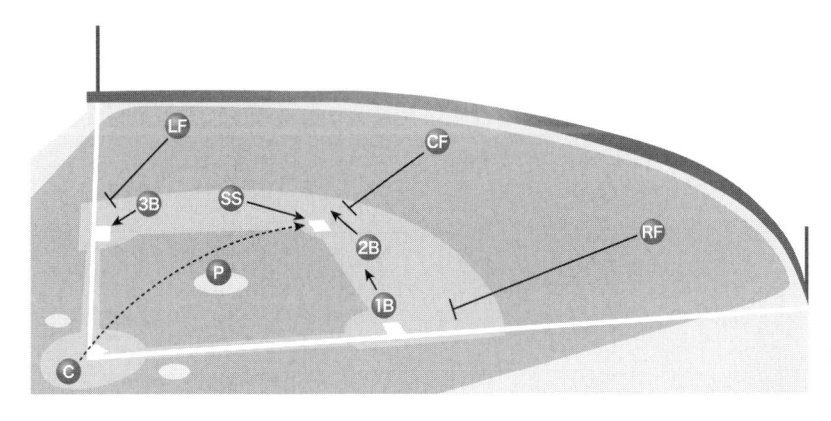

■図14-2　1-3塁守備——捕手から2塁への送球

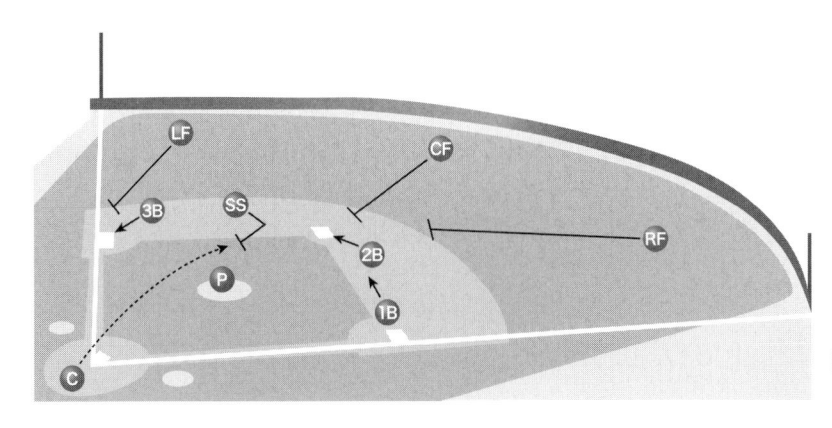

■図14-3　1-3塁守備——捕手から遊撃手への送球

をカバーし，右翼手は2，3塁間の挟殺をカバーする。守備側は2塁を取られたら仕方ないと考える。

## ❹ 投手への送球

図14-4で示したように，遊撃手が2塁に入り，2塁手は塁前3mのカットの位置に入る。3塁走

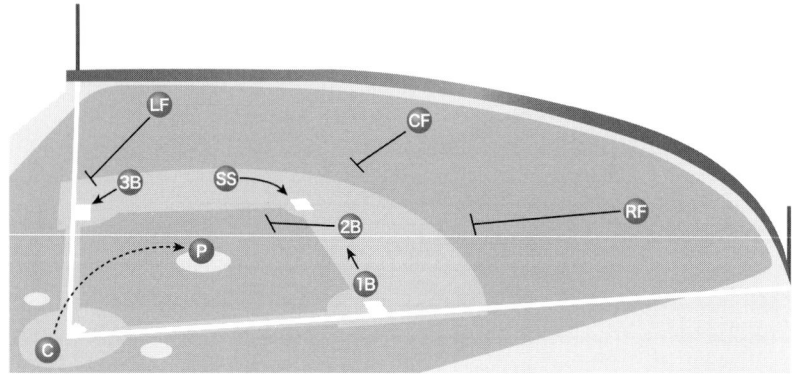

■図14-4　1-3塁守備──捕手から投手への送球

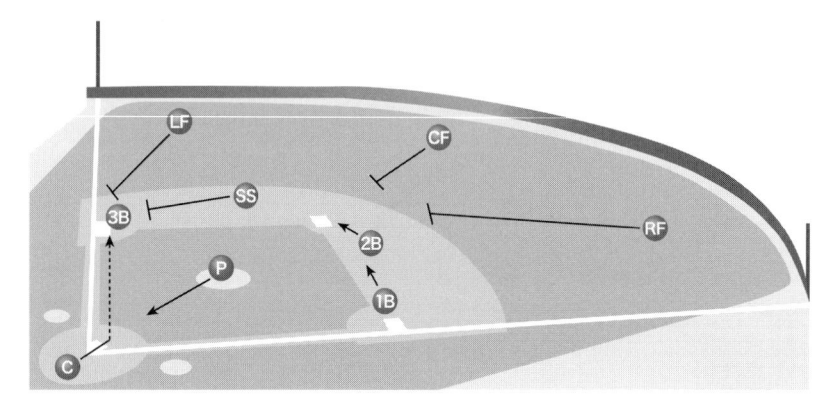

■図14-5　1-3塁守備──捕手の偽投から3塁手への送球

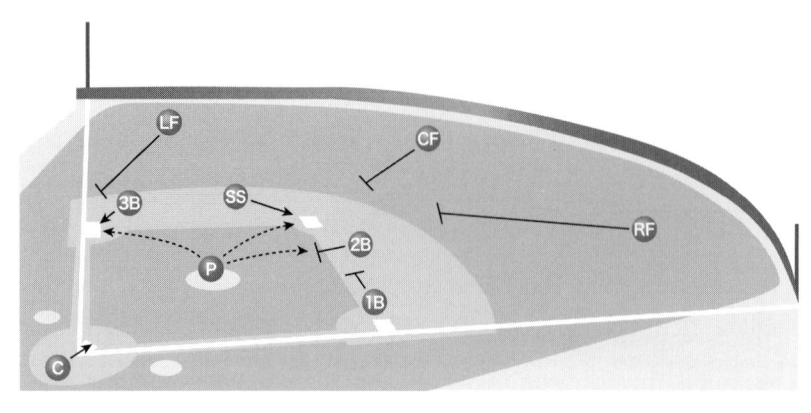

■図14-6　1-3塁守備──投手牽制

者を一瞥することもなく，捕手は投手の頭上に送球する。投手はカットして3塁走者をチェックする。何もしていなければ2塁を見る。1，2塁間で走者を捕まえられれば，2塁に入っている遊撃手に送球するか，走者の位置によって塁間の5m前にいる2塁手に送球する。どちらか受け取るべき側が「来い」と声をかける。受け取らない側は膝を落として相手を指差す。3塁走者をチェック

したら，1塁へ走者を戻しにかかる。走者が本塁へ走ったという3塁手からの声に気をつけながら，ボールを渡したら，投手は1塁をカバーする。左翼手はファウルグラウンドで3塁をカバーし，中堅手は2塁をカバーし，右翼手は2塁手の位置をカバーする。

### ❺ 送球のふりをして3塁送球

3塁走者に得点させないために，この守備では2塁は走者に譲る。投球が打者を通過したら，3塁手は3塁に入り，遊撃手は3塁をカバーし，2塁手は2塁に入り，1塁手は1塁走者を追う（図14-5）。捕手は踏み出して2塁へ送球の腕振りをしてから，3塁へ直接送球する。投手は投球したら1塁線のカバーに走る。左翼手は捕手からの3塁送球をカバーし，中堅手は捕手からの2塁送球をカバーし，右翼手は3塁から2塁への送球をカバーする。

### ❻ スタートを切られた場合の守備

唯一捕手から始まらない1-3塁の守備である。攻撃チームが投球前に1塁から2塁へ走者を走らせるのに対応しての守備である。投手はプレートを外し，3塁を向いてチェックすることで3塁走者を留める。出すぎていたら，3塁手に送球する。それほどでなかったら，2塁手へ送球する。2塁手は2塁から4〜5mほど塁間，手前に入る。それから投手は3塁線経由で本塁をカバーする。3塁手は3塁に入り，走者が本塁へスタートしたら「4，4！」と言って内野手に注意を促す。遊撃手は2塁に入り，2塁手は投手からの送球を受けるために塁間の中へ入り，1塁手は1塁走者を追いかける（図14-6）。

2塁手が投手からの送球を受けたら，3塁走者をチェックして走者を1塁へ戻し始める。3塁走者が本塁へ走ったら，3塁手は「4，4！」と言い，2塁手は振り向いて捕手へ送球する。ボールをもらって走者にタッチできるとわかったら，1塁手はボールを呼ぶ。その時，3塁走者のスタートに送球できるように備えておく。1塁手はボールを持って2塁へ走ってはならない。

投手がプレートを外し遅れたら，2塁手は膝を着いて2塁を指さす。このサインで投手は2塁へ入っていく遊撃手へボールを送る。左翼手は挟殺に備えて3塁をカバーし，中堅手は2，3塁間の挟殺に備えて2塁をカバーし，右翼手は投手から2塁への送球をカバーする。

## 2 カットと中継のシステム
*Cutoff and Relay System*

本塁や3塁でのプレイがないなら，走者に余計な塁をやらないことがカットや中継のシステムでの狙いである。うまくできるようになるためには多くの練習とチームワークが必要となる。失敗すると，試合を決める得点につながる余計な塁を与えてしまう。外野手の送球はカットマンが操作できる高さでなければならない。高すぎると走者はすぐに反応して進塁してしまう。われわれは，カットマンの頭の高さに送球するように外野手には教えている。外野手がどこへ送球するかは以下を含めて多くの要素によるだろう。

### ポイント
- 走者の足の速さ
- 試合状況

- 外野手の肩の強さ
- 打球の強さ
- 打球処理で左右に動いた距離

　打たれてからでないとわからないものもあるが，多くは投球前に外野手が評価できる。

　浮いているボールを捕ってもらいたいので，場合によっては中継やカットマンは前後に動かなければならない。さらに，投げる動きをする側にグラブをもっていって捕ってもらいたいし，グラブの土手から掌で捕ってもらいたい。投げる動きの側で捕れば，投げる方向へ右足を踏み出せる。胸のマークの高さに手を置けば，外野手の良い的になる。

　3塁への送球については，すべて遊撃手がカットマンになる。本塁への送球については，遊撃手の右への送球はすべて3塁手が本塁のライン上に入る。左であれば1塁手がすべて入る。本塁へのカットマンが異なるのは，カットの位置まで入る距離の問題である。3塁手が深く守り，左翼への打球に跳び込んだなら，3塁手は遠いので，1塁手がこれを読んで本塁へのカットに入る。3塁手と遊撃手が交差したら，3塁手は2塁のカバー，遊撃手は3塁のカバーに走る。打球が右翼へ行って1塁手が跳び込んだら，同じことで1塁手と2塁手が交差する。1塁手は2塁カバー，2塁手は1塁カバーに走る。本塁へのカットは3塁手である。

　カットマンの位置は外野手の肩の強さによって変わる。カットマンが塁（12m）に近ければ，走者は次の塁へ進む判断が難しくなる。ボールがカットマンを通過するまで走者は判断を遅らせなければならず，それは守備に有利になる。同様に塁に近ければ，カットマンは悪い送球を容易にカットできるようになるし，高い送球にも対処できるようになる。カットマンの目の高さで方向が良くて強い送球をわれわれは望んでいる。

　送球を塁へそのまま到達させたいなら，受け手はカットマンに「ノー！」と言う。大きな声で，カットマンが反応できるタイミングで言う。受け手が「ノー！」と言ったら，後ろの走者を進ませないために，カットマンはグラブを叩いてカットの真似をする。カットさせたいなら，受け手は次に投げる塁を指示する。どの塁でもプレイがないなら，捕ってキープさせる意味で「カット！」と言う。ボールを捕ったら，カットマンはどこかでプレイがないかを探す。送球が逸れていたり，弱かったりしても，先頭の塁でプレイがあるなら，カットマンがボールを捕って先頭の塁へ投げるタイミングを見計らって「リレー！」と言う。

　表14-7から14-8までは特別な試合状況を示し，それぞれの状況に応じて最も効果的な守備戦術を描いている。また，これらの中継やカットがうまくいくためには多くの練習と並外れたチームワークを必要とする。力強く，自信に満ちたコミュニケーションが欠かせない。走者をタッチアウトにできる，そして他の走者を得点圏に進ませないと思って判断しなければならない。

14 守備の戦術

▶左翼への打球

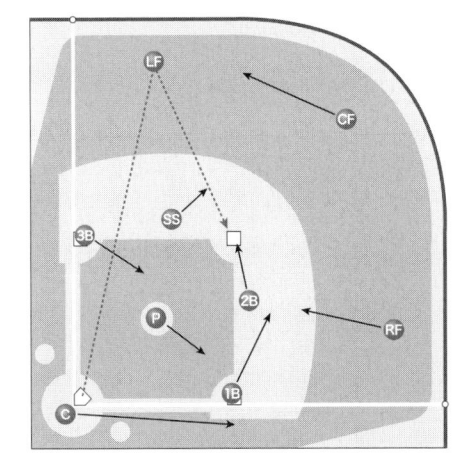

P ： 1塁へ動く
C ： 走者を追って1塁へ
1B：2塁カバー，走者が2塁へ行ったら教える
2B：2塁へ
3B：逸れた送球のためにマウンド方向へ動く
SS：2塁との間に入って送球
LF：ゴロを捕って2塁へ送球
CF：左翼のカバー
RF：送球に沿って2塁カバーへ動く

▶中堅への打球

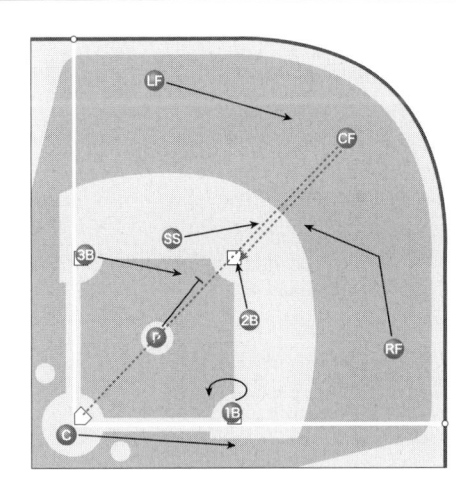

P ： 2塁カバー
C ： 走者を追って1塁へ
1B：走者の触塁を確かめて1塁カバー
2B：2塁へ
3B：逸れた送球の2塁カバー
SS：2塁への送球に入る
LF：中堅手カバー
CF：ゴロを捕って2塁へ送球
RF：中堅手のカバー，中堅の右であれば2塁をカバーに行く

▶右翼への打球

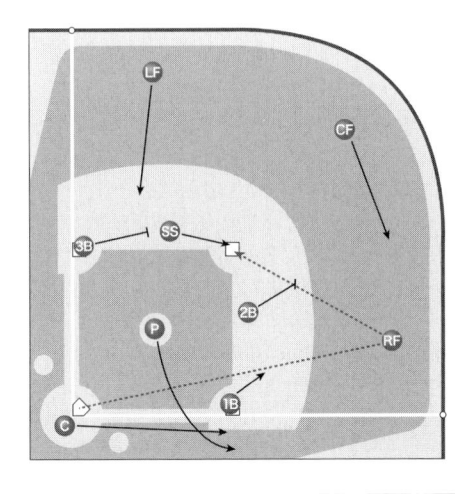

P ： 1塁へスタートし，外野手の送球が走者の後ろになったら捕手をカバー
C ： 走者を追って1塁へ
1B：打球を追って走者が塁を回るために1塁から離れている
2B：中継に2塁との間に入る
3B：2塁をカバー
SS：2塁へ
LF：2塁送球をカバー
CF：右翼をカバー
RF：1塁でのプレイがあるかを見て2塁へ送球

■表14-1　走者なし，単打

▶左翼への打球

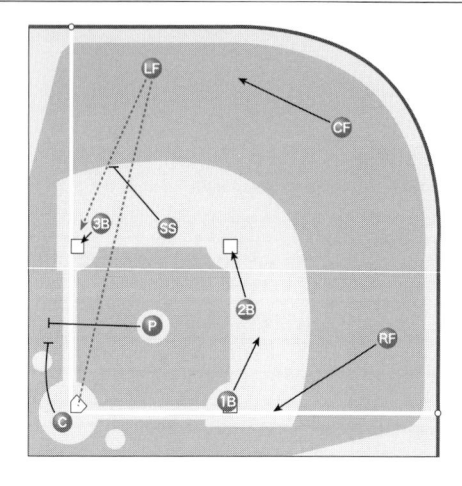

P ： 3塁カバー
C ： 投手のプレイをカバー
1B： 1塁での走者の触塁を確かめて2塁カバー
2B： 2塁へ
3B： 3塁へ
SS： 3塁との間に入る
LF： 打球を捕って中継の遊撃手へ
CF： 左翼のカバー
RF： 1塁のほうへ行く

▶中堅への打球

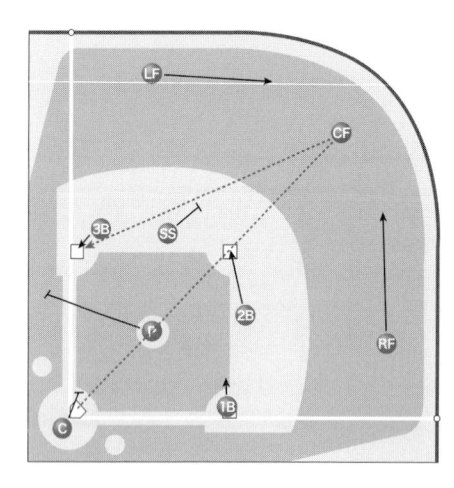

P ： 3塁カバー
C ： 本塁へ
1B： 触塁を見て塁の近くにいる
2B： 2塁へ
3B： 3塁へ
SS： 3塁との間に入る
LF： 中堅手のカバー
CF： 打球を捕って3塁へ送球
RF： 中堅手のカバー

▶右翼への打球

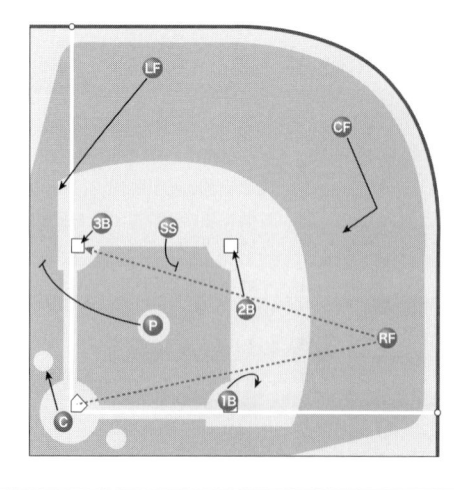

P ： 3塁カバー
C ： 投手カバーと本塁カバー
1B： 走者の触塁を見る
2B： 2塁へ
3B： 3塁へ
SS： 3塁送球の中継
LF： 3塁カバー
CF： 右翼手のカバー
RF： 打球を捕って3塁へ送球

■表14-2　走者1塁，単打

▶左翼への打球

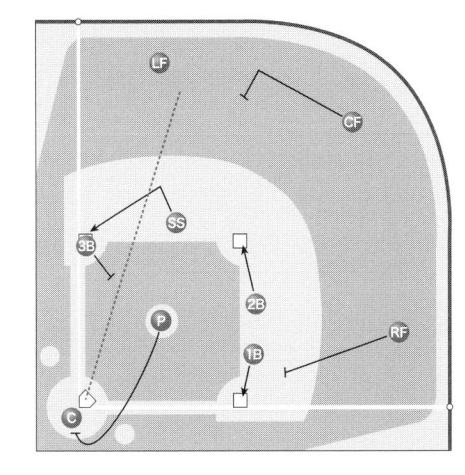

P： 本塁カバー
C： 本塁へ
1B：1塁へ入り，遊撃手の左を抜けたら中継へ動く
2B：2塁へ
3B：本塁との間に入る
SS：3塁へ
LF：打球を捕って本塁へ送球
CF：左翼手のカバー
RF：内野へ入る

▶中堅への打球

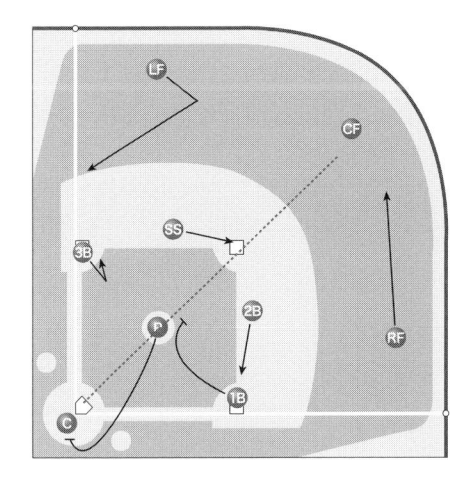

P： 本塁カバー
C： 本塁へ
1B：マウンド後方で中継者になる
2B：1塁へ
3B：走者の3塁触塁を確かめて3塁へ
SS：2塁へ
LF：3塁をカバー
CF：打球を捕って本塁へ送球
RF：中堅手をカバー

▶右翼への打球

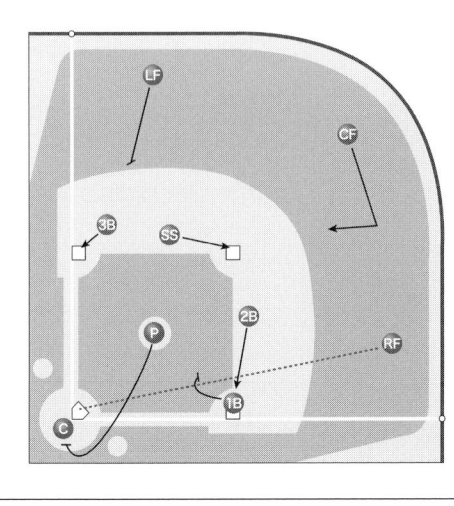

P： 本塁カバー
C： 本塁へ
1B：本塁送球の中継
2B：1塁へ
3B：3塁へ
SS：2塁へ
LF：2塁カバー
CF：右翼手のカバー
RF：中継の1塁手へ送球

■表14-3　走者2塁，単打

▶左翼への打球

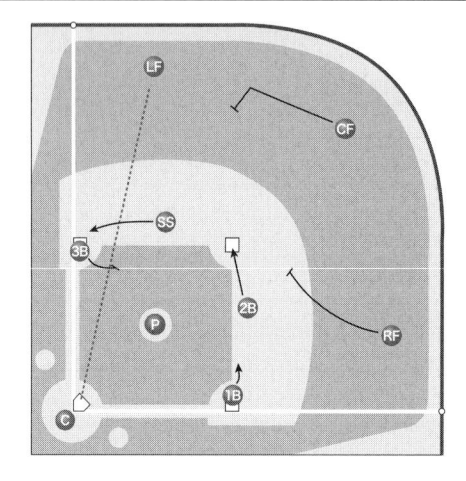

P： 3本間に行き状況に応じる
C： 本塁へ
1B：1塁へ入って走者の触塁を確認する
2B：2塁へ
3B：本塁近くで中継
SS：3塁へ
LF：捕球して本塁へ送球
CF：左翼手をカバー
RF：内野へ向かう

▶中堅への打球

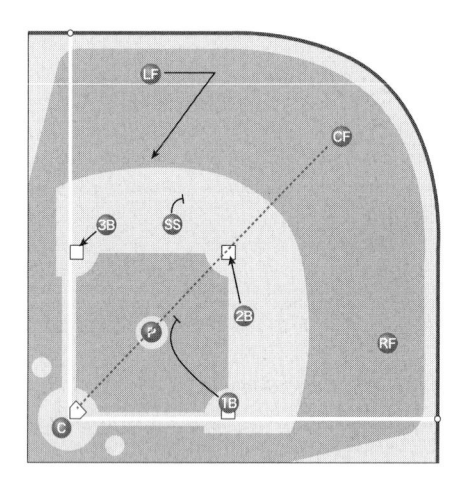

P： 3本間に行き状況に応じる
C： 本塁へ
1B：本塁送球の中継
2B：2塁へ
3B：3塁へ
SS：3塁送球のラインへ
LF：中堅をカバー
CF：本塁近くの中継へ送球
RF：中堅をカバー

▶右翼への打球

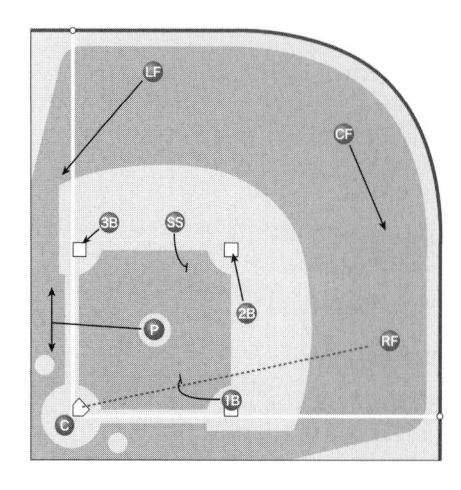

P： 3本間に行き状況に応じる
C： 本塁へ
1B：本塁送球の中継
2B：2塁へ
3B：3塁へ
SS：3塁送球のラインへ
LF：内野へ向かう
CF：右翼手をカバー
RF：本塁近くの中継へ送球

■表14-4　走者1-2塁，単打

14　守備の戦術

▶左翼への打球

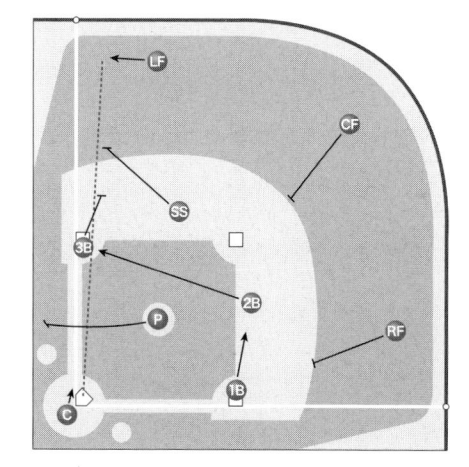

P ： 3塁カバー
C ： 本塁へ
1B：走者の触塁を見て2塁へ走者を追う
2B：3塁へ
3B：縦列中継のカバー
SS：縦列中継の前者
LF：捕球して縦列中継の前者へ送球
CF：2塁カバー
RF：1塁近くへ向かう

▶中堅への打球

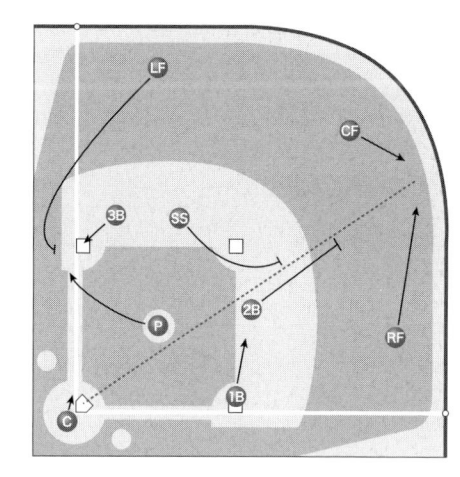

P ： 3塁カバー
C ： 本塁へ
1B：走者の触塁を見て2塁へ走者を追う
2B：縦列中継の前者
3B：3塁へ
SS：縦列中継のカバー
LF：3塁カバー
CF：打球を追って縦列中継の前者へ送球
RF：打球を追って縦列中継の前者へ送球

▶右翼への打球

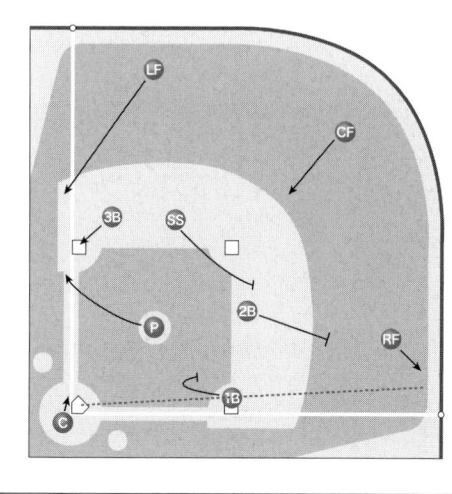

P ： 3塁カバー
C ： 本塁へ
1B：本塁送球を中継
2B：縦列中継の前者
3B：3塁へ
SS：縦列中継の後者
LF：3塁付近へ
CF：2塁付近へ
RF：打球を追って縦列中継の前者へ送球

■表14-5　確実な2塁打

▶ 3塁線への
　ポップフライ

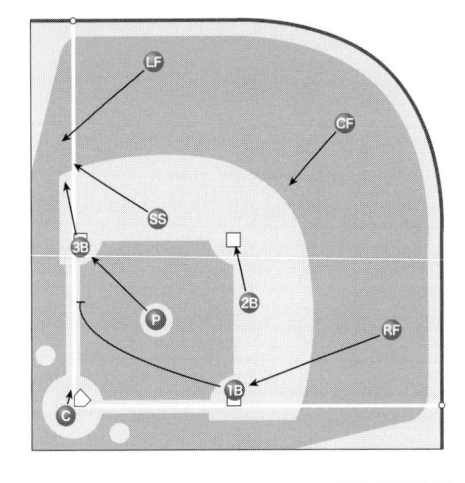

P： 3塁へ
C： 本塁へ
1B：本塁送球の中継
2B：2塁へ
3B：打球へ
SS：打球へ
LF：打球へ
CF：2塁付近へ
RF：1塁へ

▶ 捕手後方への
　ポップフライ

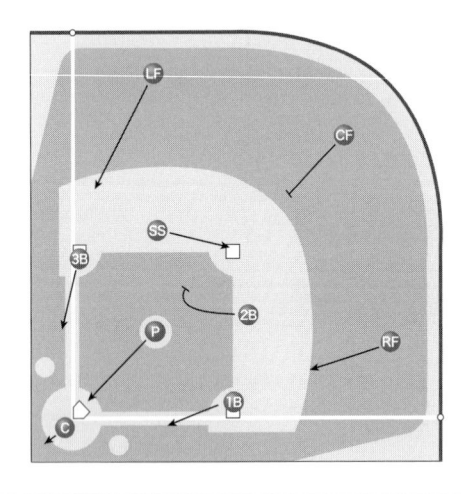

P： 本塁へ
C： 打球へ
1B：打球へ
2B：2塁送球の中継
3B：打球へ
SS：2塁へ
LF：3塁付近へ
CF：2塁カバー
RF：1塁付近のカバー

▶ 1塁線への
　ポップフライ

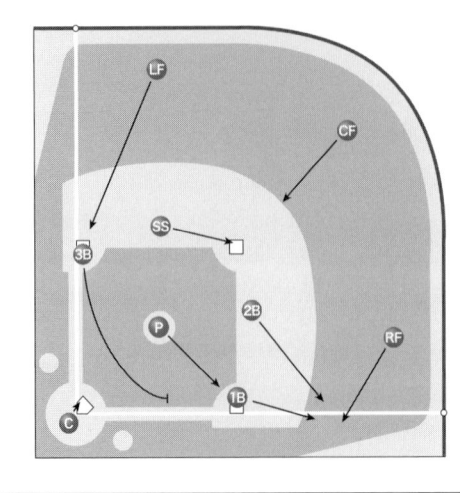

P： 1塁へ
C： 本塁へ
1B：打球へ
2B：打球へ
3B：本塁送球の中継
SS：2塁へ
LF：3塁へ
CF：2塁付近へ
RF：打球へ

■表14-6　走者1-3塁，ファウルのポップフライ

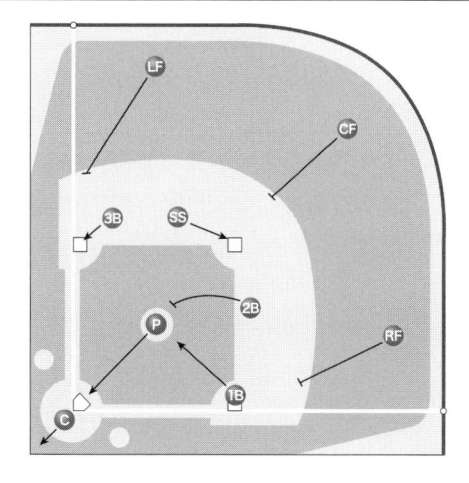

P： 本塁へ
C： 捕球して投手へ送球
1B：捕手からの送球カバーのためにマウンドへ
2B：捕手からの送球をカバーするためにマウンドの後ろへ
3B：3塁へ
SS：2塁へ
LF：3塁カバー
CF：2塁カバー
RF：1塁カバー

■表14-7　満塁での捕逸あるいは暴投

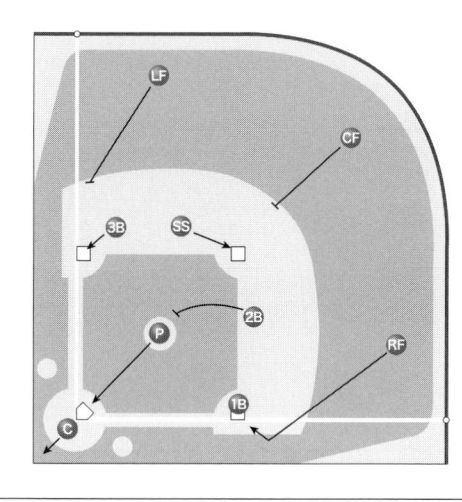

P： 本塁へ
C： ボールを捕って本塁へ，走者が来ていなかったら遊撃手へ送球
1B：1塁へ
2B：マウンドの後ろへ中継に入り，走者を見る
3B：3塁へ
SS：2塁へ
LF：3塁カバー
CF：2塁カバー
RF：1塁カバー

■表14-8　走者2塁で四球あるいは三振のボールを捕逸

## 3　挟殺
### Rundowns

　挟殺は野球の試合で欠かせないので，他の守備状況よりも起こる確率が低くても，守備チームとしては練習しておかなくてはならない。挟殺は，うまくいくと試合結果の転換点になり得る。相手が盛り返してくるのを潰して，厳しい試合状況からチームを救ってくれるので，守備としては当然アウトが取れるようにしておくべきである。

　われわれの挟殺システムにはいくつかの一般的なルールがある。第1に，走者にはのっぴきならないはめに置かれたと思わせ，ある方向に全力で走らせたい。全力で走るようにさせると，簡単には止まれないし，方向転換もできない。内野手は

走者を容易く操れる。

別には，1～2送球で済ませるルールがある。だいたいは進行方向だが，はじめに走った方向に走者をまず追いかける。これで1送球となる。元の塁へ戻そうとすれば，もう1送球となって，エラーの確率が増える。例外は3本間である。走者がハーフウエイを越えたら，3塁手は本塁へ送球し，3塁へ追う挟殺にもっていく。その方向であれば得点につながるミスは生じない。

ボールを持っている内野手に対するルールがある。走者が勢い良くスタートを切って戻らない所まで来たら，内野手はボールを放す。走者に余裕があるなら，内野手はできるだけ速く走者を追って，ボールを呼ぶ声を待つ。ボールはいつでも放てるようにしておくべきである。走者が元の塁から離れていくなら，送球は塁間を結ぶ線の外側へなされるべきである。元の塁へ戻って来るなら内側である。送球を受ける人は前に出て，ボールがグラブハンド側に来るようにする。左利きなら逆で，内野手は前に出て逆側で送球を受ける。ボールを持っていない内野手は構えて，必要なら塁に向かい，間をつめる。ボールを受ける時には，
1) 頭の高さに両手をもっていく。
2) 塁を離れて，勢い良く1歩前へ出る。
3) 「来い」と言う。

これらを同時にやれば良い。

典型的な挟殺では，走者をとらえて，1送球でアウトにする。ボールを持っている野手は，走者が全力で次の塁へ行くように，全力で追わなければならない。走りながら，手はいつでも投げられるように挙げておき，偽投は決してしない。受ける内野手からの指令でボールを投げる時，普通の投げ方ではなく，肘から先で投げるようにする。腕を思い切り振ったら，行方をコントロールしにくい。

鍵になるのは受ける内野手のほうで，走者が向かう塁の上か横に位置をとる。ボールを持っている野手がうまくやってくれれば，走者は全力で受け手の近くへ向かってくる。そうしたら，①両手を高く，②1歩踏み込んで，③「来い」と言う。タイミングが良ければ，走者はタッチをかわせない。

グラブの中にボールを収めてタッチするが，ボールがこぼれないように手をボールにそえる。送球したら，その内野手は走路から外れる。ボールを放す位置が塁間の半分を越えていたら，先の塁へ行く。半分以下なら，戻って元の塁をカバーする。2送球目に備えて塁に留まる。2送球目も同じ基本となる。1塁であればどんな挟殺でも，投手は1塁をカバーする。2塁であれば，投手は3塁をカバーする。3本間であれば，1塁手が来るまで本塁にいる。1塁手が来たら本塁をカバーする。審判が「アウト」をコールするまで野手は挟殺を続けなければならない。走者が塁間を外れたり，タッチしてもアウトと思い込んではならない。

# 4 バント守備
**Bunt Defense**

どんなバント処理でも目指すはアウトを取ることである。狙った塁でアウトを取るようにバント守備はつくられている。そのアウトが取れないようなら，打者をアウトにすべきである。犠牲バント状況でアウトを取れないとビッグイニングになることが多い。

良いバント守備になる鍵は，どこに送球するか野手に正しく判断させることである。どこへ送球

14 守備の戦術

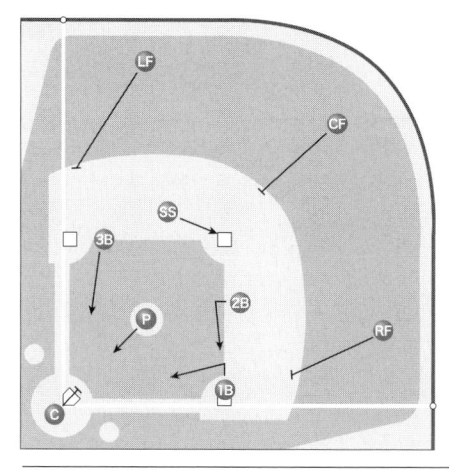

P： 1塁に走者を留めて，真ん中低めの直球でストライクを取りにいく。左前方へ反応する
1B： 投球まで走者を留め，本塁へ突っ込む
2B： 少しその場にいてから1塁へ
SS： 2塁へ
3B： 4〜5m芝生に入って，本塁へ突っ込む。バントに誰よりも優先して捕りに行く
C： 本塁の前へ出て送球を指示。投手，1塁手よりも優先してバントを捕る

■表14-9　走者1塁，通常のバント守備

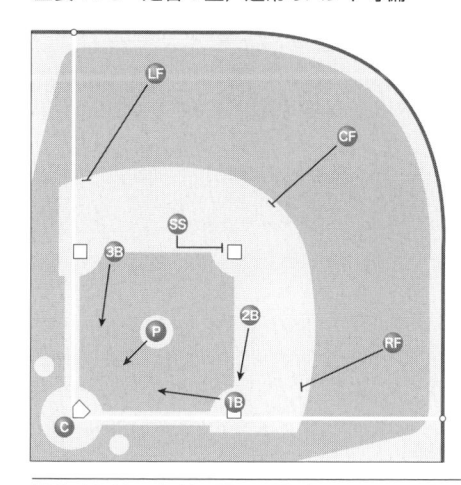

P： 真ん中低めにストライクを投げる。マウンド前をカバーし，3塁手が捕るようなら3塁へ
1B： 投手が足を上げたら本塁へ突っ込む
2B： 少しその場にいてから1塁へ
SS： 2塁へ
3B： 3mほど芝生に入って，投手が足を上げたら突っ込む
C： 本塁の前をカバーし，内野手へ指示。投手，1塁手より優先して捕り，投手がいないようなら3塁へ

■表14-10　走者1塁，1塁手のスタートが早いバント守備

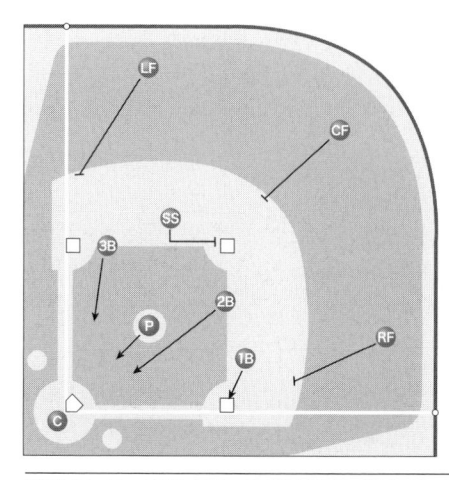

P： 真ん中低めにストライクを投げて，まっすぐ進んでマウンド前をカバーする。2塁手が見えたら前に出る
1B： 走者を留める
2B： 投手がセットに入ったら，芝生の位置からスタートする。マウンドの1塁側をカバーする
SS： 2塁へ
3B： 芝生4〜5m前から投手がセットに入ったら突っ込む。3塁側をカバーする
C： 少し前に出て，送球する場所を指示する
LF： 3塁カバー
CF： 2塁カバー
RF： 1塁カバー

■表14-11　走者1塁，2塁手が突っ込むバント守備

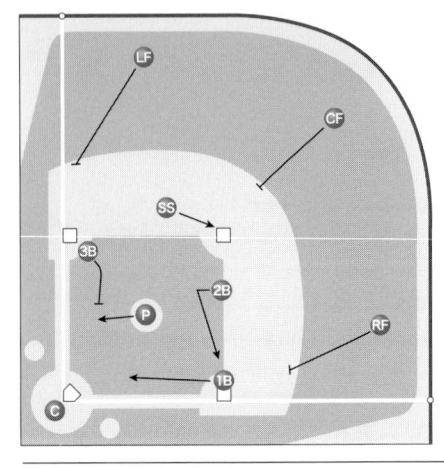

P： 遊撃手がグラブを叩いたら，真ん中低めに直球ストライクを投げ，3塁側をカバーする。バントを捕れるなら，「任せろ」と言って，3塁手に送球する。捕れずに3塁手に任せるなら，前を通って3塁に入る
1B： 4～5m芝生に入り，打者が構えたら突っ込む。捕手の指示を聞く
2B： 浅めから少し打者をだまして1塁に入る
SS： 走者を2塁に留める。投手がセットに入ったら左足で2塁を牽制し，グラブを叩く。これが投球の合図となる。走者が大きく出ていたら，グラブを開いて隙間の牽制をする
3B： 走者，投手，捕手が見える位置で少し浅く。投球に少し前進してバントを読む。投手が捕るなら3塁に入る。捕れないと思ったら，ボールを呼んで1塁アウトにする
C： 本塁前に出て送球場所を指示する

■表14-12　走者1-2塁，通常のバント守備

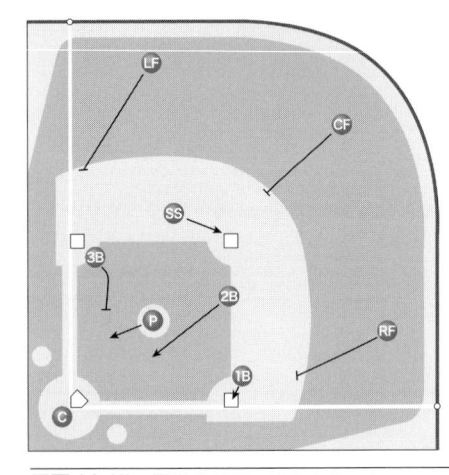

P： 2塁手が見えてきたら，真ん中低めにストライクを投げる。3塁側をカバーしてボールを呼ぶ。バントを捕れないなら3塁に入る
1B： 走者を留めて1塁にいる
2B： 投手がセットに入ったら，本塁に突っ込む
SS： 2塁へ
3B： 3塁やや前にいてバントを見る。投手が捕ると言ったら，3塁に入る。投手が捕れないと言ったら，捕りに行き1塁で刺す
C： 指示をして，本塁前は処理する

■表14-13　走者1-2塁，2塁手が前進するバント守備

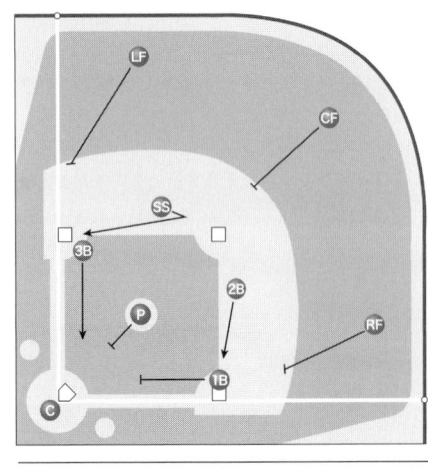

P： 遊撃手が反転して走者より少なくとも4歩先んじたら真ん中低めに投球する。それから前に出て，マウンド前のバントを処理する
1B： 本塁へ突っ込む
2B： 2歩2塁に進んでから1塁へ
SS： 通常の位置からスタート。投手がセットに入ったら，2歩2塁へステップしてグラブを叩いてから3塁へ走る
3B： 走者，投手，打者が見える位置で少し前に出る。遊撃手の動きを見る。遊撃手が走者に先んじたら本塁へ突っ込む。走者が遊撃手と一緒に走って来たら3塁に入って捕手からの送球を待つ。バントの構えをしたら左側は責任をもつ
C： 指示をし，目の前は責任をもつ

※攻撃側が必ずバントという時に，この積極的なバント守備は使いたい。3塁でアウトを取るためのプレイである。

■表14-14　走者1-2塁，ローテーションするバント守備

するかは，バントされたボールによるだろう。すべてのバント守備は，コーチから指示を受けた捕手によって始められる。

バント守備は，投手がバントしにくい低めにストライクを投げることから始まる。高めはボールを宣告されやすく，バント場面での四球につながりやすい。加えて，高めは強く打たれる危険性も高い。バントの構えの打者がバットを引いて打ちにくるようになる。見送られると守備の仕方がわかられてしまうので，この場面ではどうしてもストライクがほしい。そうでないと，バントの方向を変えられるし，ヒットエンドランにも，バントと見せてのバスターにも変えられるし，さらに別の手も打てる。

バントをミスした時には走者を牽制する大きなチャンスとなる。バント場面では走者は第2リードを大きくとる。そうしたチャンスを捕手は逃してはならない。

バントをしてくるかどうかを，あの手この手で探ることができる。投手に長く持たせたり，プレートを外させたり，2塁での動きを使えるし，牽制をすることもできる。

攻撃側を混乱させるために，すべてのバント守備は同じように見えなければならない。バント守備と見せかけてどの塁にも牽制できるし，できるようにしなければならない。

表14-9から14-14は，それぞれの試合状況における最も効果的なバント守備を示している。

# 5 敬　　遠
*Intentional Walks*

2死未満で，走者2塁あるいは2-3塁で，打者が同点あるいは決勝の走者にならないという場面でのみ，敬遠は守備戦略として使われる。

意図的にボールにする時，ホーム上にふわっと投げるのではなく，90cm外め，肩の高さに中程度のスピードのボールを投げる。

投手がボールを放つまで位置を外せないので，捕手は立って，腕（対右打者）を横に伸ばすか，ミット（対左打者）を横に伸ばし，その後，捕球するために横へステップする。

敬遠の主目的は，封殺や併殺を取るために，より適した打者に投球することである。1塁が空いている時だけ敬遠は使われる。

# 6 相手の勢いを封じ込める方法
*Ways to Break the Opponent's Momentum*

試合の流れの中で，自軍であれ相手であれ，勢いはその日の結果に大きく影響する。その日に相手がどうプレイしているかは，自軍の勢いには影響しないだろうと考えたいものだが，いつもそうとは限らない。勢いは，できる限り自分たちの側，ダグアウトに置いておきたいものである。気持ちが高ぶって乗ると自軍の得点に結びつくが，落ち込むと得点できなくなるという，勢いはジェットコースターのような効果をもっている。このジェットコースターは，チームを気持ちの上で落とし込めるし，どうしても山を乗り越えられないと感じさせるものである。ダグアウトで平静を保つことが，その日，チームから最も多くの物を引き出す確かな方法である。試合中に相手の勢いを止め

られれば，逆の効果を与えられて，勝ちにつなげられる。うまく投げて，守れば，試合のテンポをつくれる。

## ❶―ビッグプレイを見せる

守備でビッグプレイを見せれば，相手を勢いに乗せずに済む。相手の攻勢を終わらせるようなダイビングキャッチ，併殺，あるいは三振といったビッグプレイは，相手の勢いを低下させ，自軍を勢いづける。一般には，守備はすばやいテンポで進めたい。

## ❷―お返しをする

攻撃では，相手の勢いを封じ込めるためにお返しができる。1回表，相手が出塁して2点挙げたとする。その裏に2点かそれ以上返すと，相手の勢いをキャンセルできる。同じ状況で，2回表に投手が走者なしで押さえ込めれば，お返しとなる。そうなると，お返しをした2点に加えてのチャンスになる。攻撃からでも，投球や守備からでも，相手の勢いを封じ込めるにはお返しすることである。

## ❸―与える得点を最小限に留める

与える得点を最小限に留めれば，相手の勢いを失速，あるいは停止させることができる。投手コーチは，ビッグイニング（1イニングに大量点を与えること）を避けるようにと投手には言うものである。スコアーブックを調べれば，ビッグイニングを許すと負けていることがわかる。試合の中で，相手がビッグイニングになりそうという状況

ビッグプレイは相手の勢いを削ぐ助けとなろう。　　　　　　　　　　　　　　　　　　　　　　（写真：ゲッティ）

がわかるだろう。四死球，エラー，あるいはヒットで相手は得点圏に走者を進める。2～3点ではなく1点に抑えられれば，相手の勢いを緩められる，あるいは封じ込められる。

### ❹ 先発投手にテンポをつくらせる

先発投手は，試合の中で勢いをつくることができる。投げ終わる時に勝っていようが負けていようが，先発投手は試合の流れとペースをつくる。ストライクを投げてアウトを取りにいく勢いである。勝っているところでこれができれば，勢いはそのまま残る。負けているところでこれができれば，相手の勢いを封じられる。

### ❺ 試合のペースを落とす

相手の勢いを止める方法をコーチはいくつか使える。ビッグイニングになりかけている，あるいは走者がたくさん出た，と仮定する。捕手を投手のもとに行かせて試合のペースを落としたり，ゆっくりことを進めたりして試合のペースを落とすことができる。捕手が行ったらコーチはタイムをとって投手に話しに行く。こうして試合のペースを落とし，投手に自分を取り戻させ，相手の勢いを弱める。相手が試合の後半に攻勢をかけてきたら，やはりペースを落としたくなるだろう。コーチは出て行って投手に話せるし，時間をとったり，イニングの間にペースを落とす何かを企てたりするだろう。相手の攻勢を弱めるには選手に時間をとらせることもある。選手にトリックを使わせたり，怪我したふりをさせたりである。用具の調整をさせれば，時間もかかるし，試合のペースも落とせて，態勢を立て直せる。

## 7 先頭走者でアウトを取るか，確実にアウトを取るか
*Getting the Lead Out Versus Taking the Sure Out*

先頭走者で取るアウトと確実に取るアウトについて話す時には，いくつかの要素を考える必要がある。

**ポイント**
- 守備陣形
- 得　点
- イニング
- ホームかビジターか

これらを踏まえ，いずれかのアウトを取る時に，内野手あるいは外野手がどんなプレイにするかを考えなければならない。先頭走者でアウトを取ろうとしてそれができなくなったら，確実にアウトを取りにいかなければならない。どんなアウトでも1つ取れれば，それは間違いでは決してない。

### ❶ 守備陣形

守備の調整にはいくつかの要素が影響する。コーチとして守備の決断をする前に，投手の長所，打者のタイプ，投球のタイプ，カウントの善し悪し，アウトカウント，グラウンドの状態，イニング，そしてホームかビジターか，といったいくつかの要素を分析する。選手を前後に動かす時には，慎重にこれらを考える。

(a)内野の深さ

内野手には，深め，前進，併殺狙いといった3つの陣形をとれる。

①深め　4人とも芝生の切れ目まで下がり，確実にアウトを取る。

②前進　4人とも送球して本塁で得点を防ぎ，先頭でアウトを取れるようにする。先頭でアウトを取れるようにするのは，チームが負けているか，競っているかで，これ以上点をやりたくない状況である。

③併殺狙い　後ろではなく，ゴロが転がる距離を減らすように前に出る。この位置であれば併殺を取れる。併殺状況では，2塁で確実にアウトを取るが，それは1塁走者だけなら先頭でアウトを取ることにもなる。走者1-2塁であれば確実なアウトは先頭でのアウトにはならない。この場合には2塁で確実にアウトを取るようにして，それから併殺を完成させるために1塁でアウトを取る。この状況において2塁で確実にアウトを取るのは，3塁での先頭アウトを選ぶならば1つアウトになるのに対して2つアウトを取れるからである。この状況で3塁先頭アウトを取りにいく唯一のタイミングは，すでに2アウトか3遊間に打たれて遊撃手が3塁しか投げられないかである。

(b) 外野手のプレイ

外野手は試合中，実に様々な陣形をとることになるだろう。前進，深め（頭を越される打球はない），右寄り，左寄りとある。打者の打球傾向，試合の状況によって外野手は陣形をとる。陣形にかかわらず，送球場所は，打球の位置，外野手からの距離による。打球が先頭の走者から遠い外野手へ行ったら，1塁で確実なアウトを取るために送球は常に2塁へとなる。先頭の走者に近い外野手へ行ったら，あるいは肩が強ければ先頭のアウトを取るために送球されるべきである。

①フライの捕球　外野手が，送球方向へ向かっていってフライを捕れる時には，先頭アウトを取ろうと送球すべきである。先頭走者から離れて捕るなら，1塁からの進塁を防ぐために2塁（確実なアウト）へ送球すべきである。2塁への送球は，次打者がゴロを打てば併殺にもなるし，1塁での確実なアウトにもなる。次打者がゴロを打てば併殺のチャンスになり，攻撃側の攻勢を止めることにもなる。

②ゴロ打球　外野手の正面のゴロ，あるいは左右へ2～3歩のゴロであれば，先頭走者の塁へ強く投げられるので，そちらでのアウトを狙って送球すべきである。同じ状況で5歩以上左右へ動いてゴロを捕るなら，2塁（確実なアウト）への送球が賢い。送球は2塁進塁を防ぎ，併殺状況をつくる。次打者がゴロを打てば，併殺のチャンスになる。ほとんどの場面で，外野手は併殺の場面（確実なアウトを取る）をつくるべきで，走者を進塁させないようにすべきである。いつも先頭走者に送球しようとすると，大きなミスを犯し，イニングを断ち切るというよりも伸ばすことになり，相手に得点を与えることになる。

## ❷ー勝っているか負けているか，序盤か終盤か

勝っているなら，確実にアウトを取っていく。攻撃側のチャンス回数を最小限にするために確実にアウトを取りにいく。試合の序盤か終盤かにかかわらず，得点を与えてもできる限り多くのアウトを取るべきである。終盤にはアウトと得点を交換すべきである。併殺の状況で2塁で先頭のアウトを取るのは，1つあるいは2つのアウトを取って，相手走者を得点圏に進めないための最善の選択である。満塁あるいは1-2塁，併殺場面において，2塁で確実にアウトを取るのは得点を与えるかもしれないが，試合終了までの27アウトにチームを近づけることになる。

負けているなら，得点はこれ以上与えないよう

にする。通常は，走者が得点しようとしているなら，先頭走者アウトを狙う。試合の序盤なら，得点になるとしても，そのアウトが併殺につながるなら，確実にアウトを取りにいく。2アウトを取って，走者をなくし，そのイニングでの得点をこれ以上許さないために，得点を与える。得点圏に走者のいる終盤なら，先頭走者アウトを取りにいく。終盤で得点を防げば，1～2点取って挽回するチャンスを増やすことになる。

### ❸──ホームかビジターか

ビジターで勝って，ホームで引き分けというのが野球での常套戦略である。試合の最終回にこの戦略に拘るならば，アウトを取るための特別なプレイをする必要があるだろう。

この状況で，ホームチームは確実にアウトを取るために同点を許すことになる。その裏に得点をして勝ちにいけるとわかっているので，得点を許す。併殺の先頭走者アウトでも1塁でのアウトでも，いずれでも確実なアウトを取りにいく。それが相手に先行されるチャンスを減らすことになる。

この状況でビジターならば，先頭でのアウトを取らなければ負けてしまうだろう。ビジターとして確実なアウトを取りにいくのは，併殺に切り替えようとする場合と，ホームチームに得点を許さずに1塁でアウトを取りにいく場合の2つの状況に限られる。それ以外，ビジターでは，先頭走者アウトを取りにいくことで最終回の決勝点を防ぐようにする。

## 8 盗塁阻止
*Defending the Steal*

足を使った攻撃を止める鍵は，走る場面と走れる選手を見出すことである。成功・失敗にかかわらず盗塁を記録シートでチェックすべきである。一般には，中央の守備選手，ラインナップの1，2，9番が走ると思えば良い。

足の速い走者は早いカウントで，特に2死では走りたがる。打者のカウントが3ボールでも走ろうとする。競った試合で良く走りもする。足の遅い選手は変化球で走ろうとしたり，ディレイド盗塁を，特に左打者では試みたりする。

走者のタイミングを崩す。走者が出たら，投手はそのタイミングとリズムを崩さなければならない。盗塁しそうな選手を脅すのに最も簡単で効果的なのは，ボールを長く持って走者をフリーズすることである。投球間隔を変えて走者のタイミングを崩すこともできる。球種によって長く持ったり，すぐに投げたりもできる。いつ投げるかわからなかったら，走者は緊張する。固くなってしまい，すばやくスタートを切れない。走者が止まるまで投手がボールを持っていれば，走者はウォーキングリードができない。そうなると，打者は心配になって集中を損ねはじめる。

たいしたことのない走者は，少なくとも1度投手が1塁に牽制すると，盗塁の成功率はぐっと低くなると統計は示している。良く考えられた1塁送球は効果的である。動きを変えることは，投手が足を使った攻撃を止める最良の方法であろう。すばやく足を外すと走者を塁へ追い戻せるし，走者の意図もわかる。頭から1塁へ戻るようなら，走ろうとしているサインである。牽制したり足を外したりすると打者の意図も見出せることになる。

(a) **本塁へのクイック投球**

本塁への移動を速めたり，腕の振りを速めたりすることで，投手は足を使った攻撃をコントロー

本塁への投球動作をすばやくすることで，投手は足を使った攻撃を制することができる。　　　　　　　　（写真：ゲッティ）

ルできる。投手は腕や脚の動きをできるだけ小さくすることに集中すべきである。余計な動きをしなければ，本塁への時間は短くなる。脚を持ち上げるよりは蹴り出すようにするなどである。腕はからだに近づけておき，腕の軌道を小さくすべきである。すばやく投げられる位置まで腕を挙げるようにすべきである。これらがスピードアップにつながり，動きを改善する。

(b) 滑らせるステップ

　滑らせるステップは，足を使った攻撃をスローダウンさせる効果的な方法である。セットポジションから，投手は腰を動かさずに，踏み出し足を地面近くで前へ滑らせる。本塁へスピードアップすることである。普通に脚を上げれば1.4秒かかるところ，滑らせれば1.2秒にまで時間を減らせる。

(c) 外し球

　足を使った攻撃をスローダウンさせる別の方法が外し球である。捕手が容易に捕れるボールを投げて，2塁へすばやく正確な送球をすることを目指す。投手は，コンパクトにからだを使って，球離れをすばやくして，外角高めに4シームボールを投げる。滑らせるステップを使うと走者が走らないかもしれないので，使わない。目の高さ，外角の外し球を使うこともできる。相手のサインをつかんでいるチームは，相手はサインが危うくなっているとは疑わないだろうから，この外し球を使うべきである。良く読むチームにもこの外し球は使われる。

(d) 左 投 手

　左投手は1塁へうまく投げるべきで，そうすれば右投手よりも足を使った攻撃を止められる。あまり走られないので，1塁へのうまい動きができない左投手が多い。走者が早めにわからないように，投球動作と同じ動作にすることが鍵である。

　左投手は，脚と腕を使っていろいろな動きができる。1塁牽制では2つの単純なルールを守らなければならない。踏み出し足を持ち上げた時にプレートの前面を横切ってはいけない。第2のルールも踏み出し足で，プレートの中央から45度以内に着地しなくてはいけない。

　左投手は，1塁へ送球せずとも走者をフリーズできる特権をもっている。肩のターンと呼ばれている動きである。踏み出し足を上げながら，プレ

ートの面を横切らずに右肩を走者に向ける。それから本塁に投球する。この動きは走者をフリーズし，1塁へ戻らせることになる。

(e)脚を上げながら読む

盗塁を狙う選手をスローダウンするのに脚を上げながら相手を読むのは効果的である。1塁か本塁かを決めずに脚をゆっくり上げながら相手の動きを読む。投手は走者を読んでそれに従って動かなければならない。走者が2塁へスタートを切ったら，投手は1塁へ踏み出して牽制する。動かなかったり1塁へ戻ったりすれば，本塁へ投球する。

(f)後ろへ踏み出しての牽制球

左投手が1塁へボールを送るのには後ろへ踏み出して投げるのが最もすばやい方法である。左足をプレートから外して塁へすばやくボールを投げなければならない。外すだけ，投げる真似というバリエーションもある。外しさえすれば投げなくても良いからである。

(g)2塁走者への注意

盗塁を阻止するには，2塁走者にも注意を払わなければならない。いくつかの理由から，2盗よりも3盗のほうがやさしい。2塁走者の時のほうが投手は動作をゆっくりしがちである。2塁走者のほうがリードを大きくとれるし，ウォーキングリードもできる。第1リードでも動いていられるので，リードを大きくとれるし，すばやく走り始められる。

(h)内回りの動き

3盗狙いを思いとどませるのに，内回りの動きは効果的である。踏み出し足を上まで上げて，プレートの上を横切って回し，2塁牽制へと踏み出す。これは，本塁へ投げる時と同じ動きができた時だけ効果的である。攻撃的な走者，頭を下げて走る走者に対して，そして1, 2塁走者が走り出す2死フルカウントで使うと効果てき面である。

(i)隙間を読むオープングラブプレイ

2塁や3塁への別の牽制方法として，守備選手の間でタイミングやコミュニケーションを使うものがある。2塁での隙間を読むオープングラブプレイがその例である。2塁手か遊撃手が走者と塁の間の隙間を見る。投手がセットに入ったら，遊撃手が腕を伸ばしてグラブを開け，塁へ走る（2塁手は右手を伸ばす）。投手は開けたグラブを見たらすぐさま振り向いて牽制する。このプレイではタイミング，言葉を使わないコミュニケーションと，遊撃手あるいは2塁手の隙間を見る能力が求められる。

この章で見てきたように，盗塁の阻止には見て，数えて，リズムをとって，タイミングを計る多くの戦術が含まれる。これらの技術を投手が習得できれば，足を使った攻撃をいつもスローダウンでき，試合をコントロールできる。

## 9 抑え投手に時間を稼ぐ
Buying Time for a Reliever

コーチにとって試合中，最も難しいものの1つが投手交代である。この交代には，投球カウント，投手の苦しみ具合，抑え投手の準備といったいくつもの要因が含まれる。試合中，投手は調子良く振舞っているが，抑えをブルペンへ送る前の6～7球のうちに2～3点取られてしまうこともある。それなので，抑え投手が準備する時間をいかに稼ぐか？　となる。

投手交代では，通常，抑え投手は厳しい状況で，走者を背負って試合に入っていくことになる。そ

れゆえ、十分ウォームアップしてベストで戦えるようにしておかなければならない。抑え投手に準備の時間を与える最も良い方法は、先発投手の投球カウントをモニターすることである。先発投手がある投球数になったら、ウォームアップを始めるために抑え投手をブルペンに送る。先発投手がうまく投球を進めても、投球は頂点に達しているので、いつ落ちはじめても良いように準備しておく。

抑え投手にもう少し時間を与えたい時の常套戦術は時間稼ぎである。様々な時間稼ぎが使える。苦しんでいる投手に捕手を送り込んで話をさせ、その後にコーチングスタッフの誰かをマウンドに送り込むというのが常套手段である。審判は投手と話をするためにコーチに2～3分間は与えるだろう。その間に交代か続投かを決める。この間にもう15～20球を抑え投手に投げさせることができる。

マウンドに向かう時には、まだ継投か続投かを決めることができる。続投にするなら、次の打者が打席に入るまで、もう1度マウンドに向かうことはできない。すなわち、向かう中で決めなければならない。継投を選んで、その打者には向かわせるとしたら、抑え投手にはもう少しウォームアップの時間を与えられる。

抑え投手に時間を与えるために、選手が投手に話をすることもできる。内野手はタイムを要求して投手と話をする。それから捕手が歩み寄り、コーチがそれに続くともっと時間は稼げる。

コーチが出ずじまいの時がある。そんな場合には外し球を投げたり、牽制をしたりするのが良い戦法である。状況や走者の場所によって、牽制は抑え投手にウォームアップの時間を与える。内回りの2塁牽制、偽投での1塁牽制、内野手との連携した牽制は時間稼ぎになる。打者に際どいコースのボールを投げたり、連続して外し球を要求したりするのも時間を稼げる。

先発投手のテンポを遅らせるのは最も難しいことの1つである。テンポとは次の投球をいかに早く準備するかである。われわれはすばやいテンポで投げるように投手には教えている。ボールを受けたら、プレートに歩み寄って投げる準備をする。試合中にテンポを変えることを教えておかねばならない。

先発投手の調子が落ちはじめたら、抑え投手のために投球間隔を伸ばすことができる。スパイクの土を払うことも、マウンドの周りを歩くことも、汗を拭うことも、スパイクの紐を締めることも、ユニフォームを直すことも、抑え投手に投球させる時間を与えることになる。

抑え投手に時間を稼ぐすべての戦術の中で、試合に入る時に8球与えられることを忘れてはならない。抑え投手はセットポジションでウォームアップし、2つの球種、時間が限られているなら1球種を準備しなければならない。役割と試合でいかにそれを使うつもりかを理解させるように努める。

# 10 牽制プレイ
Pickoff Plays

走者を塁に釘付けにして攻撃的なチームを穏やかにすることが牽制の主目的である。足を使った攻撃をしてくるチームに対抗するのである。バント場面で相手の攻撃プランを明らかにするのにも牽制は効果的である。

すべての牽制で、投手のすばやい足の動き、す

ばやい上体の動き，小さな腕の振り，正確な送球が大事なことを強調したい。目標とする送球位置は塁の内角の上60cmである。

## ❶——1塁への牽制

投手は走者の後ろでプレイしている1塁手に投げる。捕手が牽制を仕掛け，走者と走者の後ろにいる1塁手の間に隙間があるかどうかを読む。隙間があれば，捕手はミットを返し，投手は1塁手に送球する。1塁手の動きで走者が1塁へ戻れば，捕手はミットを下げて，投手はプレートを外す。投手は捕手の動きを読む。左投手であれば，投手が踏み出し足を上げたら1塁手は塁へ入り，その時，投手は1塁へ送球する。

走者の前でステップするのを合図にして，このプレイは1塁手から仕掛ける。投手はセットに入る。走者が1塁手を越えてリードするなら，1塁手は塁に入り，投手はそこへ送球する。左投手なら，必ず1塁へ送球する。

## ❷——2塁への牽制

隙間を読むプレイにサインは必要ない。投手がセットに入ったら，遊撃手は走者の後ろに行き，2塁へ戻るように圧力をかける。それで走者が2塁へ戻らないようなら，遊撃手はグラブを開いて2塁へ入る。遊撃手と走者の隙間を投手が読んだら，2塁へ送球する。遊撃手が走者を2塁へ戻せたら，遊撃手はグラブを叩く。それが投手に投球しろというサインになり，遊撃手は守備位置に戻る。

カウントするプレイでは，どちらが塁に入るかによって2塁手か遊撃手から投手はサインを受ける。これは投手が本塁を見たのを基準にしてタイミングを合わせるプレイである。投手がセットに入るために腕を前にしたら，内野手の1人（塁のカバーに入らないほうの野手）が走者を2塁に戻すように圧力をかける。投手はセットに入り，本塁に顔を向けて1001，1002とカウントする。それから振り向いて，1001をカウントしてからカバーに入ったもう1人の内野手にすばやく送球する。

勢いよく入るプレイでは，投手は内回りをして，2塁へ入った遊撃手に送球する。遊撃手がプレイを開始して，投手が脚を上げはじめたら塁へスタートする。2塁へ向かって内回りを始める前に，投手は脚を上げたポジションをとらなければならない。

1-6プレイでは，捕手がこのプレイを始める。投手はワインドアップに入って捕手を見る。捕手は，遊撃手と走者の隙間を見出したら，ミットを返し，投手は2塁へ送球する。捕手がミットを下げたらプレイはないので投手はプレートを外す。この牽制は，満塁あるいは走者2-3塁で使われる。

1-4プレイでは，捕手がこのプレイを始める。2塁手が走者を読む。走者のリードが最大になったら，2塁手は塁へスタートを切る。セットに入ってホームを見ている投手は，捕手がミットを上げたら送球する準備をしておかなければならない。

## ❸——3塁への牽制

勢いよく入るプレイでは，セットポジションから，右投手は3塁へ45度でステップし，塁に入った3塁手にすばやく送球する。投手が踏み出し足を上げたら，内野手はスタートを切る。左投手であれば，セットに入って左肩越しに3塁を見る。内野手がスタートを切ったら，投手は塁に入った3塁手にすばやく送球する。

1-5プレイでは，捕手がこのプレイを始める。セットポジションの投手は，走者によって3塁へ

送球するか，プレートを外す。3塁手が3塁へスタートし，捕手は隙間を見出したら，ミットを返し，投手はジャンプターンして3塁へ送球する。内野手に反応して走者が戻るようなら，捕手はミットを下げ，投手はプレートを外す。

### ❹―他の牽制

走者2-3塁，1-3塁では別の牽制を使う。投手にはセットから投球させる。脚を上げ，下ろす時にからだは3塁へ動きはじめるようにする。投手は3塁へ偽投し，走者がどこにいるかによって2塁か1塁へ送球する。2塁走者に対して，最大のリードをとるように，遊撃手と2塁手は塁からやや離れる。この牽制では2塁手が塁に入り，投手が足を動かしはじめたら塁にスタートを切る。先頭の走者がスライディングして戻り，2塁でプレイができれば理想的である。地面から足が完全に離れるまでは，投手はからだを3塁に向けて動かさなければならない。

2つの理由で偽投をうまくやらなければならない。まず第1に，皆に3塁へ投げると思わせなければならない。第2に，うまい偽投で牽制する塁へのからだの回転を楽にする。2死フルカウントで走者1-3塁であれば，自動的にこのプレイにする。走者1-3塁で，特に1塁走者が攻撃的であれば，この牽制は非常に効果的である。

### ❺―バント場面での牽制

走者1塁では，1，3塁手が早めにスタートを切ってバントに備える時，2塁手を1塁カバーに走らせ，投手からの牽制に備える。

2塁手が1塁へたどり着けるように，投手はこのプレイを急がない。目の端で1塁手がそばを過ぎるのを見て送球する。

同じプレイは走者2塁のバント場面でも使われる。1，3塁手が早めにスタートを切り，遊撃手は走者に圧力をかけてから3塁へ走る。走者が遊撃手と一緒に動いたら，投手はプレートを外す。動かなかったら，投手は頭をホームへ戻し，1001，1002と数える。それからカバーに入った2塁手へ送球する。2塁手は1塁方向へ2歩動いてから，牽制を受けに2塁へ入る。

バント場面でのもう1つの牽制では，打者に向かって2塁手が早めにスタートを切る。2塁手が投手を越えたら，投手は走者を留めるために1塁にいる1塁手に送球する。

これらの牽制では，早めにスタートを切る時にバントカバーを装って走者をだまし続ける。ただし，攻撃的な走塁をするチームには注意しなければならない。

捕手が特定の内野手に対して牽制をしかけることもできる。その時には，次の空振り，バントミスで塁へ送球することになる。内野手からのサイン認証がなければ捕手は送球しない。これらのプレイは，バント場面，走れる走者で2死未満のカウント 2-3，あるいは走者3塁で内野が前進守備，がベストタイミングである。2死，弱い打者，カウントの悪い時に決してどの塁に対しても牽制を試みてはいけない。

**Point** 攻撃で勝てる試合もある。ただ、守備で勝てる試合はもっと多い。守備と投手力があれば覇権を勝ち取れるだろう。攻撃的で、コミュニケーションのとれた守備は、試合の流れをつくれる。コーチとしては、安定した守備力（ありきたりのプレイで）があって、自分から崩れず、どんな状況でも均衡を保ち、すばらしいプレイもできる、そんなチームを育てたい。守備の力があれば試合の勢いを変えられ、相手のスピリットを打ち砕くことができる。力がないとチームをがっかりさせ、まずい指導を受けたように見え、試合を長引かせる。一般に、選手が多くのことをやろうとしすぎると守備は崩れる。内野手は早く動きすぎて自制できなくなり、外野手は無理な送球をするようになる。選手には自制するように、当たり前のプレイをするようにと教えなさい。ありきたりのプレイができる守備のチームには勝つチャンスが著しく大きくなる。

# Part IV—戦術の微調整

## 15

# レベルの異なる大会の調整

1. キャッチボールをしなさい
2. フェアゾーンに打ち返しなさい
3. ストライクを投げなさい
4. チームスピリットを築きなさい
5. 賢く走塁しなさい
6. ルールを知りなさい

\*

　これら6つの原則は，どんなレベルの野球においても成功する秘訣を選手やコーチに教えている。セリトス（カリフォルニア）短大のウォーリー・キンケイドコーチが初めの4つを示し，私が残りの2つを付け加えた。ロングビーチ・ポリー高校のビル・パウエルコーチはもういくつかのことを加えている。「何にも勝る防御になるので初回に得点を狙いなさい。そして相手の初回の得点を防ぎなさい。さらに，得点したら，そのすぐ後に相手に得点されないことが大事です」。

　39勝1敗そして40勝0敗と輝かしいシーズン成績をキンケイドコーチは残している。誰よりも多くの試合をこなし，基本に忠実になり，最良の相手を探すことでこの成績を残した。

　何をすべきかがわかったら，その次の問題は，もちろん，どう達成するかを決めることである。この本の他の章はこの助けになるのは間違いない。さて，ここでは，コーチ，選手，ファンが同意しないであろう主張を考えてみよう。「どんなレベルの野球でも，共通している部分が多い」ということであるが，ショッキングで挑発的な考え方だと思う。しかし，まずは考えてみよう。

\*

野球の試合に矛盾はないと野球の歴史は語っている。3ストライクでアウト，イニングには表裏で6つのアウト，時間制限なし，打席は均等に与えられる。確かに，塁間距離は変わるし，7イニング制と9イニング制もある。高校の「マーシー・ルール」によれば，のろのろやれば5イニング制になる時もある。おそらく，レベルが違えばフェンスまでの距離も同じではない。男子用の野球場で女子プロ野球が行われれば，間違いなくその興行は失敗に終わる。興行主がフェンスを前にすれば興行は生き残るだろう。子どもの野球で使うバットは短いが，どんなレベルの選手もパワーや腕力を見せつけて観客を驚かすことができる。

　試合は，すべての年齢・性別でまったく同じではないが，似ている部分が多い。すべてのレベルで選手は手抜かりもするし，失敗も犯す。一方が勝って，他方が負けるし，勝者による試合数とまったく同じだけ敗者による試合数はある。

　いかなるところでもエラーがあり，審判がいて勝敗が決まる。ニューヨーク・ジャイアンツの偉大な監督であったジョン・マグローはかつて言ったものである。「エラーと審判を野球から排斥したら，野球の試合は2週間のうちに消え去るだろう」。

　高校の選手が誤った塁に送球するのをよく見かけるが，メジャーリーグの試合でも同じミスを見ることがある。セントルイス・カージナルスとロサンゼルス・ドジャースとの対戦で，あるカージナルスの2塁走者が1死，遊撃へのゴロで3塁へ進塁しようとしていた。難なくアウトの馬鹿なプレイだ。その後，ドジャース1死1-3塁で，打者がカージナルスの中堅手にフライを打ち上げたところ，その中堅手は何も考えず本塁へ一杯送球した。不運にも，送球は中継者の頭を越えたばかりでなく，捕手も，挙句はカバーに入った投手も越えて行った。逸れたボールを投手が拾うまでに，1塁走者は悠々3塁まで行ってしまった。数週間後に，カージナルスの監督ホワイティ・ヘルツォクは辞任した。

*

　戦術はレベルによって変わるのだろうか？　違いはするが，それほどには違わない。野球は，成功と失敗の積み重ね，そのピラミッドだと認識する必要がある。ピラミッドの底層は，世界中，幼い頃に試合を始める数知れぬ子どもである。6，7歳のジョニーとジェニーは家に帰ってきて，「みんながやっているから」と公園でティー・ボールをやりたいとママやパパに言う。試合が好きだと気づく若者もいる。愛するようになる子もいれば去っていく子もいる。

　年数を経て，トップのメジャーリーグへと進むにつれて野球のピラミッドは先細りになる。試合は経験を通して愛すべきものになるとすべての人に覚えておいてほしい。著名な野球専門家，ドン・ワイスコフは，その著書 "Baseball Play America" の中で記しているように「ジュニアの野球は子どもというよりも大人に近いものだ」。ただ，覇権争いは7月半ばまでに終わり，夏のシーズンにすべてが短縮されていると彼は加えている。

　野球のニュアンスを教えるのに，特に経験をもった野球のベテランが「基本」を面白く教えるのであれば，近所のグラウンドは格好の場所となる。

*

　数年前，ベニー・レフェブレ（ロサンゼルス・ランチョ・セネガグランド），ビル・デューベルネット（ロサンゼルス・マンチェスター），ジョージ・パウレス（ブッシュロッドパーク，オークランド）といった人々は，ロサンゼルスのドージー，ワシントン，フレモント，そしてオー

クランドのオークランド・テック，マッククライモンズといったカリフォルニアの高校の強豪チームの成功の裏で鍵となった。今日，フレモント高校は，ロングビーチ・ポリー高校と同様に23名にのぼる最多メジャーリーガーを生み出しているし，ワシントン高校は，アメリカンリーグ，ナショナルリーグでプレイすることになる6名もの選手を1つのチームで抱えた。オークランド・マッククライモンズのパウレスは，フランク・ロビンソン，バダ・ピンソン，バスケットボールの伝説ビル・ラッセル，アメリカンフットボールの達人ジョン・ブローディといったスターを輩出した。

*

　かつてのメジャーリーガー，チャック・スティーブンスは，若い頃を振り返って「ロングビーチのグラウンドで，今はメジャーリーグですらほとんど教われない『先導役をする選手』になるべきと教わった」と語っている。

　3塁に決勝の走者がいて敬遠された時に，突如，3球目に手を伸ばして試合を決める当たりを中堅にはじき返した，ロングビーチのポリー高校のある選手を思い出す。誰も彼にそうしろなんて教えていない！　私だって，そこにいたすべての人と同じように驚かされたのだから。子どもだって公園のプレイでこうしたトリックを学ぶのだから，それより年が上の子なら尚更である。

　また別の時には，2塁で相手がアピールしている間に，3塁を抜けて本塁へ走り込んだ1人の選手がいた。それも誰も教えてはいない。しかし，若い選手は自分でトライするように言われていたのである。昨今の野球は選手がロボットのように命じられるがままになり過ぎている。悲しいかな，昨今の高校野球では，ここでの敬遠やアピールプレイのようなことはない。

　基本とは何ぞや。クロスゲームで失敗して頭を下げたら，トミー・ラソーダが私に尋ねてきた。「ジョン，基本を守らなかったおかげで試合を失ったか？」，「いえ」と私が答えたら，「それを聞いて安心したよ」と彼は言った。

*

　おそらく練習の長さは年齢グループに応じて変わるだろうが，どんな年齢でも練習は注意深く計画されて，時間を区切って実行されて，競技ができるように，現実に起こるように，そしてエンジョイできるようにつくられるべきである。試合のように練習をつくれば，試合は練習のようになるだろう。

　ジュニアが高校生になるまでに，ティー・ボールからスタートした選手の数はかなり減っている。その数は大学でさらに半分になり，プロのドラフトとなるとまたさらに減る。幸運な少数の者がマイナーリーグでプレイする機会を得る。ドラフトされてサインをした選手の7％がメジャーにたどり着いて，多くはそこで4年ほど過ごす。まだ，望みは続き，名をなして，ヤンキース，エンジェルス，アストロズあるいはそれ以外の選手となる。

# 1 尋ね，話を聞いて，観察する

*Ask, Listen, Observe*

　野球やソフトボールで若者がもっと輝くようになるのを手助けするには，コーチは多くのことを教えなければならないし，励まさなければならない。テッド・ウィリアムスがいつも言っていたように「野球の打撃はすべてのスポーツの中で最も難しい」のだから。大学へ進み，プロとなった私の教え子の1人が，「良いコーチよりも良い選手のほうがずっと多い」とコメントしていた。良いコーチとなるために，「見ていることよりももっと多くを観察できる」というヨギ・ベラのアドバイスに従うべきである。なぜなら，野球は他のスポーツよりも「化かしあい」の競技だからである。そして芝生や土の上のチェスのような，一種の「個人の寄せ集めチーム」の試合であるからである。

　例えば，新米コーチの時，私は捕手出身なので捕球技術については詳しかったが，1塁手のプレイについては何も知らなかった。それなので1塁手について学び，ゴードン・ゴールズベリー，チャック・スティーブンス，ジャック・グラハムといったかつてのメジャーリーガーに1塁でのプレイの質問を浴びせた。後に，派手なメジャーリーガーの1塁手について遊撃手と話をした時に，塁周りのプレイが華麗に見えると彼に話したことがあった。愕然としたことに，その遊撃手は「そんな奴はダメさ！　それじゃあ送球の的にならない。かっこ良く見せるために走って塁に入って捕るのはこれみよがしさ」と口走った。すばやく塁に入って静止することの大事さをそこで私は学んだ。

　メッツのスカウト，ハリー・マイナーが「走者が塁から最も簡単につり出されてしまうのはどんな時だと思う？」と私に尋ねたことがあった。「わからないな，なんの時かな？」と答えると，「バントを空振りした時さ」とハリーは答えた。

　「1塁でつり出されたら走者はどうすべきだと思う？」というのが次の質問だった。同じように「わからない」と答えると，「3塁走者がいないなら，1塁へ戻ったり，挟殺に持ち込んだりしようとしないほうが良い。むしろ一目散に2塁へ走って，受け手の内野手を惑わすように遅めにスライディングしたほうが良い」という返事だった。ロングビーチのポリー高校でコーチをしていた時，この手で後のメジャーリーグ投手を1-0で破り，南カリフォルニアCIF高校チャンピオンを勝ち取ったことがあった。

　ハリーの最後の質問は，「2死，2ストライクで次の投球がストライクに見えたら，2塁走者はどうするのだろう？」だった。またしても「わからない」と言うと，「3盗だよ！」とマイナーは答えた。

　どれも当たり前と思わないかい？　ハリーからこの話を聞いて，また選手は私から聞いていたので，このプレイのおかげで高校リーグの覇権を勝ち取ることができた。

　背走する遊撃手と前進する左翼手の間に落ちた浅いフライで，自分の選手はめったに決勝の本塁を踏まなかった。それは，ストライクの投球を見ても3塁へ急いで行けなかったからである。

　「1塁手と捕手の間にポップフライが上がって，両者がそれに向かって行く時に投手は何をするのか？　投手は，衝突して落球しないように，1人の選手を名指してもう1人を制止する」。スカウトのジャッキー・ワーナーにそう教えてもらった。何度かはそれで助かったので礼を言いたい。

　「犠牲バントで1塁カバーに行く段階で2塁手はどうするのか？」やってはならないのは，1塁方向へ一気に走っていくことだ。自分の後ろや外

野への打球があるので，早く動き過ぎないようにして，注意深く前へと動く。アリゾナ州立大のかつてのコーチ，ボビー・ウィンクルスに教えてもらった。

それゆえ，尋ねて，話を聞いて，観察すべきである。ヨギ・ベラはすばらしいメッセージを残してくれているが，「道の分岐点に来たら，成り行きに任せなさい」は良くわからない。戦術の話にもってくると，この言葉はあまり役立つとは私には思えないのである。

## 2 成功への6ステップ

6つの原則——(1)キャッチボールをしなさい，(2)フェアゾーンに打ち返しなさい，(3)ストライクを投げなさい，(4)チームスピリットを築きなさい，(5)賢く走塁しなさい，(6)ルールを知りなさい——を改めて深く検討してみよう。

### ❶——キャッチボールをしなさい

「誰だってキャッチボールはできるよ」と言うが，そうではない。「投げ合っているだけではキャッチボールではない」とブランチ・リッキーは話していた。偉大なオリオールズの3塁手，ブルックス・ロビンソンは，コーチのジョン・スコリノスと私に「壁にボールを50回以上投げて，返ってくるボールを捕ることがある。そして打者と同じようにスランプに陥ったら，さらに30球ゴロを捕る」と言った。

ロビンソンは良いドリルを自分に教えてくれたとオールスター級の内野手ボビー・グリッチは話した。2人の内野手が1〜1.5m離れて向かい合う。一方の内野手がグラブをつけて，難しいショートバウンドを他方が投げる。ミスなしで25本できるまで続ける。できたら交代するというドリルだった。

「生卵を捕るかのようにボールを捕りなさい，グラブを塵取りのように思ってゴロを捕りなさい」と私に話してくれた人がいた。「ゴロが地面に着くところで捕りなさい。グラブをその下に入れて」とアリゾナ大学のかつてのヘッドコーチ，ジェリー・キンダールは付け加えている。

グラブの代わりに塵取りを使う練習もあるし，地面近くを意識するために角のある「ボール」を使ったり，卵を捕ったりするし，状況に備えて捕るごとに後ろにステップしたりもする。

捕ってから投げるドリルで最も有用なものの1つは，ポピュラーな4人リレー送球である。コーチが4人列を2つ以上つくる。1人目がボールを持って，コーチの「ゴー！」の声に合わせてレースをスタートさせる。ルールはノーバウンドで2，3，4人目へとボールを繋いでいくことで，年齢に応じて距離を調節する。

2人目はグラブ側にターンして3人目に送り，4人目は1人目へとリターンさせる。その間，ボールを落としたり，越えたりはできない。

### ❷——フェアゾーンに打ち返しなさい

昔から言われているように「1塁はただではない！」ので，三振すればそこに戦術はほとんどない。そして最悪は見逃し三振である。3つめのストライクをコールされる選手を私はベンチに引っ込めてきた。悪球にもスイングせよと教えているのでは？　と心配されるが，それはない。ただし，頭上のボール，ワンバウンドのボールを振る自分

の選手を決して悪く言わない。好きではないが，コーチとして，スイングしろと悪球はスイングするな，の両方は言えないのである。

キューバ選手で，アメリカンリーグで3度の打撃王になり，後にはミネソタ・ツインズの打撃コーチになったトニー・オリーバと光栄にも話をしたことがあった。かの美しいキューバ・アクセントで「スイングしに来たんだから，見逃しではいけない。ボールがちょっと外側に外れているなんてわからないんだよ。スイングすれば打てるのさ」と彼は話してくれた。

ロサンゼルス州立大のダグアウトにはいくつかのサインがあって，その1つに「肩の高さのボールは打てない」というのがある。また別には「見極めるために近づけ，打つために近づけ」というのがある。

かつてのドウグ・ストッジェル選手は，1シーズン，229打席でたったの1三振だった（捕手に捕られたファウルチップはドウグの123打席目だった）というのにも選手は驚かされている！

かつてのラベルネ大学のコーチ，ベン・ハインズは「打者がそうじゃないとわかるまですべての投球は直球ストライクだ」と言っている。

投球が本塁に近づくにつれて，打者は自分に「これだ，これだ，これだ！」あるいは「これだ，これだ，いや違う！」（その投球を突然見逃すならば）と言わなければならない。

フェアゾーンに打ち返す価値をコーチは選手に植え付ける必要がある。以下の統計はそのポイントに役立つだろう。

### ポイント

- 偉大なパドレスの打者トニー・グウィンは，スイングして100回に10回も空振りしない。メジャーリーグの投球に対してである。
- ニューヨーク・ジャイアンツのドン・ミューラーは，100打席に93回は打ち返し，四球や三振は100回中わずか7回だった。
- ナショナルリーグ選手のマニー・モタは500回以上の代打歴で，たった1回だけ見逃しの三振だったと伝えられている。
- ジョー・ディマジオは，間に三振なしで11本のホームランを放ち，56試合でたった5度の三振だった。

## ❸─ストライクを投げなさい

「ピッチングがやさしいなら，そのために年俸100万ドルも払いませんよ」と，リンウッド高校（カリフォルニア）で数年前まで偉大なピッチングの指導者だったロン・スクワイヤーは書いていた。「そして，四球は守れないんだよ！」とも。「コ

バットを肩に担いでいるのでは，ボールを打てない。成功するためには，グラウンドに打たなければならない。
（写真：ゲッティ）

ントロールは気の持ちようさ」（コントロールはフィジカルよりもメンタルの要素が強い）と，ロングビーチ・ポリー高校からメジャーリーガーとなったジャック・サルバーソンはさらに加えていた。

コントロールの秘訣については，私にはわからない。レイクウッド高校で，先発としてシーズンに2人しか歩かさなかったマーク・カルボーという投手を教えたことがあった。先発する中で，ロングビーチ・ポリー高校のトニーとクリスのグウィン兄弟をノーヒットで抑えた。たった61球を投げて，そのうちボールはたった9球だった。

その年は3人の先発投手を擁していたが，3人でたった10四球しか与えなかった！ また，リーグの15勝を分け合い，そのうち10は無四球完封だったという5人の投手も擁していた（チームはリーグで負けなしだった）。

いわゆる秘訣とは，繰り返し，次の投球に集中し，狙いを定めていくことだろう。あるいは，私のほうからすれば，「ストライクを投げろ！」といつも声高に言っていくことだろう。

メジャーリーグ記録を探ると，1944年，シンシナティを相手に驚くことにレッド・バレットは58球で9回を完封している。やればできる。コントロールは気の持ちようなので，そのように練習すべきである。

次の1球次第で3-1（悪いカウント）か2-2（良いカウント）になるので，野球では2-1のカウントが最も重要とスパーキー・アンダーソンは評している。スタンフォード大学の有能なディーン・スタッツ投手コーチは，「投手の目的は，(a)最初の2球のうち少なくとも1球はストライクにすることと，(b)できるだけ早く2ストライクを取ることである」とアドバイスする。塁に相手走者が多くなければ，守備の戦術は重大な関心事にならない。

それゆえ，投手コーチはカウンターで投球数を控えておく。

守備成功の鍵は？ストライクを投げること！
（写真：ゲッティ）

> **ポイント**
> - 高校では 1 試合 80～85 球で，上限は週に 120 球
> - 大学では 1 試合 90～105 球で，週に 135～145 球
> - 12～14 歳では 1 試合 70 球(イニングではなく)
> - 9～11 歳では 1 試合で 60 球。苦戦の 1 イニングでの超過投球数が，試合全体での超過投球数よりもダメージになる。

投手，捕手に対してコーチが球種を要求すべきだろうか？　われわれのところでは，それほど多くない。必要な時に 1 試合で 5～10 回だろう。UCLA のコーチ，ゲイリー・アダムスはほとんど球種を要求しないけれど，どんな大学コーチよりも多くのメジャーリーグの選手を輩出してきた。選手にプレイをさせる（そして育てる）のである。彼は選手を自由に操れる人形師になることには興味がないのである。

5～11 歳で選手が投手と対戦するのは好まない。試合ではティーを使いたいし，さもなければコーチが投げるようにしたい。たくさん出塁できるし，四球もないし，打者にぶつけることもない。高校の間はカーブを少なくしたい。特に 6～12 歳では，投手のボールを打って楽しめはしない。

### ❹ーチームスピリットを築きなさい

チームスピリットを説明するのは難しいし，同時に育成するのも難しい。勝つチームはそれをもっているようであるが，ニワトリと卵の関係で，勝つからもつのか？　持っているから勝つのか，どちらが先か？

勝つチームは勝つべくして結果を出すと思っている。トミー・ラソーダがドジャース，ロサンゼルス・オリンピックで，監督として成し遂げたことを眺めてみなさい。ジョー・トーレのヤンキース，伝説のロッド・デデューのカリフォルニア州立大学，スキップ・バートマンコーチのルイジアナ州立大学を考えてみなさい。

ロン・フォスターコーチのマイアミ大学チームでは，練習後に選手がみな手をつないで外野をランニングで行き来していた，これは絆である。

また別のチームでは，3m の台からチームメイトの腕の中に選手を 1 人ずつ落としていた，これは信頼である。

### ❺ー賢く走塁しなさい

雨の日にビデオを見せることで良い走塁は教えられる。指導のやり甲斐は大きい。数多くの言葉より，1 つの絵のほうが価値がある。言葉で 1 度言いなさい，絵を 2 度見せなさい，千回練習しなさい！

バントや内野への打球で走る時，1 塁を越えて外野の芝生まで走り抜けなさい，と走者には教える。

野球専門誌（Scholastic Coach や Collegiate Baseball）には，遊撃へのゴロでの 2 塁から 3 塁への走塁，適切な 3 塁からのタッチアップ，ボールがバットから離れるのを読んでの正しい反応，走者 3 塁，2 塁，あるいは 2-3 塁の時の 3 塁コーチとしての適切な位置取り（走者がコーチを見やすいように本塁への走塁ラインに入る），についての練習が概説されている。

走塁を検討する際には，スライディングを含めなければならない。ロサンゼルス州立大では，他のチームよりも多く練習し，教えるので，非常にスライディングがうまい。靴を脱がせて，濡れた芝生に行き，5～6 種類のスライディングを練習させる。そこでは 2 つの基本原則をもっている。

> **ポイント**
> 1) どちらでも良いという時には，常にスライディングせよ。
> 2) スライディングの途中で迷うとケガをする！

### ❻──ルールを知りなさい

ルールを学ぶのに早すぎることはないのに，ルールに曖昧な選手（コーチや審判も）が多い。野球史に記されている1908年，ニューヨーク・ジャイアンツのフレッド・メルクルの浅はかさを思い出すだろうか？ フォースプレイで2塁を踏まずに，おかげでペナントが遠のいた。弱冠20歳で有名なあやまちを犯し，死ぬまでメルクルは間抜けのラベルを貼られた。

すべての選手，コーチが学ばなければならないことに簡単に触れておこう。

> **ポイント**
> - 完全捕球とは（不完全捕球とは）？ フォースプレイと併殺崩れについてはどうか？ 似てはいるが同じではない。
> - 1塁までの後半部分に，なぜ1m幅の線があるのか？
> - インターフェア（守備妨害）とオブストラクション（走塁妨害）の違いは？
> - 3ストライク目を落球した捕手が1塁に送球するか，打者にタッチしなければならないのはどんな時か？ その必要がないのはどんな時か？
> - 正確にはどんな時インフィールドフライが有効になるのか？ 走者はどこにいなければならないか？ ボールを故意に落とせるか？ ノーである。内野手はボールが地面に着くのを待ってからプレイできるのか？ イエスである。バントはインフィールドフライか？ ノーである。
> - 審判に当たった送球についてはどうか？ 打球では？
> - 同時に同じ塁に2人の走者がいるとどうなるのか？
> - 打球がフェアかファウルかはどう決めるのか？
> - 所属リーグに特別なスライディングに関する規則や制限はあるのか？

# 3 一般戦術　*General Strategy*

ポニーリーグとコルトリーグのチームを率いて31年，レイクウッド高校（カリフォルニア）の1，2年生チームをコーチして15年，アル・ウィーバーコーチの言葉を引用する。どんなレベルでも，同点の最終回あるいは同点にされたくない場面でなければ，内野手を前進させるのは個人的には好きではない。内野手を前進させると.250の打者を.500にしてしまう。

最近，殿堂監督スパーキー・アンダーソンの戦術に関する興味深い話を，アシスタント・コーチのクリフ・ブラウンと私は聞いた。彼のチームは同点かリードしている試合では，併殺の深さで内野がプレイしないと言った。フレスノ州立大学コーチのボブ・ベネットは「塁に近づいてプレイしてたくさん穴を開けてしまうおかげで，さらに得点で引き離されてしまわないように，スパーキーの望みは（たとえ1つでも）アウトなんだ」と記しているので，通常の深さで守るようにしているという。

かつてのロサンゼルス州立大学のアシスタントコーチ，ジョン・シューラーは，併殺場面で2塁手，遊撃手を抜く単打を打つことに燃えた。この

ように戦術に関する意見は少しずつ違うものである。

併殺の話をすると，有名なフレスノ州立大学のコーチ，ピート・ベイデンは，打者の打ち方に応じて1人の内野手を浅く，もう1人を深く守らせるとボブ・ベネットコーチは述べている。引っ張り専門の右打者には遊撃手を深く，塁をカバーするために2塁手は浅く守らせる。何と興味深いことか。

他の高校や大学のコーチよりも私は敬遠を多く使う。フォースプレイを増やせて，うまくいくことが多い。

無死あるいは1死，走者1-3塁でヒットエンドランを使うのを私は好む。打者が転がしてくれれば（さもなければ併殺か3重殺になる），ヒットエンドランによって併殺を免れるし，1つの進塁を確保できる。

ヒットエンドランを守る側としては，右打者で遊撃を抜けた安打ならば1塁走者は3塁へ進めないが，2塁を抜けると3塁へ進めるので，遊撃手が塁をカバーする大学レベルのチームは多い。

クロスゲームで，左中間，右中間を狙うパワフルな打者には，4人外野手はうまく働く。バントに備えて3塁手は前に守らせるが，遊撃手は外野へもっていって左中間，右中間を詰める（詰めたい）。アメリカ野球研究会（SABR）の研究から学んだこの方法は，打者の心理もかく乱するし，バントを試みたり，技に走らせることができたりで，自分たちの有利に働く。長打を打つよりはバントや反対側へ単打を打ってもらいたい。

競った試合の時使われる似た方法に，5人内野手がある。コーチが外野手から1人呼んで，中央を割っていく単打を防ぐために2塁ベースの前，あるいはスクイズを防ぐために投手の近くのどこかへ配置する。

スクイズを防ぐために，塁が空いているのであれば，少なくとも2球（望めばもっと），捕手に投球を外させる。歩かせることは痛手にならないし，スクイズバントを空振りした時に本塁に入ってくる走者を捕まえられる。

どんなアマチュアレベルでも，塁が詰まっている時にスクイズバントを多用しない。走者はどうしても本塁に走らなければならなくなるからである。アール・ウィーバーは「1点を取ろうとしていれば，1点は取れるものさ」（それで，試合には勝てるだろう。たぶん）と言っていた。

重盗では，前の走者が走るのを見るために後ろの走者はスタートが一瞬遅れるので，捕手には3塁ではなく2塁へ送球するように教えるべきである。捕手が後ろの走者を狙っていると気がつかないこともあってアウトになりやすい。

ワイナーコーチは「年齢が下だと送球ミスをしがちである。リトルリーグでは，単純なバントでもミスをしがちである」と指摘する。

どんなレベルでも塁上で攻撃的なことは勝利につながりやすいと承知している。例えば，1死3塁で，ロサンゼルス州立大学では1，3塁へのゴロに本塁へスタートを切らせることがしばしばある。

無死2-3塁でも，どんなゴロでも3塁走者にしばしばスタートを切らせる。それでバットから下向きにボールが出ていくのを読むようにしてきた（この読みを常に練習していなければならない）。無死あるいは1死で走者1-3塁，3塁へ併殺ゴロを打ったとする。どうすべきか？ 3塁走者を走らせる！本塁でアウトかもしれないが，併殺よりもまだましである。走者が本塁近くで止まって，捕手が挟殺で追いかけてくるなら尚更である。その間に他の走者は進塁できる。

5〜15歳の子どもの場合，守備が併殺を取れないこともあるので，本塁へスタートを切らせることは良いプレイではないかもしれないとワイナ

ーコーチは示唆する。ゴロで3塁走者を本塁へスタートさせると，スタンドの専門家から多くの非難を浴びるかもしれないが，慌てることで，内野手がボールを蹴ってエラーにしたり，ヒットにしたり，悪送球をしたり，走者にぶつけたり，と多くの得点に結びつくこともある。さらに，捕手が落球するかもしれないし，走者がうまくかい潜るかもしれない。しかし，うまくいっても多くの称賛を期待してはいけない。

無死あるいは1死，1-2塁で併殺ゴロが打たれたら？　多くのコーチは2塁走者を3塁で止めるだろう。私は本塁へ走らせる。相手を驚かすために！　12歳以上であれば成功するプレイがある。相手捕手が強肩の1死，接戦の場面で，秀でた3塁走者と「盗塁」を企てる足のある1塁走者がいる。打者はスクイズバントを偽装し，3塁走者は1～2歩，本塁へスタートを切る。もちろん「スクイズ」のつもりだが，すぐさま3塁へ戻る。捕手はスクイズ阻止で3塁を見る一方，1塁走者はタッチされずに悠々と2塁へ進む！

## ❶─盗　塁

走者にリードが許されていないので，リトルリーグでは無理に盗塁させるのは難しいとコーチのワイナーは指摘する。しかしながら，塁間が短く（約25m），投手は走者を留めておくことにそれほど熟達していないし，捕手は送球を学習中なので，ポニーリーグではまったく逆になる。

「ポニーリーグで勝つ鍵は，盗塁とスクイズだ！」とワイナーは言い，「マウンドから本塁までの距離が近いので投手有利となる。年齢が上になるにつれてマウンドから本塁までの距離，塁間の距離が長くなる」。

「選手はコルトリーグの歳になるまでには，少し力が強くなり，投球を捕らえて打てるようにな

る。それなので，バントを減らし，盗塁を減らす。捕手は送球できるようになっているし，投手は走者を塁に留める術を身に付けている」。

高校，大学に話を移すと，盗塁に関しては私のチームはリーグをリードしてきた。盗塁のサインはない！「できると思ったら行け，行けたほうが良い！」（「行くな」のサインはある）である。

2つのタイプを多くのコーチはめざしている。1つは子どもの野球のように，1点ずつ取るタイプ，もう1つは大量得点の，3ランホーマー主義のアール・ウィーバー信奉者タイプである。私は，どのレベルにおいても2つを組み合わせることができると思っている。一方により比重を置くか，チーム構成，得点，球場に応じてやるかである。

ただし以下の3点を覚えておきなさい。第1に，40盗塁しても牽制や送球で35回アウトになるのでは，実質的にはわずか5盗塁なのだ。第2に，リードが許されるルールの時，盗塁してアウトになるよりも1塁で牽制されるほうがずっと良い。捕手は2塁への送球を1塁手よりも多く練習しているのである。第3に，3盗では20回試みて19回成功すべきである。3盗でアウトはまずいプレイである。そうそう，本盗も私は好きである。

## ❷─バスターバント

どのレベルの野球でも，バスターバント（偽装バントヒットあるいはブッチャーボーイとしても知られている）は1つの武器と思って愛用している。

バスターバントは楽しいプレイだが，どう教えるのかをほとんどのコーチが知らないから，いつ，どうやってやるのかをほとんどの選手は知らない。犠牲バント場面で，コントロールの良い投手を相手に，右のバント屋が使う。

バスターバントする打者は，1塁に歩けるかも

しれないので1ストライクは通常見逃す。バントするかのごとく半分正面を向いている打者に投げるのは難しいと思う投手も多い。

ブランチ・リッキーのバントの構えをわれわれは使う。投手に両足を向けて構えるのではなく，足は普通に打つ位置にしておき，上半身だけ投手に向ける。打者は早めにこの姿勢をとる。投手が1ストライクを取るまで打者がその気を見せないと，次にどんな攻撃でくるかと守備側に大きな疑問を抱かせることになる。投手が1球投げると，次のストライクをバントするか，バスターバントするか，打者は選べる。

封殺で3塁カバーに3塁手が早く入りすぎるミスを犯すなら，走者1-2塁はバントの絶好機である。この場面で，3塁の良いところにバントを転がせば，オールセーフになって満塁になる！しかし，3塁手が勢い良く前進してくれば，打者はバスターバントで叩きつけるべきである。これはヒットエンドランでも使える。

2ストライクになっても，奇をてらって打者にそのままバントをさせたい時がある。この場合のバントは完璧でなくても良い。ファウルにしないように。

バットのグリップエンド近くを持ちすぎてバットをコントロールできないというのが，バスターバントをする打者によくあるミスである。加えて，長く待ち過ぎてバスターバントをするのに適切な位置にバットをもっていけないことも多い。セットポジションから投手の手が上へ動き始めたら，バスターバントをする打者は耳の位置へバットを上げ，投手の方へ右足でステップし，それから左足でステップする，短めでバランスのとれた前方への1〜2ステップである。それからダウンスイングでボールの上を叩いて，向かってきた内野手の足元を強く抜く。

これに対して，右のバスターバントで右翼手の頭を越すことはほとんど不可能なので，右翼手は10mほど前進するのがバスターバントの最良の守り方である。さらに，守備はバントに備えているので，バスターバントよりもバントをしやすいカーブを投手は投げる。

## ❸ 犠牲バント

犠牲バントは好きではないという野球人がいるが，私もその1人であり，金属バットを使わなければいけない野球では特にそうである。金属バットではボールは勢い良く飛び出し，表面が滑りやすいのでポップアップしがちである。さらに，金属バットを使うと通常は得点が多くなるので，1点を取りにいくプレイは大きな誤りになりがちである。

1死2塁よりも無死1塁のほうがチームにとっては良いという統計すらある。同様に1死3塁よりも無死2塁が良いということもある。

それゆえ，犠牲バント場面の95％で，われわれはヒッティング，プッシュバント，バスターバント，バスター・ヒットエンドラン，あるいは普通のヒットエンドランを使う。

## ❹ ヒットエンドランとランエンドヒット

私が再び高校のコーチになったら，次の2つのことをもっと多くやるだろう，セーフティバントとヒットエンドラン（あるいはもっと上をいってランエンドヒット）である。

ヒットエンドランは以下のことができるので，ロサンゼルス州立大学で現在多用している。

**ポイント**
- 足の遅い走者でも1塁から3塁への進塁ができる。
- 足の速い走者であれば1塁から長駆本塁へ進む（有名な1946年のワールドシリーズで決勝プレ

イとしてみられた）。
- 併殺を逃れる。

スイングを強制するので，失敗の責任はコーチになるが，思い切りの悪い打者にはヒットエンドランを使いたいと思うことがある。

ウォーリー・キンケイドがヒットエンドランを企てた時，場外へホームランを打ったなら，ゴロを打つことを要求したのにということでベンチに下げられるだろう。ただし，他の学校のコーチよりも彼はジュニアカレッジ年代の選手に多くの時間ヒットエンドランを練習させた。

ヒットエンドランの場面で，走者は決して塁からつり出されてはならない。投球が間違いなく本塁へ向かうのを確かめなければならない。ヒットエンドランは盗塁場面ではなく，たとえ投球を外されても打者は打つと走者は信用する場面である。

最近，打者がスイングを強制されないプレイである，ランエンドヒットに頼るようになってきた。打席にパワーヒッター，塁に足のある走者がいれば，打者は無理にスイングする必要はなく，打者が打たないとしたら走者は自分で2塁へ進まなければならない，という盗塁場面であることが多い。

バスターバント，ヒットエンドラン，あるいはランエンドヒットは，高校，大学選手までとっておくべきというワイナーコーチに私は賛同する。

どんなレベルの野球でも初球から打つと.300越えの打率になるという統計があるので，打者には初球からスイングするように促す。そして，3-0からでもスイングを促す（統計はそれほど良くないが）ことが多い，特に塁に走者がいる場合，カーブに弱い打者の場合にはそうである。

**Point** 様々なレベルの野球での戦術を述べてきた。機能すれば，コーチは才能があると言われ，そうでなければ間抜けと言われる。3-0からクリーンナップの打者にコーチがスイングさせた場合にも同じことが起こる。ホームランを打てば称賛され，ポップフライでアウトになればブーイングである。これがわれわれ国民の娯楽の本性である。
「3度左に曲がれば，いつだって本塁にたどり着くのさ！」の言葉を思い起こそう。そして名将ケーシー・ステンゲルは「五角形にタッチすれば1点さ」と気の利いた言葉を使った。
良い戦術と少しの運があれば本塁にタッチできる。結局のところ，野球をやり続ける限り，誰が勝つかに違いはないのである！

# Part IV―戦術の微調整

## 16

# 様々な状況に応じたプランの調整

　理想にはほど遠い試合状況をコーチとして経験してきた。とても十分とは言えないグラウンドでプレイをしたこともあったろう。荒れ模様の天候でどのように対応するのか？　雨の中でのプレイに選手は不平を言うのか？　怪我でスター選手を欠くとなった時，肉体的にも精神的にもチームにはどのようなことが起こるのか？　成功できないと，選手とあなたは言い訳をするのか？　初めて観衆の前でプレイする時，チームはどのように反応するのか？　観衆の応援やヤジは選手を混乱させるのか？

　これらの例は，シーズン中に選手やコーチが対応しなければならない状況のほんの一部である。チームがこうした状況に対応し，成功するためにコーチはどのように手助けするのか？　答えは簡単である。成功するコーチやチームは，シーズン中に出くわすどんな障害をも克服する，強固だが柔軟なプランをもっている。

## 1　成功するプランの作成
Developing a Successful Game Plan

　全体的なプランは，良く統制がとれて健全な野球チームにすることとすべきである。シーズン中に生じる様々な試合状況や環境に対して，自信と決断力をもって立ち向かうように，選手が十分にトレーニングされることが目標である。

　成功するプランをつくる鍵は，選手の育成に焦点を当てた，高度に作成された練習をこなすことである。こうしたアプローチが結果を生む。

投球の幅を広げるには，良いプログラムをつくって練習し続けることである。　　　　　　　　　　　　　　（写真：ゲッティ）

らない。個々の選手が，個々にトレーニングする中でチームのプライドを心に抱く。選手は，自分を導くように，そして自分のやり方で，練習や試合の中でそれを表現する。

プランには，強固な練習形態の中で形作られる。2つの主たるポリシーがある。

### ポリシー

1) おしゃべりなしのポリシー——練習中に無駄なおしゃべりはするべきではない。選手を混乱させるし，やるべきことができなくなる。建設的で，プレイの改善につながるなら，受け入れるし，我慢もする。さもなければ，おしゃべりは許されない。そうすれば，改善に集中できるし，質の高い練習になる。選手が注意を傾けるように働きかけたり，同じ質問に答えたりといった無駄な時間はなくなる。

2) 全力走のポリシー——ダグアウトへの出入りも含めて，グラウンドのどこでも選手が全力で走ることを意味している。相手はわれわれほどには懸命に走らないので，相手よりも上のレベルにプレイをセットできる。試合で警戒を保てるし，早く試合に入り込めるし，外野手にとってはコンディション維持にもなる。

ビジネス，教育，宗教，あるいは野球，どんな組織でもトレーニングなくして成功はない。軍事的なトレーニングをしろと言っているのではなく，効果的につくられた組織を通してトレーニングを繊細に調整することを意味している。すべての練習やドリルを含めた全体の調整は，チームのプライドにもとづくものでなければならない。

チームのプライドは，選手に提供する練習やドリルから発展する。選手は，悪い方法，良い方法，自分たちに適した方法があると理解しなければな

数年前，「十分は決して十分ではない」と書かれている会計事務所の合言葉を見た。「もう十分」と誰でも言いたくなるものである。この態度にならないように選手をトレーニングしなければならない。

プランでは，厳しい練習，正しい規律，正しい内容を中心に置くべきである。あるドリルをうまくこなせないことが数回続くのであれば，それはやらないほうが良いのである。試合では，練習通りにプレイすることをコーチや選手はいつも心がけていなければならない。

ボールが打たれたら，選手のやるべきは基本の

みである。チームをトレーニングしている時には，できることをシンプルに強調しなさい。ルーティーンにしておくことは大切なことであるし，報われもするはずである。プレイをするのに適した状況にいつも選手はいるべきである。

プランを立てる時，野球における4つの主たる技術分野をコーチは常に頭に入れておくべきである。

1. 走 る
2. 投げる
3. 捕 る
4. 打 つ

ミスのほとんどは試合のこれらの分野で起こるので，どんな練習もこれら4つの技術分野を中心に置くべきである。これらの分野において，選手は執拗に毎日改善すべきである。4つの技術分野を練習しない日がないようにすべきである。

## ❶—選手の育成に焦点をしぼる

勝ち続けるためのプランは，チームのためになる人材を見出すことから始まる。どんなチームでも基盤は，質，量ともに豊富な投手陣である。各学年から最低2人の投手をコーチは育てようとしなければならない。これができれば，いつも8人の投手がいることになり，そのうち4人が上級生ということになる。能力の評価をする場合には，地肩の強さと配球能力の2つをコーチは探らなければならない。

投手はチームで最も身体的に優れた選手である必要はない。しかし，投球動作と投球戦術の基本的な理解ができている必要はある。

1年おきに，捕手，2塁手，遊撃手，中堅手をコーチは育てる計画をしなければならない。そうすることで，これらのポジションに4年と2年あるいは3年と1年のコンビをもつことになる。し

かし，いつも計画通りにはいかないので，人材を育てて配置することに柔軟である必要があるかもしれない。また，選手のポジション変更も必要かもしれない。試合に出てプレイする時間が増えるなら，多くの選手はポジション変更に納得するだろう。

1塁手，3塁手は，2遊間を守る内野手ほどには技術的に優れている必要はないが，これらのポジションが務まる，鼻っ柱の強い選手を見つけ出すようにしなければならない。

### (a)次のレベルに進む

チームや選手が次のレベルに進むのを助ける時には，以下の考えがチームや選手の育成とどのように関係するのかをコーチは理解しておかなければならない。

**ポイント**

- 才能——才能がなければ誰も次のレベルへと進めない。才能ある選手をチームに加えることにどのコーチも注意を払っている。
- 優れた基本技術——基本に忠実な選手は，グラウンドにおいて信頼があって頼りになる。
- がんばる気持ち——才能に恵まれなくてもがんばりがあればそれを補える。野球のチームでプランを立てる際のコーチの役割の1つは，選手ががんばるように仕向けることである。その一部として3つの言葉，あるいはスローガンをわれわれは使った。
  ①事前の準備は稚拙なパフォーマンスを防ぐ。われわれは，いつも相手を想定して練習するようにした。試合で起こりそうなことに対する準備に余念がなかった。
  ②厳しい練習を賢くやるのが成功への最短ルートである。ただ単にドリルを繰り返すことはしなかった。最適で最も効果的なドリルをマスターするまでやることだった。

③打ちのめされたことにもう1度立ち向かうところに成功はある。状況がどうあれ，成功したいのであればチームは逆境に打ち勝つことを学ばねばならない。

かつての選手たちは，これらのスローガンは野球だけに限らず人生における成功を含んだものだったという便りを寄せてきた。

どんなタイプの選手が入団テストで目立つのか，どんなタイプの才能が学生たちにあるのか，という話を，コーチは普段は口にしない。一般には，親からの遺伝子を通して才能は選手に受け継がれる。

しかし，優れた基本とがんばる気持ち，2つの別の側面をコーチは育成できるので，それらに関わるプランに集中すべきである。適切なトレーニングによってこれらを育むことができる。

例えば，チームにおいては，最も才能ある選手に指導時間の多くを費やすコーチは多い。一般にはうまいし，コーチが要求したことに合わせることができるので，こうした選手はともに練習しやすいものである。しかし，成功するには，どうしたらその他の選手をうまくすることができるかを学ばねばならない。卓越した才能のおかげで，最良の選手はいつも高いレベルでのプレイをするだろう。さらにその他の選手を平均レベルにまで上げられれば，チームはチャンスを得る。

(b)ポジションごとに選手を教育する

コーチは，個人やチームのドリルを通して成功するためのプランを立てる。チームと選手はドリルを通して上達する。選手が難なくできるようになるまで，すべてのドリルは試合の切り出された一部であるべきである。試合の一部を切り出して選手に正しい反応を教える。からだに教え込むのではなく，からだで覚えるようにする。例えば，中継プレイ，緩いゴロ，併殺の送球とピボットなどなど，選手がうまくできるようになるまでは試合から切り出してそれぞれに練習する。その結果，もっと複雑で，試合に近いドリルの中で使えるようになる。

選手育成の次のステップは，ポジションごとに技術の責任をもつことである。ポジションの役割と要求される事項を選手は理解しなければならないし，いつもそれらの練習しなければならない。

ポジションごとに要求される事項（表16-1）に従って各選手が責任をもつ，3つの主要局面にコーチは毎日注意を払わなければいけない。そうすることで試合中に出くわすどんな状況にも選手は対処できる。

## ❷ 守備側を育てる

「相手を打ち砕く」というありふれた言葉をわれわれは耳にしてきた。これを本当に目指すなら，試合は負けばかりになる。「どんなチャンピオンチームも守備から始める」がベストと偉大なベア・ブライアントは言っていた。

選手は確実で基本的な守備ができるように鍛えられなければならない。ボールの処理の仕方，ビッグイニングを防ぐ方法を学ばなければならない。

守備についた時に，いかにビッグイニングを防ぐか？　その答えは単純で，併殺を取れるようにしておくことである。併殺を取れるための自分の役割を，選手はいつでも説明できなければならない。

例えば，2死未満で走者1塁，右翼へのゴロの安打なら，右翼手は併殺を取るための自分の役割を理解していなければならない。ボールに突っ込んでいって中継にストライクの送球をする。こうすれば，1塁走者の3塁進塁は防げる。しかし，もっと重要なのは，打者走者を1塁に止めて併殺

■表16-1　野球の守備位置に要求されること

| | 主な要素 | 側面的要素 |
|---|---|---|
| 投　手 | 1. スポットに投げる（コントロール）<br>2. スピードを変える（チェンジアップ，変化球，直球）<br>3. ボールに動きをつける（変化球，直球，チェンジアップ） | 1. 守　備<br>　・バント（範囲）<br>　・ポップフライ（範囲）<br>　・カバープレイ<br>2. 走者を塁に留める |
| 捕　手 | 1. 低めのボールの処理（ブロック）<br>2. 走塁のコントロール（送球）<br>　・正確性<br>　・すばやさ<br>　・強　さ<br>3. 投手の操縦<br>　・いたわり<br>　・組み立て<br>　・心理（ストライクを投げさせ，投球術を覚えさせる） | 1. バント（範囲）<br>2. ファウルのポップフライ（範囲）<br>3. チームを引っ張り，野手を落ち着かせる |
| 1塁手 | 1. 緩いゴロの処理<br>2. 1塁線を守る<br>3. 右翼へ動く | 1. バント（範囲）<br>2. ポップフライ<br>　・捕手とのコミュニケーション<br>　・フェンスまで走り，後ろへ下がる<br>3. 中継プレイ<br>4. 走者を留め，タッチする |
| 2塁手 | 1. すばやいグラブ捌き，左への動き<br>2. 併殺での方向転換<br>3. 緩いゴロの処理 | 1. 塁のカバーとタッチ<br>2. 中継プレイ<br>3. ポップフライ（範囲） |
| 遊撃手 | 1. 3遊間深いプレイ<br>2. 併殺プレイ（送球をリードし，方向転換）<br>3. 緩いゴロの処理 | 1. 塁のカバーとタッチ<br>2. 中継プレイ<br>3. ポップフライ（範囲） |
| 3塁手 | 1. 緩いゴロの処理<br>2. 左への動き<br>3. 3塁線の守り | 1. バント（範囲）<br>2. 中継プレイ<br>3. ポップフライ（範囲）<br>　・捕手とのコミュニケーション<br>　・フェンスへ走り，後ろへ下がる |
| 左翼手 | 1. バックする能力<br>2. 左翼線へのすばやさ<br>3. 中継への送球 | 1. 守備範囲の広さ<br>2. カバープレイ<br>3. カウントと状況に応じた守備位置 |
| 中堅手 | 1. バックする能力<br>2. 守備範囲の広さ<br>3. 中継への送球 | 1. カバープレイ<br>2. カウントと状況に応じた守備位置 |
| 右翼手 | 1. 右翼線へのすばやさ<br>2. 中継への送球<br>3. コントロールして打球に突き進み，1塁走者を3塁へ行かせない送球 | 1. カバープレイ<br>2. カウントと状況に応じた守備位置 |

場面をつくれることである。
　私が使ってうまくいった2つのドリルは，スタートドリルと21アウトドリルである。両者は，堅実なプランを立てるのに欠かせない。

●スタートドリル……………………………………
　ミッキー・マントルとサインを交わした，偉大なニューヨーク・ヤンキースのスカウト，トム・グリーンウエイドは，「攻撃でも守備でも最初の2歩が最も大事なんだ。2歩は爆発的で正確でなければならない」と言っていた。スタートドリルを発展させ，試合で使うためにこれが基本であった。選手は適切な守備位置を予測して，前後左右へと動いて備えなければならない。これを効果的にするためには，適切なフットワークを使わなければならない。良いスタートこそがボールへの到達の違いを生む。このドリルは，爆発的にそして正確にスタートすることを鍛えるだろう。
　ドリルの内容をここに示す。
1) 各ポジションに2人の選手をつける。捕手はマスクと防具をつける。選手は交互とする。
2) コーチは投手のマウンド後ろ，芝生に膝を着いて2塁を向く。
3) コーチが手を挙げたら，各ポジションの選手は適切な位置を予測する。
4) コーチが右を指し示したら，選手は左へスタートを切り，6mほどダッシュする。捕手は右側をブロックする。コーチが左を指し示したら，選手は右へスタートを切り，捕手は左側をブロックする。コーチがフェンスを指し示したら，選手は沈み込んでステップ，クロスオーバーで，6mほど背走する。捕手はバントをカバーするために本塁の前へスタートを切る。コーチが帽子の上に手を置いたら，選手は6mほど前進する。捕手は深めのファウルフライを捕るためにバックネットへダッシュする。

　コーチは，第2グループを始める前に，第1グループがスタートしてから元の位置へ戻る時間をとるべきである。
　内野手と外野手は，それぞれの順番で様々な角度と技術を使って練習すべきである。

●21アウトドリル……………………………………
　このドリルを私は1960年代につくった。アウトを取るためにボールをどのように処理すべきかを選手は学ぶことになる。
〈ドリルのルール〉
　このドリルでは，四球，三振，カーブ（投手は低めに直球を投げる練習をする），バント，盗塁（捕逸や暴投では走者は進塁するだろう），スライディングは含まない。
〈ドリルの目的〉
・アウトを取るように選手にはボールを処理させること。
・ストライクを取りにいった直球は，ほとんどがどこかへ打たれると投手陣に確信させること。
〈ドリルの利点〉
・チーム守備のドリルをコーチに与える。
・先発でない選手の打撃練習として機能する。
・投手を調整する。
・守備にプライドを植え付ける。

　コーチと選手は，試合に近い気持ちでこのドリルを扱わなければならない。
　プランを立てるにあたり，第1にやらなければならないコーチの仕事は，投手を育てることである。この責任をまっとうするために必要な素養をもちあわせていないと思ったら，強力な投手コーチをスタッフに加入させなければならない。多くの野球経験者が主張するように，投球が試合の70～90％を決めるのであれば，自分のところの投手が必要とされる指導を受けているかを確かめ

なければならない。

グラウンドでは，投手が最も重要であり，すべてのプレイでボールを操るのでチームの中で最も調整された選手でなければならない。

どんなレベルの試合でも成功するためには，投手というポジションで要求される3つの大きな責任を果たせなければならない。投手陣を育成する活動では，以下の3つを重視すべきである。

> **ポイント**
> 1) コントロール——投手は要求されたスポットにコントロール良く投げることを学ばなければならない。うまく制球された直球は，投手のレパートリーの中のベストピッチである。
> 2) 直球（特に2シーム）と変化球の動き——直球で2.5cm動けば，時速にして5km分の価値がある。変化球ではスピンを効かすドリルを行いなさい。
> 3) チェンジアップ——打撃はタイミングでもあるので，打者のタイミングを崩す。打者のタイミングとバランスを崩すにはチェンジアップが最適である。特に，直球を投げるカウントでそれを投げられればベストである。

走者を塁に引き付けることができて，塁をカバーする責任がわかっていて，空いている塁のカバーができて，自分への打球は処理できるという投手は，できない投手に比べて25%多くの試合に勝てるだろう。

投手はこれら技術をどうやって改善するのだろうか？ 質を要求したドリル，基本的な投手のフィールディング練習（PFP）ドリルを定常的に練習する。シーズン直前にコーチは投手を鍛えることはできないし，シーズンの最終週にこれらを完璧にこなすように期待することもできない。投手は自分の技術を維持するために定常的に練習しなければならない。

コーチは，投手のメンタルな姿勢を常につくっておかなければならない。各投手に自信を植え付け，戦う精神を育てなければならない。投手陣が戦う精神をもってほしいと思うなら，練習や準備に関するすべてのことが，この態度を育てると考えるべきである。ただボールを投げる者に育てるのではない。

プランの中には，3点以内に抑える投手を育成することを含むべきである。投手は完封するつもりで試合に入っていくべきであるが，相手が得点しても，それで負けではない。2点目が入っても，まだ試合はコントロール下なのでまだもちこたえる。3点目が入ったら，「もうこれまで」と自分に告げる。

投手は打者と打撃の欠点を読み取らねばならない。打者の弱点を見抜けて，良く訓練されて直観力のある投手は優位に立つ。打撃について投手に教えるのは良いコーチである。アマチュア打者は初めて見た投球を打ち損じることが多いということを投手は覚えておかなければならない。このことは，投球を組み立ててカウントを追い込むことがいかに重要かを示している。

## ❸—攻撃側を育成する

攻撃側を育成する際には，コーチはどのようにラインナップを組むかを決めなければならない。試合状況や人材がその組み方を左右するだろうが，一般には，うまくいくプランには以下のような考えが含まれる。

> **ポイント**
> - 1番打者——目が良く，悪球にほとんど手を出さず，ミートが良くて，足が速い。
> - 2番打者——バントに秀でているのはもちろん，フェアグラウンドにも，走者の後ろにも打てて，足も多少は速い。

- 3番打者──走者が得点圏にいるので，打ち上げることができて（外野フェンス際までのパワーあり），一般には最強打者である。
- 4, 5番打者──パワーがあって，力強く打つ選手。
- 7, 8, 9番打者──どんなタイプであれ，残りのベスト。

　成功するプランには，ラインナップすべてが良いバントをできるように鍛えられている必要がある。競っている試合のバント場面で誰にまわるかはコーチには決してわからない。クリーンナップの打者かもしれない。2塁からよりも3塁からのほうが得点する方法は多いし，1塁からよりも2塁からのほうがそれは多い。犠牲バントの重要性を過小評価してはいけない。

■打　撃

　プランの攻撃側，打撃は身体面と精神面の2つの部分に分けられる。

(a) 身体面（スイングのメカニクス）

　この部分で成功するプランのためには，コーチは，練習，ドリルを通して，スイングの以下の点を重視しなければならない。

ポイント

- セットアップ，打撃の構え，スタンス──呼び方はどのようでも，打ち出すためのしっかりした基盤を打者はもたなければならない。すべてはこのポジションから始まる。リラックスが鍵である。
- ストライド──ストライドには2つの目的がある。第1は，打者が投球を認識するためのタイミング装置である。第2は，振り出す姿勢へ打者をもっていくものである。良いストライドでは打者を前のめりにするのではなく，重心を下げて打者を安定させる。スイングはストライドの一部ではないことを打者は忘れてはならない。
- ミートの位置──お腹のボタンを投手に向けた，正対位置を打者はとるべきである。前足はしっかり固定して，後ろ足首はつま先を下に向けたL字のようにすべきである。上にくる手の掌は上に向け，下の手の甲を下に向ける。顎は後ろの肩の上にあって，ミートの間にボールを良く見るのを助ける。
- フォロースルー──バットヘッドはできるだけ長くボールを追いかけるべきである。フォロースルーは前の肩の後ろへもっていく。

(b) 精神面

　打撃の精神面はさらに2つの側面，大きな意味での側面と打席での修練の側面とを含む。

ポイント

- 大きな意味の側面──この側面には度胸，集中，自信，攻撃性が含まれる。4つすべてを備えた打者は，攻撃選手として成功するだろう。投手の精神面を育成することができるのと同じ方法で，打者の姿勢も育成できる。練習で成功する場面に選手を置くことで，4つの側面を打者に徐々に染み込ませようといつもコーチは心がけているべきである。
- 打席での修練の側面──狙い打てる投球と手を出すべきでない投球（ワンバウンド，高め，あるいは内角）とを区別することを選手は学ぶべきである。打撃練習の中でこの側面は最も良く育成される。コーチはケージの後ろに立って，良い投球をスイングした時には選手を褒めて，悪い投球を追いかける時には修正のフィードバックを与える。

## 2 様々な状況に対応する

Different Game Situations

試合に勝つのがシーズンを通しての目標だと了解した上で，プランを様々な状況に適合させる時に考えておくべきポイントをここでは示す。

### ❶──シーズン序盤，中盤，終盤

年のはじめ，練習は基本の習得に絞るべきである。投手に薄着をさせてはいけない！ 肩の調整にもっと注意を払うべきで，練習ではゆっくりと負荷をかけていく。投球数を含め，かかる負荷を厳重に監視することで，投手の肩を痛めないようにすべきであり，シーズン終盤そしてポストシーズンにも選手が元気でいられるように調整すべきである。

シーズン序盤，守備と攻撃，両方のラインナップを決めていくことに重点が置かれなければならない。誰がどこで最も力を発揮できるかを見出していくのはこの時期である。1番打者は？ パワーのある者は？ などである。すぐに答えは出ないかもしれない。シーズンの序盤に数多く試合をこなすことによってこれら疑問に答えを出せる。序盤の練習試合は，全体の計画に役立つ選手に育っていくかを見るために，多くのことを試す良い機会となる。投手については特にそうである。

科学者のように，新しい発想のラインナップをつくるためにいくつかの試みをすべきである。そこでは，あるポジションにある選手を使う必要性が生じる。試合経験をもつ捕手が少なくても2人になるように注意を払いなさい。シーズンの終盤，厳しい場面で出場しても結果を残せる2人の捕手をもっていることが重要になるだろう。

グラウンドにはベストの選手ではなく，ベストのチームとなるように選手を配するようにすべきである。

シーズン序盤に投手陣を確立するのが鍵だとは言われ続けてきたことである。シーズン後半に，チームをトーナメントにまでもっていく役割のある「抑え投手」を見出しなさい。チームの2～3あるいは4人の先発は誰かということもわかっていなければならない。さらに，1～2イニングを投げるために数に入れられるのは誰か，投手陣の中で抑えタイプは誰かも知っておく必要がある。

シーズン中盤になると，日ごとに，そして週ごとに，プランの一部として，より難しいあるいは複雑な技術や戦術をどんどん加えることができる。バント守備，カットと中継，そして走者1-3塁状況や牽制プレイを含めて守備を洗練させ，完璧にすべきである。

シーズンの中盤から後半，そしてトーナメントに向けては，ラインナップを決めて明らかにすべきであり，必要となればベンチスタッフも使って特別な要求（足の速さ，攻撃パワーなど）に応えられるようにしなければならない。

シーズン後半になると，休養が最も重要な要素である。からだへの負担からみて練習量は落とすべきである。そして栄養も要素になってくる。何を食べているのか，十分に休んでいるのかを注意するように選手には忠告しよう。チームは今や「休日なし興行」の時期であり，物事が新鮮でエキサイティングであるように注力すべきである。選手の意欲を保つようにしなければならない。練習前後に，気合を入れるような引用句，挿話，言葉を毎日使うことで選手は刺激され続ける。

チームをピークにもっていく時期については多くのことが言われている。練習をどのように統制するのか，試合にどのように向かっていくのか，

異なる試合状況に応じる能力は，からだのコンディションとメンタルのタフさを要求する。
（写真：ゲッティ）

自分のコーチング哲学で進めていかなければならない。

「完璧なチーム」に向けてチームをつくっていることだろう。早い，遅いはあるだろうが，選手がより良いプレイをするように試みていることだろう。早すぎるピークにならないよう，調子が坂道を下らないよう，各試合で改善し続けなければならない。早すぎるピークが最悪である。真の戦い（ポストシーズン）が始まる前に弾薬をすべて使い切ってしまってはいけない。

トーナメントの準備では，選手を意欲的にするために，心理的なあらゆる武器を使わなければならない。チームとしてのプレイと同じように，個人としてのプレイ，そしてプレイにプライドをもつことの重要性を認識しなければならない。コーチが選手を意欲的にさせる時に手助けとなるものは，今日，数多く出回っている。チームを改善するためにすべての機会を利用するのが賢いコーチである。

準備の重要さを心しておきなさい。トーナメントの時がいかに重要か，ポストシーズンにどこまでも進んでいくことがいかに偉大なことか，を強く言いなさい。長く続いている伝統を使うのも1つである。過去のチームの栄光を強調すると，自分たちも意欲的になることがある。

週ごとに改善していくチームのコーチは良いコーチである。シーズンの序盤はうまくプレイするが，徐々に後退していくチームをよく見てきた。ひどい「年寄り」ばかりのチームをコーチしたこともあった。そんなチームは4月には強敵だが，5月中旬には悪くなっていった。気候が良くなるほど，プレイは悪くなった。焦点が合わなくなる

ようなものだった。野球について，勝利について，もはや考えなくなっていた。考えるのは，天気，女性，夏休みのことであった。

トーナメントの準備は，実際にはシーズンを通しての仕事である。「来週トーナメントになったので，その準備となるように州の選手権をプレイしよう」という状況ではない。シーズンを通して，そのポイントへと作り上げる。プライド，練習の価値観，チームの規律，チームで統一することになるその他諸々を育て続けることで，これは成し遂げられる。一体となってプレイすること，そして選手が同じゴールを胸にもって，そこに向かっていくことが狙いである。

ポストシーズンやトーナメントに出場するためのレギュラーシーズンに，チームが良い成績を残すことをみんなが望んでいる。この期間に，その戦いのための宿題をやらなければならない。トーナメントに出てくるチームに応じて投球を組み立てる必要がある。すべての試合をまるで予選の試合のように扱い，覇者への道はもうすぐ，という勝ち組に残るための多大な努力をしなければならない。

相手チームの先発投手のできることをできるだけ多く調べておきなさい。少ない走者しか許さない投手であれば，プランを変えなければならない。多くの走者を望めないので，シャットアウトするつもりで投手を登板させなければならないだろう。攻撃では，好きに振ってはいけない。打席ではもっと制約があるだろう。1～2ストライクは待つべきだろう。この状況では，単純にフェアゾーンに打ち返し，1点を取りにいくべきだろう。

できることといえば，競った試合にすることである。このためにはバント試合に持ち込むのが効果的で，「スモールベースボール」であり，塁に走者を出すように努めることである。相手投手がタフなら，得点を何とか取るためにすべきことをしなさい。競った試合になるようにいつも心がけることが鍵である。勝つチャンスをものにできるように競っていきなさい。

## ❷─ホームとロードの試合

理論的にはホームチームが有利なはずである。特にグラウンドの形に特徴があったり，典型的な野球場とは異なっていたりすれば，そうである。ロードの時には早めに選手をグラウンドに出して歩き回らせなさい。

ロードの試合でプレイする場合に含まれてくるメンタルの要素もある。いつもとは違うお客さんなのである。それに負けないように数多くのロード試合をこなした。ホームと同じメンタルの強さ，自制心を身に付けることによってロードでどう戦うかを学んだ。それが現実として可能な唯一の方法なのである。大観衆や審判などについては気を回すことができない。どこにいようとも，閉じこもらず，自分の試合をすべきである。試合を自分のものにするよう心がけよう。そうなれば相手を打ち負かせるだろう。

前に述べたように，ホームとロードとではメンタルの状態がかなり違う。それを選手がわかっていなければならない。慣れ親しんでいる環境であればうまくプレイするだろう。それゆえ，ロードに出かけてプレイする時には，違いをわかって，うまくプレイしなければならない。コーチとしては，ロードの試合で，選手がそのようなメンタリティをもつようにしなければならない。

ロードに出かけたある時，泥と土とを混ぜて入れた小さなプラスチックのバケツを道具係が持って来た。小さな柄杓と叩く道具も持って来た。マウンドがならされていずに，プレート前や踏み出し位置に大きな穴があることが多い。踏み出し足の着地にむらが出るので，バランスをとったり，

うまく踏み出したりするのに投手が余計な時間を費やすだろう。それゆえ，試合が始まる前に，道具係が穴を修繕しようとしたのである。

(a) 野球場の要素

野球場に慣れるにはなんと言っても早くグラウンドに出ることである。できる限り早く到着すれば，選手は歩き回って状況を把握できる。問題となるものを早く見られれば，それだけ身体的・精神的な準備を早く始められる。どんなタイプの野球場か，ホームランを打たれないように，投手がストライクゾーンを低めに調整する必要のある狭い野球場か，長打を最小限にするために，外野が深く守る必要のあるような広い野球場か？ グラウンドの芝を見極めなさい。遅い打球になるタイプか，内野表面の特徴は何か，フェンス際の危険警告ゾーンはあるか，その大きさは，ファウルグラウンドはどのようか，太陽とグラウンドの位置関係はどうか，ナイトゲームがあるなら，照明はどちらに向いているか？

外野手が4～5人いて，大きな野球場だったら，攻撃を犠牲にするかもしれないが，足の速い順に3人をまず先発させる手もある。少し打てるが足はない外野手は交代要員にする手もある。

逆に，普通のフライが球場によってはホームランになる。こうした球場では，投手はストライクゾーンを下げなければならない。相手にフライを打たせないようにしなければならない。野球のダイヤモンドというよりは長方形に近いようなホームグラウンドをもつチームと，ある年，あるタイトルをかけて対戦し，3戦のうち2勝したことがあった。1試合目はホームで負けて，残りの2試合，相手のグラウンドへ出かけねばならなくなった。ロードで，相手2ホームランに対して，こちらは結局7ホームランを放った。こちらの投手が低めに投げて，相手投手がそうできなかったことのみが勝因だった。

グラウンドが変わった輪郭や極端に高いフェンスであると，それを考えなければならない。そこでも，グラウンドに早く着いて，選手がそこでのボールを追いかけることが肝心である。野球場の様子を多く学べば，それだけ準備して試合に臨めることになる。

内野の表面の様子も試合では重要である。球足が速いか遅いかによって，選手は備え，調整しなければならない。遅いなら，前進してプレイしなければならないだろう。特に2遊間は，ステップを減らさなければならないだろう。

遅い（砂が多い）なら，走者を十分に走らせることはできないだろう。余分な進塁や盗塁はできないだろうし，バント戦法もいくらか影響を受けるだろう。速いと，足を使った攻撃には有利になり，内野手はいつもよりやや深めでプレイすることになる。

(b) 晴天と薄暮

目の下に塗る墨とサングラスを用意することを選手全員に確認しておかなければならない。太陽の向きによっては誰が影響を受けるかはわからない。

薄暮がきわめて難しいという野球場がある。これは重大問題になる。薄暮には，投手は低めに集めなくてはならない。打球を目で捉えにくいので，相手にフライを打たせるわけにはいかない。空が高い（雲がなく）と，この時も投手は低めに集める必要が生じる。フライの判断が難しくなるからである。

こうした状況でもうまくプレイできるように練習しなさい。太陽に入るようなフライやポップフライを上げるようにしなさい。薄暮にボールを追いかけるように，夕方の練習を組みなさい。

### ❸ ─ 天候状態

　雨が降っていたり，湿度が高かったりすると，外野手は送球をより確実にする必要があるし，指3本伸ばしてボールをつかみたいと思うかもしれない。それほど速度にこだわらずに投げるが，指2本伸ばしてつかむだけでは滑りやすいだろうし，スライドしやすく，悪送球になることもあるだろう。足元も十分ではなくなるので，ゴロに対して攻撃的に突っ込めないだろう。

　ポップフライや高いフライに，内野手と外野手がもっと効果的に声をかけ合う必要が出てくるのは風の影響か？　カリブのアルバ島にチームを連れて行ったことがあった。アルバでは風が吹き続ける。昼も夜も常に吹いている。選手は風に注意することはわかっていても悩まされた。

　寒さは？　本当かどうか定かではないが，寒さにアレルギーのある選手がいる。こんな選手をもっていたら，寒い気候での試合では役に立たないだろう。暑さは？　暑い気候では，選手（特に投手）は，余分のアンダーシャツとタオルを持ち込みたがる。

### ❹ ─ 怪　　我

　怪我に対してプランを適合させるベストな方法は，早期にそうした選手をつかまえて治療させることである。怪我でチームが崩れてしまう2つの守備位置は中堅手と遊撃手だろう。怪我をした中堅手の代役をする先発外野手を選び，その穴を埋める別の外野手を用意しておかなければならない。第2の外野手が左翼手で，中堅手が壁に突っ込んで怪我をしたら，その左翼手が中堅に移ることになる。ベンチからは誰かを左翼に送り込んで活躍してもらわなければならない。この備えのために選手を鍛えておかなければならない。鍵となる選手を失うことに対する備えを常にしておきなさい。

　遊撃手についても同じことが言える。遊撃手の備えをしていないところで，遊撃手が試合前に怪我をすると，困ることになる。試合前の打撃練習中，内野手がノックを受けていることがあった。内野ノックと打球が乱れ飛ぶ中で，遊撃手がノックを捕りにいって顔面に打球を受けた。鼻を骨折してその夜はどうやってもプレイできなかった。練習の仕方の過ちでもあり，恐ろしいアクシデントでもあった。しかしながら，3塁手が準備して遊撃のポジションについた。

　練習では，第2の内野手（通常は2塁手）を遊撃へ移動させる必要がある。それによって予見できないことが生じたら，その選手に移動してもらう。

　チームに2人の捕手を備えていたとしても，3塁手には捕手の練習をさせた。両捕手がダウンしてもなおバックアップありの方式をとった。

　投手陣の怪我からチームを守るために，投手陣の厚みを増しておかねばならない。万能選手をつくることもプランを成功させるためには重要となる。多くのポジションをこなせる選手はチームにとって非常に価値がある。

**Point** チームの規範と選手の育成をもとにしたプランを成功に導くことは，チームがどんな逆境にも打ち勝ち，シーズンを通じてのどんな状況をも克服することの助けとなる。シーズン中に出くわす挫折すべてに備えることはできないが，ポジティブな態度で問題に立ち向かうために必要な決意を選手に与えることはできる。プランにしたがって選手を育成していれば，予見できないことが起こっても，適合していく技術を選手は身に付けるだろう。すべては準備から始まる。常に5つのPを強調しておくべきである——前もっての（Prior）準備（Preparation）は拙い（Poor）パフォーマンス（Performance）を防ぐ（Prevent）。起こり得る最悪に備えなさい。そうすることは時間がかかるが，シーズンを通して10倍の利益となるだろう。

# Part IV——戦術の微調整

# 17

# 試合へのアプローチ

　野球場へと続く門を開く時，コーチとして大きな責任を感じるだろう。われわれが試合の責任を担っているのであって，試合が担っているのではない。試合には独自性，健全性，伝統，永続性をもたせる。われわれは試合に対してそうした義務を負っているのである。アマチュアレベルで野球を続けている51歳の選手の言葉を引き合いに出すと，「試合への愛情が野球の最も重要な側面である。金やエゴでプレイするなら，試合はそうした選手によって壊されるだろう。」

　野球の試合は偉大で，いかに試合にアプローチするかがきわめて重要であり，具体策が大きな論点となる。それは，招待したコーチやチームをいかに扱うか？　から始まる。ケースはどうあれ，宿舎やロッカー，あるいは野球場の門でチーム責任者がコーチや選手に挨拶をするか？　グラウンドやその周辺で練習時間を与えるか？　荒れ模様の天候やバスの遅れといった何がしかの遅れが出たら，自分たちのフィールドでの時間をビジターに分けるべきである。内野守備や打撃の練習時間を独り占めにするのではなく，自分たちに用意されているのと同じかあるいはそれ以上の準備の時間をビジターに用意しなさい。

＊

　何が起こっても時間通りに試合を始めよう。すばやく察知してファンや審判はそれを称賛するだろう。ビジターがトレーニング用具を持っているか，トレーナーを帯同しているかを確かめなさい。水やタオル，その他必要と考えられるものがダグアウトに用意されているかを確かめなさい。ダブルヘッダーなら，試合の間に食べるフルーツやキャンディ，その類のものをサービスとして用意しなさい。言葉を換えれば，試合前には良いホストとしての品格を示しなさい。自分の地域や学校では「ミスター野球」であるべき義務をチーム責任者は負っているのである。

　野球場，グラウンド，プログラム，ラインナップ情報，PAシステム，アナウンサー，音楽，

場内売場，座席，球場職員の態度，グラウンドキーパー，バットとボールキーパー，女性の世話人，審判，スコアラー，そしてもちろん個々の選手，これらのすべてが品格に関わる。ファンには具体的な対応を楽しんでもらいたい。チームには野球場で競うことを楽しんでもらいたい。用具の運搬人が機能することにもこだわるべきである。新しい球場では問題とならないが，自分のグラウンドはならされてクリーンであってほしい。快適に過ごせて，質の高い試合になるとわかるので，ファンは試合を見に来たがるだろう。良い試合になるのがわかっているので，コーチは自分のグラウンドでプレイしたい。グラウンド自体が勝つチャンスを与えるとコーチはわかっている。審判の判断も良いとわかっている。ブルペン，ダグアウト，そしてグラウンドが一級品だともわかっている。選手がハードに，フェアに，そして勝つためにプレイするとわかっている。選手がコーチを見習ってクリーンにプレイし，試合が良くなるようなポジティブなことだけをしたり，言ったりするとわかっている。

*

試合へのアプローチの中で重視される項目は，選手が周囲の人にどう映るか，見た目は重要である。ユニフォームの着方も，ファン，周囲のチーム，コーチにとっては重要である。チームについて聞くコメントで嬉しいのは，選手が伝統的な野球選手に見えて，そのようなプレイをするということである。こうしたことは時に論争になるが，伝統は常に続いていくものである。

審判に対するコーチや選手の態度は，アプローチとして重要である。審判員の担当者を決めて，審判員をロッカールームへ案内して，タオルやボールを渡しなさい。開始時間，グラウンドルール，ボール補給法をこの時に話すのが良い。試合の間や後にスナックを出せるし，他のことの世話ができる。審判員には「審判員の方」，「〜さん」を使って話しなさい。こうした言葉を使うと「どじ」とか「オイ審判」という思いを打ち消すことになる。審判は，ある種の尊敬の念を評価し，感情に流されない判断をするだろう。主審の名前を覚えたがる選手が多くなったと，最近，メジャーリーグのコーチは語っていた。審判を知ろうとしているだけでなく，関係を改善しようともしているとコーチは考えている。

*

対戦相手との間でにこやかに，ごく普通に挨拶をするのは良い兆しである。相手がすばらしいプレイ，熱のこもったプレイをした時，好意的なコメントが出ると，対戦が良いものになる。ほぼ60年間，忘れることのできない出来事が16歳の時の試合で起こった。相手の1塁手は，ワシントン大学出身で尊敬されたコーチのアート・マクラーニーだった。私は2塁手の頭を越える打球を放ち，1塁を回って塁に戻った時に「捕ると思ったよ」と言った。するとアートは「いやいや，あの打球は捕れないよ」と言った。短いが正しいコメントが尊敬をもたらし，このことが生涯の記憶となった。

# 1 ハッスルプレイ
## Hustle

ハッスルプレイはいつも歓迎である。グラウンドにいようがいまいが，周囲に気を配ることは重要である。コーチが言うように「試合に集中して9回プレイしよう」である。身体的には，ハッスルすると，試合に対して積極的なアプローチになり，みんながそれを評価する。ハッスルプレイのいくつかを以下に示す。

### 例

- ゴロやフライに全力疾走する。
- イニングの交代では弾むように走る。
- プレイの後は小さく跳ねるように守備位置へ戻る。
- 直接には責任がなくてもバックアップする（右翼手から捕手への送球を，1塁ベースラインの外で中継して重要な走者を阻止した，2001年ワールドシリーズのヤンキース，デレク・ジーターのプレイが好例である）。
- クロスプレイ，内野では，胸から胸へとボールを送球する。

プレイの見た目，態度，スタイルは変わろうとも，伝統はいつも勝利を導く。

（写真：ゲッティ）

どんなプレイでも良い選手はハッスルする。　　　　　　　　　　　　　　　　　　　　（写真：ゲッティ）

- 内野で使われるトス送球と異なり，外野から内野へは正確で力強い返球をする。
- 捕手から投手へ正確な返球をする。
- 捕手はマウンドへ弾むように走り寄り，コーチはコーチボックスへとすばやく動く。
- すべてのプレイに全力を尽くす（古い大学チームが試みる）。

　ハッスルする人はいつもエネルギッシュに努力する人という辞書の定義は，上の内容をカバーしている。攻撃も守備もともにハッスルするチームは，相手にとっては嫌な存在になる。ハッスルの好例は，四球で4秒以内に1塁まで走ったレビストン高校（アイダホ）の選手によって示された。四球で1塁にすばやくたどり着き，塁上で余裕がでたらどうなるだろう？　投手には投球を急がせ，捕手には盗塁があるのではと警戒させ，内野手には前に守って打球を抜けさせる。

　今日，ハッスルしようとするのを阻害するのは，イニングの合間のテレビコマーシャルである。大学のワールドシリーズやプロ野球では，テレビコマーシャルの時間，われわれはいつも待ちぼうけである。このおかげで，選手はさて守備とグラブを用意できないし，ダグアウトから出るのも遅れて，試合は中断されたままとなる。

　マイナーリーグや大学野球では，観客を喜ばすために，イニングの間に野球クラブが宣伝をする。3アウトになって選手がグラウンドでハッスルしようとすると，偽の力士が2人，マウンド上で押し合いをしたり，子どもがマスコットとレースをしたりして，選手は佇むことになる。選手は気がそがれて，ハッスルとはいかない。

　リトルリーグの選手がこれを見ると，ゆっくりするのを真似る。今やこの考えは親にまで移ってきている。イニングが終わると，母親がサンドイッチやドリンクを選手に持ってくる。ハッスルす

る代わりに，サンドイッチを食べてドリンクを飲むのである。そしてグラウンドへと出て行く。コーチがこれを見たら，交代させるだろうが，そうすると，選手のニーズをコーチはわかっていないと母親は激怒する。こうしたハッスルできない考えがどのスポーツにも蔓延しているようである。

ハッスルしようという態度やイメージが低下するのをコーチは阻止しなければならない。ここでは，ハッスルしないとほとんど駄目で，ハッスルすればいつもうまくいくというのがポイントである。ハッスルしている選手をファンも，審判も，他の選手も称賛する。ハッスルした選手として私の記憶に残るメジャーリーグの選手は，デトロイト・タイガースのマーク・フィドリッチ投手である。彼のハッスルプレイは野球を変えたかもしれないので，できなかった原因の選手生活はじめの頃の怪我は不運だった。

シアトル・レイナーズのエディー・エラウト捕手と，ハッスル・チャーリーとして知られたシンシナティ・レッズのピート・ローズ選手は，ハッスル選手としてともに名高い。アリゾナ州立大学のコーチからオークランド・アスレチックスの監督になったボビー・ウィンクルスは，ハッスルプレイを要求した。スタンフォード大学の選手，現在はそこのコーチであるマーク・マーケスは別の意味でのハッスルする人の代表である。

2002年ワールドシリーズでのデイビッド・エクスタインとダーリン・エルスタッドのプレイは，ハッスルすると何ができるかを良く表していた。パワーヒッターではないが，2人の恐ろしいほどのハッスルプレイは，結局はワールドチャンピオンになったアナハイム・エンジェルスに脅威を与えた。野球でのハッスルを愛する者にとって，こうした選手たちが自分たちのリーグに存在することが大事なのである。

## 2 攻撃的な走塁を練習する
*Practice Aggressive Base Running*

優れた走塁は大きな財産であり，守備側はそれを計算に入れておかねばならない。走塁はコーチが教えられる領域であり，得点の大きな武器である。まず，個人の特性を定めなければならない。攻撃的な選手か，走るのが得意か，スライディングが得意か，次の塁をどの程度狙っているか？これらがすべて大丈夫で，適当なスピードと反応があるなら，優れた走者になり得る。すばらしく足が速くすばやい反応があるなら，偉大な走者になり得る。

打席からのスタート，1塁の駆け抜け方あるいは回り方の基本から教え始める。次に基本的なリード，スタート，塁の回り方である。バットからボールがどう放たれるかを読むことは，特に3塁にいる場合は重要となる。

走者がいつ，どこにいるべきかという考えは，コーチの態度を反映するだろう。走塁がうまいチームであるために，選手は，身体的にも精神的にもすべての基本を練習しなければならない。試合のこの局面に集中するために練習時間を割くコーチは，大きく時間を稼げることに気づくだろう。ワシントン州立大学のクーガーズは，選手が走塁を学べる格好のチームである。数年前，太りすぎの捕手をこのプログラムに行かせた。練習での考え方が非常に良かったので，彼はすぐにナンバーワン捕手になった。足は平均よりずっと下だったし，走りたい場面でいつも塁上にいたので，いつも代走を送っていた。時が経つにつれて少し足が

速くなったが，それよりもうまく走塁できるように と彼は学んだ。大学1，2年になると塁に出ても代走が不要になった。足のある代走の代わりに彼で十分と皆が思った。打撃や捕球と同じ時間，彼が走塁の練習に費やしたからである。走塁の基本を使うことでスピード不足を補ったのである。

攻撃的な走塁の典型例は，スタンフォード大学とのプレイで生じた。打者が中堅へゴロのヒットを放った時，足の速さは普通の捕手，ジョン・オレラッドが1塁走者であった。ジョンは外野手の肩に挑んだ。3塁への送球を果敢なスライディングで打ち砕いた。立ち上がって，汚れを払ってから，私のほうを振り向いてニヤッと笑って，「スピードでやっつけたぞ！」と言った。

3つめは，オレゴン大学とのプレイオフ延長戦，足の遅い3塁走者の場面で起こった。オレゴン大学の内野は前進していて，1塁手の正面にゴロが転がり，1塁手は少し逡巡して本塁へ送球した。走者は本塁に滑り込んでセーフ，試合に勝った。相手捕手は，「あの場面では来ないだろう」と訴えた。すべての選手が3塁からのスタートを毎日練習していたのが功を奏した。

## 3 基本を完璧にする
*Perfect the Fundamentals*

眉をひそめるような新しい方法が出てくることがあるが，それは健全で，繰り返されてうまくいけば基本になっていくものだろう。用具の革新で多くの変化がもたらされた。かつて議論されたが今では基本といわれている，比較的新しい方法に，捕手の片手捕りがある。前でボールを捕る，ワンバウンドをブロックする，送球側で捕球する，足を動かす，といった古くからの考え方に，この方法は新しい考え方を植え付けた。ナックルボール，ナックルカーブ，スプリットなどの球種を開発している投手にとっては，捕手は前でボールをキープしなければならない。2001年のワールドシリーズでは，捕手が投球を止められるかで試合の勝敗は決まった。1塁手の片手捕りはプレイの能力を向上させた。現在のメジャーリーグでゴールドグラブに輝いた1塁手の片手捕りは私が教えた。両手プレイの延長として，フライ，送球，ゴロの片手捕りは今や受け入れられ，教えられている。

コーチ，スカウト，そして一般の野球関係者は，捕球，ボール処理，送球の基本に忠実なプレイを賞賛する。内野練習で選手はこれらの基本を披露できる。フライ，ゴロを適切に処理して，塁に入った野手や中継者に，低く，強いオーバーハンドの送球を外野手はできる。足を動かし，リズム良くボールを処理して，胸から胸へ堅実な送球を内野手はできる。

OB戦で，私は仲間の内野手へボールを打った。3塁手へまず打つと，卒業して20年，9年間プロでプレイして，今やシアトルの医師になっている捕手は，「足を動かせ，動かせ，送球へ持っていけ！」と叫んだ。昔，大学の頃に植えつけられた言葉に違いない。捕手も足を動かして，塁をカバーできる。内野手の鍵となるのは，ノッカーが打つ前に選手がボールの行方をわかっているかである。そうすれば，ボールへすばやくスタートを切って，リズムを保てるだろう。内野の良いドリルになるかはノッカーの腕にかかっている。悪い打球，意外な打球でなければ，すべてことはうまく運ぶ。

## 4 修練を積む
*Develop Discipline*

フランク・リーヒー，ヌーテ・ロックネ，ジョン・ウッデン，フランク・フリッシュといったスポーツの世界での名だたる指導者によると，ギャングとチームの違いは修練があるかどうかだという。グラウンドでは，精神と身体とを併せて修練できる。精神的には，打球はすべて自分のところに来てうまく処理すると自分で思う。ボールが投げられる前に正しくポジションをとるべきとわかっていなければならない。ボールには正しくアプローチし，そのボールをどうするかもわかっていなければならない。身体的には，ボールをどう処理してアウトを取るかをわかっていなければならない。

すばらしいプレイと，大きなミスとの間には微妙なラインがある。練習につぐ練習によって培われた経験と自信を通してのみ，選手はこのラインを定めることができる。長い時間をかけての毎日ルーティーンのプレイ，必要とされるなら厳しいプレイ，それら基本に忠実に練習してそこから得る自信によってフラストレーションを避けられる。

ダグアウトで，投手の配球や打者の打つ方向を記録する，走者，投手の動作，併殺，捕手の送球のタイミングを図る，といった仕事を分かち合って試合の中に皆が入り込むようにすれば，コーチは修練をハイレベルに保ち続けることができる。

## 5 相手チームを知る
*Know the Other Team*

相手を知る必要がある。相手チームは特徴があるのか，守備力で襲いかかってくるのか，試合の終盤に襲いかかってくるのか，長打でくるのか，走塁でくるのか，手堅くきて要所で攻めてくるのか，それとも攻撃的にハッスルと見事なプレイで襲いかかってくるのか，プレッシャーをかけられる相手か，長引かせて勝負したほうが良いのか？

東ワシントン大学のジム・ワッセムは，攻撃的で，「近めに速球を投げさせるな」というフレーズを使ってコーチをした。その考え方で試合に勝ったが，対応策をこちらではつくった。走塁術も彼はつくったが，こちらはそれを封じ込めた。2ストライクにならないとカーブに手を出さない選手たちともプレイをした。カーブで2ストライクに追い込んでからという考え方にした。難しいのは，そうした打者に3ストライクを取ることであった。

守備的には相手は何をしてくるか，各ポジションをどう埋めるか，埋められた選手は平均的か，優れているか，劣っているか，走らせたほうが良い，投げさせたほうが良い，打たせたほうが良いという相手選手はいるか？

特に，投手と捕手については知っておかなければならない。バットを抑え込むことができるのか，走塁を阻止できるのか？ 投手をいやらしくさせているものを知っておかなければならない。性格はどうか，試合プランはどうか，球種は何で，いつ何を投げるか，打ち取る投球は，カウントが悪くなったり，試合で窮地に立ったりしたらどうするのか，フィールディングはどうか，走者を留めるのがうまいか，ホームへの投球に時間がかかるか，早めに崩さなければならないか，回を追うごとに尻上がりか，終盤，崩すために待球策をとるか，1塁や2塁への捕手の送球時間はどうか？

相手を良く知れば知るほど，その戦術を抑え込むのは容易になる。　　　　　　　　　　（写真：ゲッティ）

　相手の攻撃の仕方はどうか，いつ走るのか，いつヒットエンドランをかけるのか，いつ盗塁するのか，スクイズはやるのか，やるとすればいつか，重盗，ツーランスクイズ，ディレイド盗塁，偽装バント盗塁，偽装バント打撃，2塁からのスクイズ，ゴロで2塁からの得点，といった特別な攻撃は何か，バットを武器とする選手がいるか？　いるとすれば対応策を考えておかなければならない。足でかき回してくる選手はいるか？　いるとすれば塁に出さないようにする。2ストライクを取られたらどうしてくるか，叩きつけにくるか，ミートでくるか？

## 6　プレイに備える
Be Ready to Play

　賢い試合を教え込むために，相手チームに対処するための健全なアプローチとプランをもつべきである。精神的にも身体的にもチームがプレイに備えているようにしなさい。誰もがアプローチの仕方，試合に勝つためにどんなプランでいくかがわかっているという，同じ土俵にいるべきである。2つのチームが何度も試合をすれば，それぞれいくつかは勝つだろう。しかし，「いくつか勝って，いくつか負けよう」などはコーチしてはだめで，すべてを勝ちにいくと教え込むべきである。相手チームを封じ込むために守備側としてすべきことを知りなさい。攻撃側でできることを知りなさい。

特別な策をとるプランなら，それを練習しなさい。

守備は攻撃よりも一貫して力を発揮するものである。守備がきちんとしていれば，どこも戦える。内外野の基本的なプレイに加えて，以下のプレイをできるだけ多くこなせなければならない。

### ポイント
- バント守備
- 重盗守備
- スクイズ守備
- 中継リレー守備
- 内野併殺守備
- 挟　殺

これらの守備をいかにこなせるかでチームは判断される。

野球に対する私のアプローチの1つに，試合は7回から始まるというものがある。この考え方は，地域のバスケットボール・クリニックで「試合のラスト30秒で，ボールを手中に収めなさい」と言った，オレゴン大学の有名なバスケットボール・コーチ，ポール・バレンティの考えに似ている。それなので，7，8あるいは9回に，最高の代走を出し，良い代打を使い，最強の投手がマウンドにいるようにする。最強は，先発投手かもしれないし，右か左のリリーフかもしれない。バント処理に優れた投手，ポップフライや三振が取れる速球投手や，打者の目先を変える投手かもしれない。

未知のチームであれば，打撃練習，内野練習，はじめの6回で集めた情報を使い，できるところでそれをあてはめる。7回にはアプローチをもう1度正しいかと精査する。両チームにとって何がわかって，これからどうするか？　得点はどうか？　対抗できる選手の守備力を明らかにする。3〜4点リードしているなら，2遊間と左中間，右中間を詰める守備を続けるだろう。試合が競っていれば，長打を防ぐためにラインを詰めるだろう。長打が本当に痛手なら，外野を極端に深くするだろう。塁が埋まっていて，1点よりも併殺が大事なら，内野を少し浅くして2塁にやや近づいたプレイをするだろう。1点が勝ちになるか同点なら，あるいはもう点がやれないと思ったら，内野を前進させるだろう。走者2-3塁なら，内野を半分前進させるだろう。両端を浅く，中央を深くということで，ポップフライに対応できるだろう。走者2-3塁でどうプレイするかは，2塁走者がどういう意味をもつかによるだろう。大量点は与えたくなくて，競った状況のままでいたいわけである。全体の状況に応じて，また球種などによって，いつでも内野手を浅くも深くもするだろう。2死になっていない時に相手走者が3塁で1点取られたら負けというなら，外野手を浅く，内野手は打者と走者に合わせて調節する。バットが折れて安打，ポップフライが越えて安打は困るので，むやみに内野手がみな前進というわけにはいかない。

2001年のワールドシリーズで何が起こったか？　決勝の走者を3塁に背負って，ヤンキースは内野手の前進を強いられた。左のパワーヒッター，ガンツォ・ゴンザレスは左中間に内野をようやく越すような浅いポップフライを打ち上げた。打球はポトリと落ちて，ダイヤモンドバックスが決勝点を挙げた。左のパワーヒッターに対してヤンキースの遊撃手が通常の守備位置にいたら，捕って延長になったであろう。これこそが野球なのである。知識を投入し，準備を怠らなくても，このような大試合には運が働くのである。高校の偉大なコーチ，ジョン・ザエフェルは，「グラウンドへ出て行く前に，誰がどう勝つかをお空の審判がみんな決めていることがあるのさ」とかつて私に言った。

走者1-3塁では，いくつかの種類の重盗を守ることになるだろう。3塁走者が同点，あるいは決

勝点の走者であれば，バットで決めてくると考えるのが基本だろう。言葉を換えれば，相手がそのように計算に入れているので，入ってくる走者に送球することはないだろう。走者を迎え入れる自信がないから重盗するのである。

# 7 調整をする
*Make Adjustments*

チームの人材以外で自分たちのアプローチに影響する要素は，

**ポイント**
- 狭いか，広いかという球場自体
- フェンスの輪郭
- 危険警告ゾーンと観客席までの距離
- 土，芝生，砂利，あるいは人工芝といった球場表面。例えば芝生であれば，短いか長いか，湿っているか乾いているかといった状態に注意する。
- 雨か風か，走塁や守備に影響する天候

これらコンディションが試合中に変わるならば，調整しなければならない。その1つとしてアイダホ大学の例があった。試合の11回，それまで数回にわたって雨で，同点だった。強打のおかげで3塁を守っている選手がアイダホにはいた。走者3塁で，打者は足の遅いラリー・シュレッタ，2ストライクと追い込まれて，私はバントを要求した。ラリーは3塁側にバントして，そのぬかるみで3塁手は誰をアウトにするかとなった。その競い合いにラリーは勝って，1塁セーフとなって試合に勝った。

調整をすれば試合の結果，あるいはシーズンの結果すら変えられる。ワシントン州立大学は，ゴロ打ちを利用するちょっとユニークなルイス・クラークというチームとプレイをした。コーチのエド・チェフは内野手の手捌きの悪さを，突っ込んでいって芝生でゴロを拾い上げて送球アウトにするようにと調整した。この調整のおかげでチームはリーグの覇者になった。われわれも，真似てゴロに突っ込ませることで挑んだ。試合はしてやったりにはならなかったが，競り合いにはなった。オレゴン大学はボールを叩きつけ，バントをし，そして走るチームだった。やっつけるのに難しい相手だった。そこで内野手を前に守らせる調整をした。相手のスラップバント，ドラッグバント，スクイズを6回中4回まで仕留めて，試合に勝利した。以前にコメントしたが，「打球がどうしても内野手を越えない時，どうやって相手は勝とうとしてくるのか？」攻撃的に，しかも遮二無二に襲い掛かってくるのである。

アリゾナ州立大学とのシリーズの中で，左中間をいつも破られていたパワーヒッター，左打者のクレイ・ウエストレイクにてこずっていた。私は中堅手を左中間に，右翼手をセンター深くに移動させた。予想した通り，クレイはまっすぐセンターに約150mの打球を飛ばした。そしてその下に右翼手が立っていた。何とうまい調整だったか，われわれはクレイを打ち取った。ところが直後，右翼手がボールを落として調整は水の泡となった。考えているように調整できても，こうしたことは仕方ないのである。

南カリフォルニア大学の偉大なコーチ，ロッド・デドーは，外野手の調整を使って多くの試合を勝ち取った。フロリダ州立大学との大学選手権では，左中間を詰めて，5本の2塁打を防ぎ，試合を勝ち取った。ワシントン州立大学，クーガーズとの対戦では，打者ロン・セイを防ぐのにすべ

ての外野手を左翼方向に寄せた。ダブルヘッダーで，ロンは右翼へ5本の2塁打を放った。しかし，ロッドは作戦を失敗とはとらえず，「あのロンは，プロ契約しなかった中ではアメリカ最高の打者だ」とだけ言っていた。2002年ワールドシリーズの試合の分かれ目で，サンフランシスコ・ジャイアンツのバリー・ボンズを14回歩かせ，結果としてシリーズに勝ったというアナハイム・エンジェルス監督の調整が，おそらく近代野球では最大のものだった。

## 8 やるべきこととやってはいけないこと
*Do's and Don'ts*

　試合の中で，状況によってこれはやってはいけないということがある。当然であるが，それはやるべきことよりも容易に真似される。競技を侮辱する態度を慎ませ，能力を尊重する態度を盛り立てよう。

　ダグアウトから相手チームをなじるのはスポーツマンシップにもとる。グラウンドの個々のなじりは気持ちの現われである。「そのへっぴり腰でどうやって打つのか見ているぞ」「次はダメだぜ」「グラウンドにいたほうがいいぜ，もう1度出てくるのは難しいぜ」といった威嚇するコメントは言わないほうが良い。慎むべき行動の例を以下に示す。

### 例
- 1塁手をスパイクする。
- たまたま塁の近くにいる野手に肘鉄を喰わせる。
- 塁をカバーする投手に突っ込む。
- スパイクを上げて野手にスライディングする。
- プレイせず，別のところを見ている野手に突っ込む。
- 走塁で守備の邪魔をする。
- 捕手や野手に突っ込む。
- 捕手を邪魔するために遅くスイングする。
- 故意に投球に当たりにいく。
- バットを投げる。
- ヘルメットを投げる。

　その他に，何でもないゴロに「用心しろ」と言ったり，守備側がやるべきことなのに「カットしろ」とか「任せろ」と言ったりする，攻撃側がこうした戦略をとるのは慎むべきである。空タッチをしたり，不要な時に走者に滑り込めと言ったり，走者に大回りさせるために走路に立ったり，タッチアップでフライを見ている走者の視界を遮ったり，といった守備を慎みなさい。攻撃側の選手は，ダグアウト，観客席，ブルペン近くでプレイする守備側の選手を助けるべきである。投手のためにロージンバッグや泥除けを備えるのはホームチームである。雨が降り出せば，プレイが再開できるように両チームでグラウンドにタープやシートを準備すべきである。

　私にとって重要な行動は，ラインナップを交換することである。尊敬の証として，特にめったに対戦しない場合には，ヘッドコーチが交換をすべきである。

　グラウンド外で重要なエチケットは，きちんと身なりを整えて到着し，出発することである。子どもの野球では，選手はできるだけ少ない着衣でフィールドに入り，試合が終わったらできるだけ早くユニフォームを脱ぐのが最近の流行である。禁止されている場所をスパイクで歩いたり，散らかしたままダグアウトやロッカールームを後にしたりするのは情けない振舞いである。コーチはグラウンド内外での言葉遣いにも気をつけるべきである。

# 9 試合を改善する

**Improve the Game**

　個人的なチャレンジとして，試合の中のいくつかの要素を取り出して，それらを改善したり，重要視したりする，あるいは試合で慎んだり，試合から削除したりする，そうした努力を望むかもしれない。

### ポイント

- 送球と捕球——なんとチャレンジに値することか！　これは野球の中でのコミュニケーションであり，改善されなければならない。
- 併殺プレイ——守備の中で最も注目に値する要素の1つである：(1)すばやく，(2)シンプルに，(3)1つずつ。
- 投手——投球に専念させなさい。マウンドでは余計なことはしない。
- 捕手——ポジションのプライドを高めなさい。投球が悪くても勝てるが，捕球が悪いと試合にならない。
- 内野手——リズム良くプレイしなさい。冷静さも必要。
- 外野手——打てて，走れて，投げられなければ良い外野手とは言えない。走れず，投げられずではまずい。1940年代，50年代のシアトル・レイニアーズの右翼手アル・リオンズは，3塁，本塁への矢のような送球にプライドをもっていた。
- 走塁——走者は次の塁をいつも狙っていなければならない。守備にプレッシャーをかけ続けなければならない。
- イニングの間——試合が動き続けるためにできることをしなさい。
- マウンドへの駆け寄り——ハッスルしなさい。
- 悪い伝達システム——誰かにメガホンを持たせなさい。
- 役に立たないスコアーボード——改善あるのみ。
- うるさい音楽——誰もが楽しめるものに。
- 球場——ファンは友好的に。

### Point

　正しいことを推し進めているチームは手強いし，いつも勝つチャンスをがあるものである。「グラウンド外でも正しいことを推し進めている」と言われれば嬉しいものである。

- ユニフォームをきちんと着ている礼儀正しいチームは，どこの球場でも歓迎である。
- 基本に忠実なチームは勝つことになるだろうし，見る人すべてに評価されるだろう。
- 走塁のうまいチームは勝てる。
- 健全なバッティングの考え方であれば得点できる。
- 守備が堅ければ，どんなチームとも戦える。

2つの常套句を特にここでは紹介する。

- 今どこにいるかではなく，この先どこにいるかである。
- 何をもっているかではなく，それをどう使うかである。

# さくいん

## ▶あ

| | |
|---|---|
| 相手の攻撃プレイ | 130 |
| アウト数 | 53 |
| アウトを取る球種 | 114 |
| 足を使った攻撃 | 13, 79, 94 |
| アベレージヒッター | 3 |
| 暗号読解者 | 19 |
| 1番打者 | 4 |
| 1塁カバー | 96 |
| 1塁牽制 | 188, 191 |
| 1塁手 | 81 |
| イニング | 52 |
| ウォーキングリード | 42, 91 |
| ウォームアップ | 108 |
| 打ち返す方向 | 27 |
| 打ち取るプラン | 135 |
| エース | 127 |
| 抑え投手 | 189 |

## ▶か

| | |
|---|---|
| 下位打者 | 6 |
| 外野手 | 83 |
| 外野の守備位置 | 146 |
| カウント | 137 |
| 確率野球 | 24, 25, 29 |
| 肩の調子 | 126 |
| カット | 171 |
| 緩急をつける | 114 |
| 偽カバー | 89 |
| 犠牲バント | 30, 34, 206 |
| 偽装バント | 30, 35 |
| 厳しい練習 | 142 |
| 逆のセオリー投げ | 74 |
| キャッチボール | 199 |
| 救援投手 | 123 |
| 球種 | 12 |
| ——の指令 | 77 |
| ——の選択 | 113 |
| 球速コンプレックス | 126 |
| 挟殺 | 45, 179 |
| 9番打者 | 6 |
| クリーンナップ | 6 |
| 敬遠 | 183 |
| 怪我 | 221 |
| 牽制 | 190 |
| 牽制プレイ | 87 |
| 攻撃的な走塁 | 227 |
| 攻撃の対応力 | 3 |
| コースへの投げ分け | 115 |
| 5番打者 | 6 |
| コンディショニング | 116 |
| コントロール | 12 |

## ▶さ

| | |
|---|---|
| 最高出塁率チーム | 27 |
| サイン伝達 | 19 |
| サインのシステム | 17 |
| 3番打者 | 5 |
| 3歩の原則 | 38 |
| 3塁牽制 | 191 |
| 3塁手 | 83 |
| 3塁でのリード | 42 |
| 試合状況 | 149, 209 |
| 試合のペース | 185 |
| 試合をつくる戦術 | 107 |
| 7番打者 | 6 |
| 6ステップルーティーン | 108 |
| 習慣の生き物 | 12 |
| 収集レポート | 9 |
| 重盗 | 91 |
| 修練 | 229 |
| 出塁率 | 7 |
| 守備位置 | 13, 144, 148, 151, 158, 164, 213 |
| 守備技術 | 24 |
| 上位打線 | 6, 7 |
| 状況に応じた打撃 | 30 |
| 状況判断 | 47 |
| 初期位置 | 143 |
| 初球ストライク | 112, 137 |
| スイング | |
| ——のメカニクス | 216 |
| ——を読む | 71 |
| スイングするプラン | 28 |
| スクイズ | 36, 45 |
| スタートドリル | 214 |
| ストライクゾーン | 66, 69 |
| スピードある選手 | 2 |
| 滑らせるステップ | 42, 85, 188 |
| スモールベースボール | 219 |
| スライディング | 202 |
| 3ボールカウント | 138 |
| 制球 | 67 |
| ——の練習 | 69 |
| セーフティスクイズ | 30, 36, 45 |
| セットポジション | 42, 85, 87, 138 |
| 選手育成 | 212 |
| 戦術の判断 | 47 |
| 全体—部分—全体システム | 157 |
| 先頭走者 | 185 |
| 先頭打者 | 26, 137 |
| 先発投手 | 127 |
| 先発ローテーション | 128 |
| 走者 | |
| ——に対する守備 | 81 |
| ——の見方 | 85 |
| ——を進める | 30 |
| ——を止める | 79 |
| 走者1-3塁 | 167 |
| 走塁ドリル | 3 |
| 走塁の戦術 | 37, 55 |
| ゾーンディフェンス | 152 |

## ▶た

| | |
|---|---|
| 第1リード | 39 |
| 代打 | 7 |
| 第2リード | 39 |
| 打撃 | |
| ——の精神面 | 216 |
| ——の戦術 | 24 |
| 打撃練習のチャート | 136 |
| 打者のタイプ | 71 |

| | | | | | |
|---|---|---|---|---|---|
| 打者有利のカウント | 73 | 得点圏 | 15 | 併殺 | 100 |
| 打順 | 54 | 特別な守備位置 | 162 | ——の深さ | 143 |
| タッチアップ | 44, 57 | | | 併殺プレイ | 162 |
| タッチサイン | 18 | **▶な** | | ホームチーム | 219 |
| 単独盗塁 | 44 | 内野手 | 81 | ボール球 | 134 |
| チーム守備 | 152 | ——の位置 | 60 | 捕球と送球の技術 | 80 |
| チームスピリット | 202 | 内野の守備位置 | 142 | 捕手 | 84 |
| チェンジアップ | 68, 114 | 21アウトドリル | 214 | ——の肩の強さ | 13 |
| 中央に打ち返す打者 | 28 | 2番打者 | 4 | ポリシー | 210 |
| 中継 | 171 | 2塁カバー | 146 | 本盗 | 44 |
| 2シームの直球 | 68 | 2塁牽制 | 189, 191 | | |
| ツーランスクイズ | 45 | 2塁でのリード | 41 | **▶ま** | |
| 慎むべき行動 | 233 | | | メンタルアプローチ | 115 |
| 偵察レポート | 130 | **▶は** | | メンタルの強さ | 65 |
| ディレード盗塁 | 44, 91 | 外し球 | 188 | | |
| 天候 | 221 | 外す投球 | 86 | **▶や** | |
| 投球カウント | 118 | ——による牽制 | 86 | 野球 | |
| 投球間隔 | 74 | バスターバント | 205 | ——の戦術 | 50 |
| 投球時間 | 80 | 8番打者 | 6 | ——の魅力 | 23 |
| 投球数 | 118, 201 | バックアップ | 105 | 野球場 | 220 |
| 投球動作時間 | 13 | ハッスルプレイ | 225 | 優先システム | 147 |
| 投球のリズム | 122 | バットコントロール | 3 | 4番打者 | 6 |
| 投手 | 84 | バットコントロールドリル | 4 | | |
| ——と捕手の連携 | 76 | パワードリル | 3 | **▶ら** | |
| ——の起用法 | 125 | パワーヒッター | 2 | ラインナップ | 1, 128, 141, 215 |
| ——の守備 | 95 | バント | 92 | ランエンドヒット | 92, 206 |
| ——の長所 | 111 | バント守備 | 180 | ランニングリード | 91 |
| 投手交代 | 189 | ハント処埋 | 98 | リード | 39 |
| 盗塁 | 44, 187, 205 | バントプレイ | 102 | リリーフ | 139 |
| 盗塁技術 | 2 | ビッグイニング | 7, 25 | 塁のカバー | 104 |
| 盗塁阻止 | 84 | ヒットエンドラン | | 6番打者 | 6 |
| トーナメント | 217 | | 33, 35, 46, 92, 206 | ローテーション | 127 |
| 得意球 | 12, 114 | 4シームの直球 | 68 | ロード | 219 |
| 得点 | 50 | ブルペン | 139 | | |
| 得点確率 | 54 | プレート | 86 | | |

## ■ABCA（アメリカ野球指導者協会）について

国内すべての州のコーチそして多くの国際メンバーを含む，野球指導に関する世界最大の組織である。協会の役割は，世界中の野球指導レベルを改善することである。野球振興の手助けをし，野球の試合での出来事に関する健全な委員会，唱道者として活動している。加えて，アマチュアからプロまですべての野球指導者の間の仲間意識とコミュニケーションを高めている。また，特別なスポンサープログラムを通して選手とコーチに賞を授けることも認めている。最近，仲間意識や威信を高め，野球界に刺激を与えることで堅実に発展を遂げている組織である。本部はミシガン州，マウントプリザントに置かれている。

## ■編者紹介

**ボブ・ベネット**（第7章の執筆も担当）：1302勝759敗4分，ディビジョンⅠ勝ち星7位で2002年に指導から退いた。34年間のフレスノ州立大学ヘッドコーチ在任中に，シーズン優勝32回，カンファレンス制覇17回，NCAA地域チャンピオンシップに21回出場，大学ワールドシリーズに2回出場した。ベネットは，カンファレンス年間コーチ賞14回，1998年にNCAA年間コーチ賞，をそれぞれ受賞した。全米選手を32人指導し，そのうち8人がドラフト1順目で指名された。1983年，1986年にはアメリカナショナルチームのヘッドコーチも務めた。現在，カリフォルニア州フレスノでジェイン夫人と暮らし，3人の子ども，8人の孫をもつ。

**ジャック・スターリングス**（第6章の執筆も担当）：1258勝，最多勝利の大学現役コーチとして指導を退いた。ウエイク・フォレスト大学（1958-1968），フロリダ州立大学（1969-1975），ジョージア・サザン大学（1976-1999）で野球プログラムを率いた。また，1979年パンアメリカンゲーム，1970年，1973年IBAワールドトーナメント，1979年IBA国際カップ，そして1984年オリンピック大会においてアメリカナショナル野球チームを指導した。ジョージア・サザン大学健康キネシオロジー学部の准教授である。彼とノーマ夫人は，ジョージア州ステイツボロ近郊に暮らしている。

## ■執筆者紹介

**アンディ・ベイロック**（「戦術的な野球へのステージづくり」）：39年間にわたりコネチカット大学ハスキーズを指導し，23年間ヘッドコーチを務めてきた。通算532勝469敗8分で，ビッグイースト・カンファレンストーナメント制覇2回，NCAA地域に3度出場した。1990年ニューイングランド・カンファレンスディビジョンⅠ年間コーチ賞，1992年ビッグイースト・カンファレンス年間コーチ賞，1994年ノースウエスト地域年間コーチ賞に指名された。ABCA殿堂を含む5つの殿堂メンバーに入っている。

**ディック・バーミンガム**（第16章）：ミズーリ州スプリングフィールドにあるヒルクレスト高校とアメリカ・ジュニアオリンピックチームのヘッドコーチを務めた。州の高校選手権，3地域の州選手権，パンアメリカンジュニア野球選手権での3メダル（金と2つの銀）を含め，チームは1000勝以上した。ABCA，ミズーリ野球指導者，アイオア野球指導者殿堂，ミズーリスポーツ殿堂など，いくつかの野球殿堂メンバーである。

**ボボ・ブレイトン**（第17章）：かつて全米選手であり，33年間ヘッドコーチとして務めて1994年に退くまで，1162勝523敗8分，勝率.689を誇るワシントン州立大学のコーチであった。チームを指導して，パシフィック10カンファレンス選手権を21回制し，1965年，1976年大学ワールドシリーズへチームを率いた。ABCA，インランド・エンパイア，ワシントン州立大学，ワシントン州コーチ殿堂を含むいくつかの殿堂メンバーである。

**マイク・ギレスピー**（第3章）：17年間南カリフォルニア大学でチームを指導し，パシフィック10サザンディビジョン・カンファレンスのタイトルを5回獲得し，1998年にはナショナル選手権も制している。2000年のアメリカ野球ナショナルチームも指導してチャンピオンとし，27勝3敗1分を記録している。1998年には大学野球とABCAの両方で年間ナショナルコーチに指名された。

**ダニー・ホール**（第5章）：1994年からジョージア工科大学のヘッドコーチを務め，396勝172敗を記録した。チームは1997年，2000年の2度，大西洋カンファレンス選手権を制し，1994年，2000年には大学ワールドシリーズに出場した。1997年，2000年のACC年間コーチ，1997年の年間ナショナルコーチに指名された。

チャック・ハルトマン（第2章）：44年間野球を指導し、そのうち24年間バージニア工科大学で過ごした。通算1339勝は、ディビジョンIで4位である。ホーキーズで856勝481敗7分を記録し、チームは3度、大西洋10トーナメント選手権を制した。全米大学競技協会の殿堂メンバーである。

ジョン・ハーボルド（第15章）：ABCA殿堂メンバーであり、ロングビーチのポリー高校とレイクウッド高校で28年過ごした後、1984年にロサンゼルスのカリフォルニア州立大学で指導を始めた。両高校は、ドラフト選手でみて全米上位4校にランクされた。120人以上がプロ契約を結んだ。1997年、1998年、2度のカリフォルニア大学競技協会カンファレンス選手権を制し、1998年、NCAAディビジョンIIトーナメントにポジションを得た。

スティーブ・ヘルツ（第11章）：3年間ブルドッグスで投げた後、ゴンザガ大学で23年間ヘッドコーチを務めた。600勝を越え、学校の歴史の中で最多勝コーチである。チームを2度、NCAAトーナメントに出場させ、4つのカンファレンスで年間コーチに5回選ばれた。

ジョージ・ホルトン（第13章）：1997年にフラートンにあるカリフォルニア州立大学のヘッドコーチになって以来、259勝116敗1分を記録した。チームは、トーナメントあるいはレギュラーシーズンで6回ビッグウエスト・カンファレンスのタイトルを獲得し、1999年、2001年の2度、大学ワールドシリーズに進出した。ビッグウエスト・カンファレンスの年間コーチに2度、ナショナル・ジュニア大学年間コーチに3度選ばれた。

マーク・ジョンソン（第4章）：テキサスA＆Mでのヘッドコーチ17年間で通算759勝365敗2分、現役でディビジョンI勝率トップ10に入っている。チームを1998年、1999年の2度ビッグ12カンファレンス・チャンピオン、1986年、1989年、1993年の3度サザンウエスト・カンファレンスチャンピオンに導き、1993年、1999年の2度大学ワールドシリーズへ出場させた。そして1998年、1999年、ビッグ12カンファレンスの年間コーチに選ばれた。1994年にはABCAの代表にもなった。

リチャード"イッチ"ジョーンズ（第1章）：1158勝670敗5分で、ディビジョンIの通算勝ち星、トップ20コーチであり、現役トップ10コーチである。1991年に南イリノイ大学からイリノイ大学に移り、そこで21年間にNCAAトーナメントに10回、大学ワールドシリーズに3回出場した。イリノイのチームは、ビッグ10カンファレンス・チャンピオンになり、2回NCAAトーナメントを競った。

ケイス・マジソン（第7章）：ケンタッキー大学でヘッドコーチを始め、24年間指導した。通算713勝602敗5分で、チームは1988年、1993年NCAAトーナメントへ進んだ。サウスイースタン・カンファレンスの現役コーチの中で2番目の勝ち数である。全米選手10人を指導し、83人がドラフトされるか、プロ契約した。2000年、ABCAの代表を務めた。

ボブ・モーガン（第14章）：インディアナ大学のヘッドコーチであり、27年間で990勝504敗6分、ディビジョンIの現役コーチで、勝ち数、勝率ともにトップ20に入っている。インディアナ大学での最多勝コーチとして、チームをビッグ10トーナメント・チャンピオンに導き、1996年、NCAAトーナメントにも出場させた。1993年、ビッグ10年間コーチの栄誉を得た。

ジム・モリス（第12章）：マイアミ大学のヘッドコーチであり、1069勝469敗2分でディビジョンI、現役コーチトップ20勝率の5位である。ハリケーンズでの9シーズンで、チームを8回大学ワールドシリーズに出場させ、1999年、2001年の2回、ナショナルチャンピオンに導いた。1999年、2001年ともに大学野球の年間ナショナルコーチとABCA年間コーチに選ばれた。

ジョン・ウインキン（第10章）：メイン州で、初めはコルビー大学（1954-1974）、それからメイン大学（1974-1996）で48年間、指導した。1996年からは、ハッソン大学の投手コーチである。通算943勝670敗で、12NCAA地域トーナメント、6大学ワールドシリーズに出場した。1965年には大学ディビジョン年間コーチ賞、1986年には威信あるレフティ・ゴメズ賞を得た。ABCA指導者殿堂、メイン州高校野球指導者殿堂、メイン州スポーツ殿堂のメンバーである。

ゲオフ・ザーン（第9章）：1966年と1967年に大学レギュラーの肩書を得た後、1995年から2001年までミシガン大学でヘッドコーチを務めた。チームにビッグ10のタイトルをもたらした後、1997年にはビッグ10の年間コーチに選ばれた。ウォルベリンズは1999年にはビッグ10カンファレンストーナメントのチャンピオンにもなった。メジャーリーグで12年間投げ続け、1974年にはドジャースで新人賞を獲得した。

［訳者紹介］

**平野裕一**（ひらの　ゆういち）
1953年東京生まれ。東京大学教育学部助教授を経て現在，国立スポーツ科学センター・スポーツ科学研究部・部長。東京大学野球部元監督。
［専　　門］スポーツバイオメカニクス，トレーニング科学
［主な著書］『打つ科学』（大修館書店，1992／編著）
　　　　　　『スポーツバイオメカニクス』（朝倉書店，2000／共編）

**野球　勝つための戦術・戦略**
©Yuichi Hirano, 2011　　　　　　　　　　　　　NDC783／xv, 238p／24cm

初版第1刷──2011年9月20日

著　者────アメリカ野球指導者協会
編　者────ジャック・スターリングス／ボブ・ベネット
訳　者────平野裕一
発行者────鈴木一行
発行所────株式会社 大修館書店
　　　　　　〒113-8541　東京都文京区湯島2-1-1
　　　　　　電話　03-3868-2651（販売部）　03-3868-2299（編集部）
　　　　　　振替　00190-7-40504
　　　　　　［出版情報］http://www.taishukan.co.jp

装丁者────中村友和（ROVARIS）
本文レイアウト──加藤　智
本文イラスト──㈲イラストレーターズモコ
印刷所────三松堂印刷
製本所────難波製本

ISBN978-4-469-2-26719-8　　Printed in Japan

Ⓡ本書のコピー，スキャン，デジタル化等の無断複製は著作権法上の例外を除き禁じられています。本書を代行業者等の第三者に依頼してスキャンやデジタル化することは，たとえ個人や家庭内での利用であっても著作権法上認められておりません。

# スポーツ指導者のための
# コンディショニングの基礎知識

山本利春[著]

すべての学校・地域スポーツの指導者へ！

学校の部活動や地域スポーツ指導の現場で、身体へ悪影響を与えることなくスポーツを行い、効果的なトレーニングやコンディショニングを実践し、万一の場合にも適切な応急処置が行えるよう、必要な基礎知識をわかりやすく解説。**テーピングやストレッチングの行い方など、指導場面で使えるコピー配付用付録付き。**

●A5判・176頁 定価1,575円（本体1,500円）

【主要目次】はじめに スポーツ指導者に考えてほしいこと／第1章 ケガの対応と救命処置／第2章 傷害予防のポイント／第3章 知っておきたいコンディショニングの知識／第4章 トレーニングの基礎知識／第5章 指導者に求められる専門性と選手の自己管理教育

大修館書店　　書店にない場合やお急ぎの方は、直接ご注文ください。☎03-3934-5131

---

# 爆発的パワー養成
# プライオメトリクス

HIGH-POWERED PLYOMETRICS

J.ラドクリフ
R.ファレンチノス ＝著

長谷川 裕 ＝訳

各種スポーツのパフォーマンス向上に欠かせない「爆発的パワー」を養成する「プライオメトリック・トレーニング」。本書は、その理論を体系的に解説し、加えて77種類のエクササイズを連続写真で具体的に紹介。さらに、最大限に効果が発揮されるように種目別12種類のトレーニング・プログラムを用意した。

**77種類のエクササイズを写真で紹介！**

主要目次
- 第1章 プライオメトリクスの科学
- 第2章 プライオメトリクスの準備
- 第3章 プライオメトリクスのテクニック
- 第4章 下半身、脚、および股関節
- 第5章 体幹と上肢
- 第6章 種目別トレーニングのプログラム
- 第7章 長期にわたるパワーの養成

●B5変型判・208頁　定価2,100円（本体2,000円）

大修館書店　　書店にない場合やお急ぎの方は、直接ご注文ください。☎03-3934-5131

定価＝本体＋税5％（2011年8月現在）